KB020204

VOTE PEOPLE
정치인들은 알려주지 않는 정치이야기

VOTE PEOPLE

정치인들은 알려주지 않는 정치이야기

김금비 · 이도현 공저

지우출판

VOTE PEOPLE
정치인들은 알려주지 않는 정치이야기

인쇄 / 2023. 12. 10.

발행 / 2023. 12. 20.

지은이 _ 김금비 · 이도현

발행인 _ 김용성

발행처 _ **지우출판**

출판등록 _ 제1-1982호

서울시 동대문구 휘경로 2길3. 4층

TEL : 02-962-9154 / FAX : 02-962-9156

e-mail : lawnbook@hanmail.net

ISBN : 979-11-984910-3-9   03340

정 가 19,800원

INTRO

'투표합시다!' 민주사회에서 가장 신성한 구호다. 그것이 어찌나 중요했으면, 우리 현대인들은 그를 '선거권'이라 이름 지어 헌법에 또 박또박 적어두었다. 민주시민으로서 다소 불경한 표현일지도 모르겠지만, 선거권은 의외로 '수동적인' 권리다. 냉정하게 보자면, 우리가 행사한 표는 천만 개가 넘는 표들 중 한 장에 불과하다. 주권자인 국민들에게 도장 한 번 찍는 일에 엄청난 의미 부여를 하는 것은 역설적으로 그들에게 부여된 거대한 권리를 과소평가하는 일일 수 있다. 그렇다. 우리에게는 투표를 할 수 있는 권리보다 훨씬 큰 권리인 참정권 즉, 정치에 참여할 수 있는 권리가 주어져 있다.

정치 참여는 여러 수준에서 이루어질 수 있다. SNS에 포스팅을 하거나 포털 사이트의 뉴스에 댓글을 다는 것부터 공공기관에 민원을 제기하는 것, 투표를 하는 것, 직접 공무원이 되는 것, 선거에 직접 출마하는 것까지 우리 사회에 크고 작은 영향력을 행사하는 모든 일이 정치에 참여하는 일이다. 우리 모두에게는 그 일을 할 수 있는 권리가 똑같은 크기로 주어져 있다. 하지만 현실적 관점에서 모든 국민이 해당 권리를 균등하고 충분히 누릴 수 있는 것은 아니다. 가령 아무나 국회의원이 될 수 있는 것은 아니다. 물론, 우리에게는 출마할 권리만 주어져 있을 뿐, 당선될 권리가 주어져 있는 것은 아니기 때문에 국회의원이 될 수 없다고 해서 참정권을 침해당한 것이라 할 수는 없다.

그럼에도 불구하고, 이것이 비단 당선 가능성 차원에서만의 문제라고 보기는 어려울 것이다. 무엇보다 선출직 공직자를 희망하는 사람들에게 모든 정보가 개방되어 있는 것은 아니기 때문이다. 정치에 큰 뜻을 품고 발품을 팔면 알음알음 들리는 이야기는 있겠지만, 그것이 정확한 정보인지는 누구도 알 수 없다. 정치인의 입장에서 생각해보면, 자신이 웬만한 입지가 있는 것이 아닌 이상, 경쟁자가 될 가능성이 있는 사람에게 해당 정보를 알려줄 이유가 없을 것이기 때문이다.

물론 정치권과 연이 있는 사람들은 양질의 정보를 획득할 수 있을 것이다. 하지만 기존 정치권과 인연이 있는가의 여부에 따라 정보 접근성에 현격한 차이가 난다면, 이는 공정하지도 정의롭지도 못한 일이다. 단적으로 한국 직장인의 가장 큰 비율이 제조업에 종사하고 있지만 국회에서 제조업 전문가는 찾아보기 어렵다. 노조 출신 정치인이 존재하지만, 그들은 대부분 노동에 전문성이 있는 것이지 반도체나 자동차와 같은 제조업 자체에 인사이트를 가지고 있지 않다. 반면, 한국에서 법조인은 국민 1,000명 중 1명도 존재하지 않지만, 국회에서는 6명 중 1명이 법조인이다.

입법 기관으로서의 소명을 충분히 수행하기 위해서는 시쳇말로 '법잘알'일수록 도움이 될 것은 분명하다. 하지만 우리 정치권의 법조인들이 변호사로서의 실력이 좋아서 국회의원이 된 것으로 이해하는 국민은 그다지 많지 않을 것이다. 실제로 법조인의 입법실적이 높은 것도 아니다. 최근 유행하는 표현인 '이권 카르텔'이라고까지 규정하고 싶지는 않지만, 국회의원으로서의 능력이나 자질보다는 기존 정치권과의 인연이 유효한 요인으로 작용하고 있다는 사실을 부정하기는 어렵다.

정보 비대칭성의 문제가 비단 선거에 출마하려는 사람들에게만 발생하는 것은 아니다. 유권자들에게도 정치권은 '비밀'이 많다. 설상가상 정치인들조차 정확한 정보를 모를 수 있고, 설령 정보를 알더라도 스스로 주관에 따라 그것을 소화하는 경우가 많을 것이다. 즉, 정치 정보 수요자 각각의 적극적인 노력을 하지 않아서라고 마냥 치부해버리기에는 여러모로 무리인 감이 있다.

이즈음에서 우리가 한 번 해봐야 하는 생각이 있다. 당신은 정치 참여에 적극적이지 않아서 정치 관련 정보들을 모르는 것인가? 아니면, 정치에 관한 정보가 부족해서 정치 참여에 적극적이지 못한 것인가? 물론 둘 다 타당한 주장일 것이지만, 우리 필자들은 후자가 전자보다 타당한 주장이라고 생각한다. 우리 사회에서 다루어지는 정치에 관한 정보는 금세 휘발되는 이슈 단위 혹은 가십 단위로만 다루어지는 경우가 대부분이고, 대중에게 종합적 관점에서 제시되는 경우는 드물기 때문이다. 즉, 우리 필자들은 정보가 충분해진다면, 더욱 많은 국민이 정치 참여에 보다 적극적인 태도를 갖게 될 것이라 믿는다.

본 책은 해당 문제의식 아래 유권자들에게 정치에 참여하기 위해 알아둘 필요가 있는 정보들을 제공하는 것을 목표로 하고 있으며, 정치 일반에 대한 지식, 중도의 정체와 그들의 선거에서의 영향력, 단일화의 효과, 세대포위론의 유효성, 선거에서 재난의 영향, 당선되는 사람들의 특징, 출마 방법론 등의 흥미로운 내용이 총망라되어 있다. 보다 세부적인 항목들은 목차를 통해 확인하실 수 있다. 게다가 본 책은 독자들이 궁금한 주제만을 발췌하여 읽어도 무리가 없도록 구성되어 있으니, 내용을 이해하는 데 어려움을 느끼는 독자 여러분은 정말 궁금한 부분만 골라 읽으셔도 좋다.

　필자들은 나아가 본 책을 통한 정치 정보의 공급이 실제로 국민의 정치 참여를 진작시키고, 이로 인해 정치인의 풀이 혁신되고 내실화되어 우리 정치가 미래로 나아가는 데 실제로 일조할 수 있기를 희망한다. 책을 다 읽고 나시면 한 번쯤은 생각해보시길 권유한다. 나도 정치인이 될 수 있지 않을까? 하는 질문을 말이다. 그리고 일상 속에서 열심히 정치 이야기를 하시길 권한다. 그 어떤 정치적 판단도 그것을 혼자서 하는 이상 정치적 판단이 아니라 사적인 견해에 불과하게 되기 때문이다. 정치는 언제나 '함께'라는 부사어로부터 그것의 참된 의미가 생성되는 것이지 않은가.

본 책을 읽으실 독자 여러분께 밝혀둘 세 가지 내용이 있다. 굳이 읽지 않으셔도 되는 내용이니 생략해도 좋다. 다만, 본 책의 내용이 수긍하기 어려운 마음이 들 때 본 페이지로 돌아오시면 된다.

첫째, 본 책은 정치라는 불가피하지만 생소한 주제를 이해하기 위한 지식과 사례, 정보를 독자들에게 제공하는 것을 목표로 한다. 본 책의 집필 목적은 더욱 많은 국민이 정돈된 정치 문해력을 바탕으로 유효한 관심을 가지고 나아가 실제 참여로까지 이어질 수 있도록 돕는 것에 있다. 본 책의 필자들은 정치에 주관적으로 각별한 관심과 애정을 가지고 있는 것은 맞지만, 정치 직역의 종사자가 아닌 일반 유권자이다. 우리 필자들은 본 책을 통해 유권자들이 일상 속의 정치에 더욱 친숙함을 느끼고 건전하고 내실 있는 관심을 가질 수 있도록 하는 데 일조할 수 있기를 희망한다.

둘째, 본 책은 기본적으로 널리 읽힌 책과 심사를 거쳐 게재된 논문, 대중의 검증을 받는 언론 기사에서 자료와 근거를 찾아 활용하였다. 통계 자료의 경우에는 직접 활용하거나 원자료를 통계 프로그램을 통해 정제한 후 활용하였다. 사회과학적 내용을 담은 도서의 특성상 그리고 독자의 읽는 재미를 위해 필자들의 사견이 포함되는 것은 불가피하겠지만, 절대다수의 제시된 자료와 사실, 지식을 필자들이 생산한 것이 아닌 공인된 것을 활용하려 애썼으며, 인용과 번역의 단계에서 잘못된 정보를 전달하지 않기 위해 최선을 다했다.

셋째, 본 책에서 제시되는 사례들은 실제 정계 내부에서 확인되는 혹은 이해하는 사실과 다를 수 있다. 정치는 당시의 대통령이 누구인가, 다수당은 어느 정당인가 등에 따라 완전히 달라질 수 있을 뿐만 아니라, 국가/지역별로 천태만상의 모습을 보인다. 즉, 본 책에서 소개하는 내용과 필자들의 의견에 배치되는 현상도 얼마든지 존재할 수 있다. 무엇보다 정치는 정보의 비대칭성이 아주 강하게 두드러지는 영역이기 때문에, 관련된 모든 정보를 살필 수도 없고 설령 살폈다고 한들 그것이 사실이라 확신할 수도 없다. 즉, 매번의 사건을 정확하게 해설하는 것은 상시적으로 기능하는 언론과 개별 국민의 주도적 관심에 달린 일이다. 따라서, 본 책은 독자들이 일반적 수준에서 포괄적인 견지를 정돈하고 심화하는 데 적실하고 최신화된 케이스들을 위주로 선별적으로 활용하였음을 밝힌다.

이 책에서 다루는 선거는 주로 국회의원을 선출하는 총선을 지칭한다. 만일 대통령 선거나 지방 선거에 관하여 서술하는 경우에는 그를 지시하도록 하겠다. 초등학생까지는 무리일 수 있겠으나, 중고등학생도 이해할 수 있을 만큼 쉽고 재밌는 내용을 담을 수 있도록 노력했다. 용어의 생소함은 불가피하지만, 적어도 정보의 부족이나 논리의 하자로 내용을 소화하는 데 어려움을 겪지 않도록 친절하게 서술하기 위해 최선을 다했다. 지금부터 정치라는 가까운 곳을 향하여 가벼운 발걸음을 떼어보자.

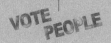

Contents

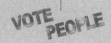

SESSION 02 한국 정치 읽어내기

SESSION 03 정치인 되기

VOTE PEOPLE

정치로 들어가기

VOTE
PEOPLE

1. 정치 : 배분, 계약, 자유

배분

정치에 대한 가장 적실한 정의는 '누가 무엇을, 언제, 어떻게 갖느냐(Who gets what, when and how)'라는 헤럴드 라스웰(前 미국 정치학회장)의 문장일 것이다. 이는 결국 정치란 배분의 문제와 분리될 수 없는 일임을 의미한다. 배분이란 말을 접한 보통의 사람들은 가장 먼저 '돈'을 떠올릴 것이다. 노벨 경제학상 수상자인 폴 사무엘슨 역시 인류의 3대 발명품으로 바퀴, 불 다음으로 '화폐'를 꼽았다. 우리 호모 사피엔스는 그 위대한 발명품이 일반화된 이후에 세상 만물의 가치를 양적으로 측정할 수 있다는 인식을 갖게 됐다. 즉, 우리 현대인들에게는 '교환'이란 방법을 통해 상호작용의 합리성을 제고할 수 있을 것이란 믿음이 존재한다. 그러한 인식에 기반한 상호작용을 '경제'라고 부른다. 우리가 지금부터 이야기하고자 하는 정치는 경제보다 더욱 넓은 그리고 강력한 수준의 '배분'을 다룬다.

최근 비트코인 열풍에서 '탈중앙화'가 그리고 위안화를 통한 석유 결제 시도 국면에서 '달러 패권'이 각각 뜨거운 이슈로 점화되었다. 경제 이슈에서 '패권'이란 표현이 등장한 이유는 경제의 기본 단위인 화폐부터가 '정치적 산물'이기 때문이다. 한국은행이나 미국 연방준비은행 등의 독립기구가 화폐를 통제하도록 한 이유도 비슷한 맥락을 공유한다. 어디 이뿐일까. 출산장려금, 용병의 임금, 재난보상금처럼 '화폐로 규정하기 난해한 가치'도 존재하고, 그린벨트, 기부입학, 백신 우선 접종처럼 '화폐로 측정된 표준 혹은 비교 대상이 존재함에도 그를 통용하기가 어려운 가치'도 존재한다. 설상가상 우크라이나 전쟁의 전초전이 된 러시아 크림반도 합병(2014)과 같은 '영토나 영해를 어떤 국가가 갖느냐를 결정하는' 전쟁 역시 정치의 한 장면이다. 이렇듯 경제의 상위에서 '누가 무엇을, 언제, 어떻게 갖느냐'의 규칙을 정하고 나아가 결론을 암시 또는 확정하는 모든 일이 바로 '정치'다.

인간이 존재하는 한 배분이란 일이 존재하지 않았던 순간은 없었을 것이다. 그러한 의미에서 정치의 역사란 어쩌면 그 자체로 인간의 역사라 봐도 무방할 것이다. 정치의 역사는 그만큼이나 길고 본연적이다. 인류의 정치에 대한 최초의 고민은 역시 그리스에 있다. 아리스토텔레스의 『정치학』에 따르면, '국가'는 자연스럽게 발생한 것이다. 그는 남녀가 만나 가정을 이루고 보다 안전하고 윤택한 생활을 위해 마을을 형성한 후, 궁극적으로 '국가'라는 정치적 공동체를 결성하는 것이 본래적으로 자연스러운 일이라 보았다. 인간이 생물학적으로 또는 본연적으로 정치적 동물(zoon politikon)이란 말이 여기서 비롯된 것이다. 하지만 이처럼 '당연히' 그런 것이란 논리는 의지적인 행동의 결과가 아닌 우연히 주어진 신분, 성별 등을 기준으로 차별을 정당화한다는 약점을 갖는다. 이미 형성된 편견을 합리화하는 논리이기 때문이다. 즉, 현대 정치에 곧장 적용될 수 있는 논리는 아니다.

계약

해당 약점은 '의회'라는 영국의 정치 실험실을 통해 비로소 해소되기 시작했다. 열다섯 세기가 꼬박 지난 후였다. 의회가 등장한 계기는 '마그나 카르타'에 있었다. 이는 영국의 귀족들이 국왕의 실정과 조세 약탈에 저항하여 백성들을 대표해 그에게 서명을 요구한 인권대헌장이다. 지체 높은 분들 사이의 문서란 점에서 '헌장'이라 부르지만, 간단하게 말하자면 이는 일종의 '계약서'이다. 그렇다. 계급을 해소하는 즉, 정치를 근대로 혁신하는 아이디어는 바로 '계약'이었다. 비록 그 해소가 왕과 귀족 사이로 한정되기는 하였지만, 인류는 '계약'이란 방법론을 통해 '원래', '당연히', '자연스럽게'라는 부사어에 정면으로 도전한 것이다. 이제는 '나도 모르게 정해져 있는 대로'가 아닌 '우리가 직접 쓴 대로' 행동하리라는 선언이었다.

계약의 등장은 '혁명적'이란 표현으로는 부족한, 그야말로 혁명 그 자체로서의 혁명이었다. 권력의 막연할수록 집중되는 생리를 이해한 인류가 그것이 '문서'라는 눈에 보이는 구체적 한계 내에서 작동하도록 하고, 관련된 쟁투가 최대한 의회라는 경기장에서 이루어지도록 한 것이니 말이다. 이후 토머스 홉스는 인간이 인간에게 늑대가 되는 (lupus est homo homini) '태초적 상태'라는 생각을 가지고 와서 권력의 정당성의 출처를 막연한 존재인 신(神)이란 충분조건에서 실체적 존재인 시민과 그들의 안전 및 평화란 필요조건으로 옮겨냈다. 홉스의 저서 『리바이어던』이 출간될 즈음, 옥스퍼드 대학에서 공부하고 있던 존 로크는 이후 권력의 의무인 피지배자들에 대한 보호가 일신의 생명이나 안전의 수준을 넘어 '재산'에 관해서도 이루어져야 한다며 권리의 개념을 보다 구체화했다.

마그나 카르타부터 홉스, 로크에 이르기까지 권리를 논한 철학자들이 빠짐없이 다루는 개념이 바로 '저항권'이다. 누구의 의견이 영향력을 갖느냐, 누가 최종적인 결정을 하느냐에는 언제나 불평등과 한계가 있을 수밖에 없다. 모든 사람의 의견을 유의미한 토론 아래 수렴하는 것은 불가능에 가까운 일이고, 사공이 많으면 배가 산으로 간다는 말처럼 오히려 최종적으로 잘못된 방향으로 일이 풀리거나, 결국 아무 일도 성사될 수 없게 할 수도 있기 때문이다.

대부분의 결정을 도맡아 하는 사람 즉, '리더' 혹은 '정치인'이라는 자리의 존재 자체는 이처럼 부정하기 어렵다. 하지만 그곳에 누가 앉느냐, 얼마나 오래 앉느냐, 어떤 상황에는 앉지 못하게 되느냐는 또 다른 이야기다. 즉, 저항의 가능성은 언제나 존재한다는 암시는 할 필요성은 충분했다. 똑똑한 철학자들은 그 필요성을 포착했고, 미완의 해결책으로서 '저항권'을 제시하게 된 것이다.

한국에서는 비교적 최근까지 저항을 시위와 동치시키며 진보 진영이 주로 벌이는 피곤한 일이라 여겨온 면이 있었지만, 한국 사회와 그 국민들 역시 좌우 정부를 모두 충분히 경험한 현재에 이르러서는 저항권의 가치를 충분히 이해하게 되었다. 선출되었다고 절대적인 권력을 누려야 할 것이 아니라, 나의 혹은 대중의 의견에 지극히 반대되는 권력자와 그의 정책은 비판, 평가 및 처분을 받을 수 있어야 한다는 것을 경험적으로 알게 된 것이다. 한국은 이처럼 한강의 기적으로 대표되는 산업뿐만 아니라 정치에서도 고속 성장을 거듭했다. 절대권력을 당연시하는 문화로부터의 탈피, 의회 정치의 성장, 저항권의 확립 등의 요소들이 그것을 증명한다.

자유

모든 국민이 정치인들을 한심하게 생각하는 면이 있고 일부의 부패한 정치인들이 존재하기는 하지만, 우리 정치가 정부 수립 후 한 세기도 지나지 않은 단시간에 이만큼 성숙한 것은 실로 대단한 일이다. 세계대전이 종전한 이후, 수많은 나라들이 독립을 하게 됐지만 우리만큼 정치적 성숙을 이룬 나라를 찾아보기는 의외로 어렵지 않은가. 그러나 아직 충분히 성숙하지 못한 키워드는 바로 '자유'다.

현재까지도 자유, 평등, 박애를 최고의 가치로 삼는 프랑스는 당시 인류의 패러다임 시프트에 '자유'라는 고민을 더했다. 대표적인 학자는 장 자크 루소였다. 그는 인간이 국가도 법도 없는 '자연 상태'에서는 인간의 본디의 착한 심성과 상호무관심을 통해 모든 것에 대한 무제한의 권리를 바탕으로 자유를 누린다고 생각했다. 그의 판단에 따르면, 사회의 규모가 커지면서 사람마다 능력의 우열이 유의미해지고 이는 재산과 권력의 차이를 발생시켜 불평등이라는 즉, '자유의 제한'이란 악이 등장하게 된 것이다.

자유는 응당 그러해야 한다는 '당위적 관점'에서는 개인 각자의 것이지만, 어떻게 행동해야 하냐는 '실천의 관점'에서는 개인들에게 그를 향유하기 위한 적극적인 노력을 요구한다. 즉, 자유라는 가치를 '억압받지 않음'이라는 간접적이고 부차적인 개념으로 여겨서도, 저절로 쟁취되겠거니 여겨서도 안 된다는 것이다. 이와 같은 루소의 사상 혁명은 인류로 하여금 계급에 따른 직선적인 고민을 넘어 입체적인 고민을 할 수 있도록 한 계기가 되었다.

루소가 부자유를 해소하기 위해 제시한 솔루션이 바로 법(法)이다. 법은 루소 이전에도 아니, 아리스토텔레스 때와 그 이전에도 동서양 불문하고 존재했지만, 루소가 제시한 법은 그 위상이 이전과는 현격히 달랐다. 그것에서는 계급을 초월한 '개인'이 다루어졌기 때문이다. '법 없이는 자유가 없고, 법 위에 누군가 있는 곳에서도 자유가 없다.'라는 그의 문장이 그 차이를 설명한다. 이는 법의 지배(Rule of law)와 법에 의한 지배(Rule by law)를 분별해야 함을 의미한다. 전자는 왕, 귀족, 서민 모두가 법 아래에 존재해야 함을 의미하는 실질적인 법치주의를 의미하고, 후자는 권력자가 법을 기준으로 힘을 행사해야 하지만 그것을 수단화할 위험성이 있는 형식적인 법치주의를 의미한다. 쉽게 말해, 루소는 구색만 맞춘 후자가 아닌 제대로 된 전자의 법치주의를 해야 한다고 한 것이다.

윤석열 정부의 제일의 가치는 단연 '자유'다. 얼핏 들어서는 법조인 출신 리더가 추구하는 가치로 어울리지 않다고 여길 수도 있을 것이다. 얼핏 생각하면 '법' 즉, 일정한 규칙이 없는 게 자유인 것처럼 여겨지기 때문이다. 루소의 정치철학은 바로 이러한 오해를 해소한 것에 의의가 있다. 요지는 간단하다. 법치가 올바르게 작동하지 않으면 즉, 법의 사각지대가 넓어질수록 힘센 사람들만이 자유를 누리게 된다.

최근 이슈가 되는 '이권 카르텔'이란 표현 역시 이와 무관하지 않다. 소위 말하는 '정경 유착'이 재벌 집단에 대한 문제의식에 불과할까? 가령 권력과의 친분을 바탕으로 태양광 사업 등의 국가의 중점사업을 사실상 독점적으로 발주하는 집단도 정경 유착에 해당할 것이다. 순살 아파트 부실 공사의 원인이 된 건설 이권 카르텔도 비슷한 맥락에서 이해할 수 있다. 법의 사각지대에서는 언제나 다른 누구보다 자유를 더 크게 누리는 누군가가 존재할 가능성이 존재한다. 재벌 집단은 글로벌 자본시장의 국제적 감시를 받는 반면, 이들은 국내 권력의 보호만 있다면 얼마든지 국민들을 약탈하는 불공정을 일삼을 수 있다는 점에서 그 위험성이 더욱 크다고 볼 수도 있다.

　지금까지의 정치의 변천을 다시 짚어보자면, 세 가지로 요약된다. 첫째, 누가 무엇을 언제, 어떻게 갖느냐를 결정하는 정치는 사회적 동물인 인간의 숙명이다. 우리는 존재하는 한 정치적 순간을 피할 수는 없고, 그럼에도 그것을 회피하고자 한다면 사회의 가치 배분에서 소외될 수 있다. 둘째, 해당 결정을 위해서는 '명분'이 중요한데, 그것의 소재가 바로 권력의 원천이 된다. 그 소재는 신에서 계약으로 옮겨졌고, 계약이 법이란 최상위의 존재로 격상되며 뉴노멀이 되어 현대까지 이어지고 있다. 이것이 시사하는 바는 권력의 원천을 그 누구도 쉽게 독점할 수 없게 되었다는 것에 있다. 셋째, 그런데도 정치는 왜 멀게 느껴지는 것일까 하는 의문이 남는다. 달리 말해, 정치라는 일이 특정한 계층 즉, 정치인들만이 전유하는 일이란 암묵적인 인식이 존재하는 이유는 무엇일까? 지금부터는 그에 대해 알아보도록 하자.

2. 정치인

정치인은 누구일까? 정치는 공허한 일(虛業)이란 표현이 있지만, 정치도 분명히 하나의 일이다. 가장 직관적인 정치인의 정의는 해당 영역에 직을 둔 사람으로, 주로 국가, 지자체 등의 단위에서 높은 레벨의 의사결정을 하는 사람을 가리킨다. 정치인의 교과서적 정의는 이렇듯 간명하다. 그럼에도 해당 정의만으로는 '누가 정치인인가'를 분별해내기는 퍽 어렵다. 일단 시점 차원에서는 반드시 현역일 필요는 없을 것이고, 장래에 당선될 가능성이 있는 사람이나 당선된 이력이 있는 사람도 정치인으로 분류될 수 있을 것이다. 설상가상 당선 사실 자체가 중요하지 않을 수도 있다. 그렇다면, 선거와 관계 없이 본인의 의사만으로 정치인이 될 수 있는 것인가, 아니면 타인 혹은 대중이 공인해줘야 비로소 정치인이 되는 것인가 하는 의문도 남는다.

예시를 살펴보자면, 2023년 한동훈 법무장관처럼 모두가 정치인으로 여기더라도 현재의 직무에 충실하겠다는 공직자들이나 김도읍 법사위원장처럼 불출마를 선언했지만 다시 부름을 받는 경우도 존재하는 반면, 최근 문제화된 '여의도 2시 청년'의 경우처럼 아무리 자신들이 정치인으로 불리기를 원해도 사람들이 정치인으로 여겨주지 않는 부류도 존재한다. '누가 정치인인가'의 필요충분 관계는 이처럼 복잡하지만, 대략 '최근 선거에 출마한 사람'이 한국에서는 가장 적당한 기준이 될 것으로 보인다. 하지만 이 역시도 주관적인 기준에 불과하고, 정치에 종사하는 사람이 아닌 이상 크게 섬세하게 다룰 문제는 아니다.

'누가 적격한 정치인인가'는 그에 반해 아주 중요한 사안이다. 독일의 막스 베버가 그 해답을 알려줬다. 그의 저서 『직업으로서의 정치』에 따르면, 사람들이 누군가에게 주체적으로 혹은 자발적으로 '지배되도록' 하는 요건은 다음의 세 가지다. 지배라는 표현이 다소 과격한 면이 있지만, 대중이 생각하기에 누군가 나에게 영향을 미치는 결정을 할 수 있는 힘을 가지기 위해 갖추어야 할 특성 혹은 자격 정도로 이해할 수 있다.

첫째, '역사적 정당성'이다. 가부장제나 세습 군주제가 대표적이다. 독립운동의 리더였던 김구가 대한민국의 건국 대통령으로 선출되었어야 한다는 인식도 이와 무관하지 않다. 둘째, '카리스마'다. 이는 어떤 사람의 비일상적이고 천부적인 자질을 말한다. 위대한 데마고그(demagogue, 군중 심리를 이용하여 대중을 선동하는 정치가)나 정당의 리더가 행사하는 지배가 대표적이다. 한국의 경우, 지난 세기의 장성 출신의 권위주의 대통령들과 삼김(三金)이 그에 해당할 것이다. 카리스마와 역사적 정당성이 완전히 구별되는 것은 아니다. 역사적 정당성이 축적된 존재에게 카리스마가 부여되기도 한다. 셋째, '합법성'이다. 이는 넓게는 법을 비롯한 일정한 규칙에서 지배의 정당성을 찾는 것을 말하는데, 주로 관료들에 의한 국가 운영에서 다루어지는 개념이다. 현재의 한국의 정치인들은 주로 이에 근거한 경우가 상당하다. '법조인'과 '관료'는 정치인의 출신배경 중에서 가장 높은 비율을 차지하고 있다. 법조인은 합법성에 관한 정치력을 발휘하기가 유리하고, 관료는 그 자체로 합법적 권한을 가진 존재이기 때문이다.

현재 한국의 정치 지형을 살펴보면, 과거에 비해서는 '역사적 정당성'과 '카리스마'를 갖춘 리더를 찾기가 어렵다. 전혀 없다고 할 수는 없지만, 우리가 흔히 각각의 표준으로 여기는 '독립운동가'와 '박정희 대통령과 삼김(三金)'에 비할 수는 없을 것이다. 한국 정치에서 학교 교과서에서도 다룰 정도의 역사적 서사를 가진 최후의 정치인은 '박근혜 대통령'이었을 것이다. 그녀의 존재와 서사는 여러 선거에서 보수당의 승리를 만들어냈다. 2016년 총선 당시 유승민 후보가 갖은 핍박에도 불구하고 끝까지 그의 선거사무실에 대통령 존영(사진)을 걸기를 고수하고, 반대 측에서는 그것을 굳이 떼라고 했던 사건은 박근혜란 정치인의 영향력이 당시 얼마나 대단했었는지를 보여준다. 하지만 그녀도 현대사의 풍파 끝에 지난 시대의 인물이 되었다. 카리스마 역시, 최근 들어 정치인이란 존재가 밀실 혹은 흑막 속의 존재가 아니게 되었고 대중친화성이 강조되는 추세란 점에서, 대통령급의 정치인이 아닌 이상 단점이 될 확률이 과거보다 커지기도 했다. 즉, 현재의 한국 사회에서는 역사적 정당성과 카리스마 모두 '영원한 어제의 권위'라는 베버의 표현처럼 정치인이 되기 위한 결정적인 요인으로 기능하지 않는다.

그렇다면, 현재 한국 정치인의 정당성을 결정하는 것은 '합법성'일 것이다. 윤석열 정권의 주류인 검찰이 법조인인 동시에 관료인 유일무이한 조직이었다는 점은 국민들로 하여금 정치적 배경이 없는 그들을 통치 권력으로 인정토록 할 수 있었던 꽤 설득력 있는 이유가 됐을 것이다. 현재 한국의 대권 잠룡 중에서 법조인도 관료도 아닌 인물은 20위권으로 넓게 잡아도 이낙연 전 총리, 안철수 의원, 심상정 의원, 이준석 전 대표, 박용진 의원의 다섯에 불과하다. 즉, 합법성을 중심으로 정치인의 적격성을 이해하는 경향성은 비단 현재의 집권 세력에 국한되지 않고 장래에도 여전히 적용될 경향성이라 볼 수 있다. 지난 정권 정치인 및 고위 공직자 100여 명을 사법적 심판대에 올린 적폐 청산이란 정치 활극도 이와 무관하지 않을 것이다. '투옥(投獄)'은 인물의 '합법성'을 훼손하는 가장 강력하고 직관적인 방법이었을 테니 말이다.

합법성 위주의 정치 정당성 확보가 꼭 한국만의 특질이라 할 수는 없다. 미국의 경우도 로스쿨을 졸업한 후 정치인이 되는 것이 표준 모델이고, 무려 42.2%가 법조인 출신이다. 하지만 미국의 경우, 전국 로스쿨 정원이 약 4만 명으로 2천 명인 한국의 스무 배에 달한다. 현재 정치 주류가 법조인이 되던 방식이었던 사법시험을 기준으로 보자면, 40배를 넘을 것이다. 게다가 미국은 법조인이 반드시 재판과 관련된 일만 하는 것이 아니라, 금융, 사회, 기업 등의 다양한 직역에서 근무한다는 차이점이 존재한다.

반면, 이웃 나라인 일본과 중국은 정치에서 '역사적 정당성'이 '합법성'보다 여전히 강력한 영향을 미친다는 점에서 한국과 확실히 구별된다. 일본(양원제)의 경우, 2016년 기준 민·참의원 465명·242명 중 법조인은 24명·13명(5.2%·5.2%), 검찰 출신은 2명·0명, 판사 출신은 0명·1명이었다[1]. 중국의 경우도 화학과 출신인 시진핑 주석을 포함하여 지도층에 유난히 문과보다 이과 배경의 인물이 많은 것으로 유명하다. 이유는 간단하다. 일본에는 지역별로 역사적 정당성을 갖춘 유력한 가문이 존재하고, 중국에는 공산주의 혁명 운동이란 역사적 서사가 정치인의 자격을 판단하는 핵심 요소로 기능하고 있기 때문이다. 시진핑 주석도 어린 시절 동굴에서 살았다는 서사를 적극적으로 홍보했다.

　이상의 비교가 시사하는 바는 현재라고 하여 합법성이 정치인의 권위 혹은 정당성을 확보하는 모든 것이라 할 수 없고, 지역, 문화, 상황, 무엇보다 인물에 따라 역사적 정당성이나 카리스마가 얼마든지 영향을 미칠 수 있다는 점이다. 역사가 반드시 먼 과거로부터 비롯되는 것은 아니고, 새로이 축적될 수 있고 지금도 여러 가지 역사적 맥락이 축적되고 있다.

　다시 한국 정치의 이야기로 돌아와서 정리를 해 보자면, 현재 한국의 주류 세력인 앞서의 검찰 출신의 경우 합법성 위주의 당위성을 확보하고 있지만, 그 대척점에 존재하는 586 운동권의 경우, 한국의 주류 세력 중에 법조와 관료라는 합법성 이미지가 상대적으로 약하다. 그래서였을까. 김대중, 노무현, 문재인의 세 대통령을 삼위일체로 하는 현대사의 토막의 앞단에는 이승만의 대척점에 존재하는 김구를 위시한 독립운동사를 배치하려 하고, 뒷단을 이어갈 미래 정치인을 선발할 때도 계보를 중시하는 경향이 보인다. 역사적 정당성을 구축하는 작업이다.

　노무현 대통령의 마지막 비서관으로 유명한 김경수 전 경남지사가 초선 국회의원부터 유력한 대권 후보 물망에 올랐던 것과 그들의 지지자들이 수없이 공유한 '문(文)을 여니(이낙연 前 총리), 조국이 보인다' 포스터가 대표적인 예시다. 이는 정치적 사명에 역사성을 부여해 현재 정치인의 정치적 적격성을 확보하는 한국적 사례라 할 수 있다. 하지만 2023년 현재 더불어민주당의 당대표를 맡고 있는 이재명 의원은 이러한 선전을 거의 하지 않고 있는데, 이는 한국의 진보 정치의 경향성이 변모하였다는 혹은 새로운 패러다임이 등장할 조짐으로 해석될 수 있을 것이다.

3. 정당

정당은 정치적 견해를 공유하는 사람들의 권력 쟁취를 위한 결사체다. '정당은 민주주의를 만들었고, 정당을 떠나서는 근대 민주주의를 생각할 수 없다'라는 샤트슈나이더의 문장은 '정당'이 정치에서 얼마나 중요한 역할을 했는지를 말해준다. 인류의 정치 혁명은 왕에서 귀족으로, 다시 서민으로 의사결정권을 넘겨주며 민주주의라는 영원한 종착지를 향해 달려왔다.

샤트슈나이더의 문장의 콤마 앞의 구절처럼, 정당은 왕궁이나 귀족의 의회 외에 '서민'이 정치에 입문하는 열쇠가 되었다. 영국을 예시로 보자. 현재 기준으로 영국의 두 의회 중 귀족원에는 명예만 남고, 서민원이 실질적인 권력을 갖고 있다. 여기에는 의회란 장소는 원래 귀족의 장이었지만, 정당이란 개념이 점차 파벌 이상의 기능을 갖는 기구로 발전하면서 의회는 서민의 장이 된 즉, 민주화의 역사적 흔적이 담겨 있다.

정당의 진화가 여기서 종결되었다고 볼 수는 없다. 최신의 문제의식은 뒤의 구절과 관련된다. 즉, 현재의 정치 지형에서 '정당'을 거치지 않는 직접적인 정치 참여는 사실상 불가능해졌고, 당선은 완결적 수준의 불가능이라 보아도 과언이 아니다. 주민참여제나 시민단체에 가입하는 등의 방법이 존재할 수도 있고 선거에 참여할 수도 있지만, 이는 간접적인 수준에 불과하다. 정당 정치를 부정하려고 하는 것은 물론, 결코 그리고 절대 아니다. 하지만 다음의 문제를 생각해볼 필요는 분명히 존재한다.

먼저, 양당제와 다당제에 대한 이슈다. 두 정당 제도의 효과성은 대통령제나 내각제 등의 어떤 정부 형태와 결합되느냐에 따라 달라질 수 있다. 즉, 무엇이 더욱 적절한 제도인지 딱 잘라 말하기는 어렵다. 일반적으로 다당제가 되면 특정 정당이 일방적으로 정국을 좌지우지하기 어려워진다고 본다. 하지만 분명한 것은 선거 파트에서 후술할 것인 바처럼 그를 공고히 하는 제도가 존재하고 그를 통해 한국의 양당과 같은 기존 정당의 영향력이 확고한 경우에는 새로운 정당이 등장하기가 어렵다.

더군다나 기존 정당의 기득권 및 준기득권에 속하지 못하는 사람들의 참여에 관한 정치적 자유가 부족해지는 현상이 발생할 수 있다. 22대 총선(2024)을 앞두고 등장한 국민의힘의 인요한 혁신위원장이 '지도부, 중진, 대통령 측근에 속한 사람들에게 불출마를 하거나 험지에 출마할 필요가 있다'고 말한 것도 이와 무관하지 않다. 주류인 정당을 장악한 사람들은 지역주의 KTX를 타고 당선이란 종착지에 쉽게 도달할 수 있기 때문이다.

현재 자연스럽게 인식하는 양당제 구도와 달리, 민주화 이후 한국은 대부분 3~4당 체제였다. 민주화 직후인 1988년에도 4당이었고 대부분 3~4당 체제였다. 지난 20대 국회(2016)는 5당이었다. 하지만 양당 외의 정당 즉, 제3정당이 확립에 성공한 적은 단 한 번도 없었다.

대통령을 제외하면 가장 이름이 높았던 정치인인 김종필과 이회창도 실패했고, 한국 최고의 부자였던 정주영도 실패했다. 탄핵이란 헌정사 초유의 혼란 속에서도 제1야당이 압도적으로 득세했을 뿐, 제3 이하의 정당은 오히려 몰락의 길을 걸었다.

양당제가 탁월한 제도이거나 한국에 적합한 제도이기 때문에, 현재의 우리 정치 제도가 양당제에 친화적으로 형성되어 있는 것일까? '내부총질'이란 흉흉한 말이 횡행할 정도로 정당의 단일대오를 극도로 강조하는 한국의 정당 문화를 고려하면, 양당제는 국민의 정치적 선택권을 모 아니면 도 게임 즉, 이항대립의 한계에 가둔다는 점에서 문제의 소지가 크다. 이항대립 구도의 가장 큰 문제점은 '고인물'이다. 한국일보의 자료[2]에 따르면, 양당제인 미국의 경우, 1946-2016년의 70년 동안 국회의원의 재선성공률이 하원은 무려 90%에 달하고, 상원도 70%를 넘는다. 얼마나 오래도록 재선에 성공했는지 임기 중에 노환이나 질병으로 사망하는 의원도 꽤나 존재한다.

미국에서는 최근 '장로 정치(長老 政治, gerontocracy)'라는 말이 논쟁적으로 다루어지고 있다. 바이든 대통령이 80대인 탓에 대두된 표현이기는 하지만, 공화당의 미치 매코널 상원 원내대표가 80대의 고령 탓인지 기자회견 도중 느닷없이 넋이 나가 두리번거리다 퇴장한 사건이 해당 논쟁을 본격적으로 촉발시켰다. 미국의 상원 의원 중에 8090 정치인은 100명 중 6명이고, 그들의 평균 연령이 무려 65세다. 물론 나이 자체를 문제 삼을 수는 없다. 하지만 일반적인 직업 세계에서 8090 할아버지는 본인 소유의 기업이 아닌 이상 일자리를 구할수가 없다. 다만, 양당제 환경에서 국회의원의 인적 쇄신이 이루어지는 일은 성사되기가 정말 어렵다는 것만은 분명하다. 국가가 지분을인정하는 즉, 소유의 대상인 것도 아닌데 말이다.

반면, 한국의 경우 21대 국회를 기준으로 초선의원이 156명으로과반에 달한다. 재선 이상의 의원들 역시 모두 연속 당선은 아니므로, 비교적 신진 정치인들의 진입이 비교적 잘 이루어지고 있다고 볼수는 있다. 이러한 일이 가능한 이유는 한국은 전원 지역구에서 선출되는 미국과 달리 절대다수가 초선인 비례대표가 대략 1/6 비율로존재하고, 당선에 결정적인 영향을 미치는 공천제도가 중앙집권적으로 이루어지는 탓에 계파의 이해관계에 따라 대거 물갈이되는 경우가 많기 때문이다. 하지만 이렇듯 초선이 등장한다고 해서 한국의 정계가 혁신되었다고 보기는 어렵다. 당론 정치 문화가 공고하고 재선을 하기 위해서는 그를 어기기가 쉽지 않기 때문이다. 지난 20대 국회에서 금태섭 더불어민주당 의원이 공수처 도입에 기권표를 던졌다가 징계 처분을 당한 것이 대표적인 사례다.

무엇보다 대의(代議)가 존재의 본질인 국회의원이 국민을 대표하는 즉, 그들의 의견을 반영하는 정도가 증진되었다고 볼 수가 전혀없다. 한국 국회의원의 평균연령은 만 58세 즉, 환갑인 반면, 국제의회연맹(IPU)의 보고서(2021)에 따르면, 110개 조사대상 국가들의 45세미만 의원의 비율은 30.2%인데 반해, 중위 연령이 45.6세인 한국은

7.41%(108위)다. 게다가 성비는 남성이 무려 80%에 달하며, 재산은 신고된 것만을 기준하여도 34.8억 원이다. 국회의원이란 자리가 기업체 사장의 자리처럼 보상, 교환, 거래의 차원이 존재의 본질인 자리라면 이상의 내용이 문제가 된다고 볼 수는 없을 것이다. 하지만 그들의 존재 이유는 헌법에도 쓰여 있듯 '대의' 즉, 국민들의 의견을 반영하고 대표하는 것에 있다.

다음으로, 정당이 국회의원과 지자체 선출직을 비롯한 국민의 대표자에 대해 선제적으로 필터링 혹은 스크리닝을 가할 수 있다는 문제를 짚어봐야 한다. 이러한 일은 '공천(公薦)'이란 과정을 통해 이루어진다. 우리 유권자들이 일반적으로 떠올리는 선거의 맥락은 '다양한 의견을 가진 국민이 자율적으로 자신의 대표자를 선출하면, 그들이 주인인 국민을 대리하여 의회에서 토론과 합의를 통해 공동체의 더 나은 미래를 도모하는 것'이다. 하지만 현실의 정치는 그렇지 않다. 오히려 한국의 정치 공학은 역(逆)의 과정을 지향한다. 한국에서 공천이란 제도는 권력의 의지에 부합하는 사람들이 국민의 대표자가 되도록 기능한다. 공천을 국민 혹은 당원의 투표로 즉, 예비선거를 통해 후보를 결정해야 하는 미국과 달리, 한국의 경우, 공천권자가 전략이나 균형 등을 명분으로 '누가' 후보가 될 것인지를 직접 결정할 수 있기 때문이다. 즉, 한국 유권자는 공천권자가 정해준 후보자의 한계 내에서만 투표권을 행사할 수 있는 것이다.

이것의 효과는 자명하다. 한국의 선출직 공직자들은 많은 경우 국민이 아닌 공천권자 즉, 권력의 대리인이 될 확률이 높다. 그리고 이는 모든 정치인에게 그의 제일 목표인 '당선'을 위해 쏟아야 하는 정성의 방향성을 알려준다. 국민들도 이를 모르지 않는다. 문재인 정권 당시 청와대의 '국민청원' 시스템이 흥했던 이유도 여기에 있다. 우리 국민들은 자신의 의견이 자신이 일차적으로 만날 수 있는 지역구 의원 또는 지방의원의 대표자에게 전달되더라도 그 호소가 통할 것이라 기대하기가 어렵다는 것을 알기 때문에, 현대 대한민국의 그 무수한 제도를 뒤로하고 왕정 조선의 선조들이 신문고로 향하던 마음으로 국민청원을 하기에 이른 것이다. 이러한 역설은 정당 기능의 강화가 반드시 정치 본연의 목적에 부합하는 것은 아님을 의미한다. 즉, 이 책의 목표인 참여의 질적 제고가 반드시 수반되어야 한다는 것이다.

■ 공천, 선거 그리고 여론

선거는 '식사'에 비유할 수 있다. 먼저, 우리의 정당 선호는 한식, 일식, 양식, 중식에 대한 선호와 유사하다. 특정 메뉴인 청국장을 좋아하지 않을 수는 있더라도 대체로 한식을 가장 선호한다면, 우리는 주로 한식 식당을 찾게 될 것이다. 우리가 어떤 정당을 지지한다면, 메뉴 즉, 후보를 모르더라도 해당 정당에 표를 줄 마음을 이미 먹고 있는 것처럼 말이다. 다음으로, 공천과정은 '메뉴를 살피고 비교하는 일'에 해당한다. 양식당에 방문했을 때, 누군가는 육식 위주의 메뉴를 선호하는 반면, 다른 누군가는 파스타와 샐러드 위주의 메뉴를 선호할 수 있다. 이런 경우, 우리는 해당 식당이 어떤 음식을 주력으로 하는지, 테이블에 앉은 사람들의 여론이 어떤지, 식사 자리가 어떤 시간, 장소, 상황인지 등을 고려하여 메뉴 조합을 선택하게 된다. 끝으로, 선거는 '주문'에 해당한다. 선거는 번복할 수 없는 일이기 때문이다. 주문 역시 그것을 행한 이상 해당 메뉴로 식사를 해야 한다. 물론 결정의 순간에도 고민을 하기는 할 것이다. 그러나 이는 구성을 A와 B 둘 중 무엇으로 할 것인가 정도에 대한 것이지, 중요한 토의는 메뉴를 살피는 단계 즉, 공천 단계에서 이루어진다.

한국의 선거 역시도 식사에 비유할 수 있지만, 더욱 정확한 표현은 '급식'일 것이다. 대통령 선거를 제외하면, 국민들에게 메뉴를 선별할 권한이 보장되지 않기 때문이다. 즉, 공천과정에 국민들이 유의미하게 참여할 수 없기 때문이다. 한국 선거에서는 학교나 군대에서 나오는 대로 식사를 하듯 선거를 즉, 주문을 해야 한다. 심지어 한국은 사실상 양당제란 점에서 지지가 유효한 정당도 둘에 불과하다. 이는 한국의 선거를 창구가 둘 뿐인 급식소에서 나오는 대로 식사를 하는 것에 비유할 수 있음을 의미한다.

이상의 내용에서 우리에게 불쾌감이 들었듯, 선거에서 가장 중요한 단계는 '공천'이다. 공천이란 단계에서 나에게 권한이 없다면, 한식을 좋아하는 사람이 한식 식당에 방문했더라도 싫어하는 청국장을 억지로 먹어야 하는 불상사가 발생할 수 있을 테니 말이다. 반대로 내게 권한이 있다면, 다이어트 중에 양식당에 방문했더라도 샐러드를 선택할 여지가 생긴다. 공천은 이처럼 유권자가 선거에 갖는 의미 및 효과를 통째로 뒤바꿀 정도로 압도적인 영향력을 가진 과정이다.

4. 공천 I : 구조와 메커니즘

공천은 정당이 공직 후보자를 추천하는 일을 말한다. 이는 정당이 행하는 가장 중요한 일이며, 천거된 후보자가 해당 정당의 당명 아래 공직 출마를 할 수 있다는 점에서 정당과 후보자 모두에게 가장 중요한 일이다. 공천제도는 국가마다 정당마다 다르고, 대선, 총선, 지선 중 어떤 선거이냐에 따라서도 달라질 수 있다. 공천제도는 정치인의 직업적 생사를 가르는 가장 중요한 요인이기 때문에, 정부 형태(대통령제, 내각제 등)나 선거법(후원금 등), 정치 문화 등의 복합적인 영향을 받는다.

이토록 복잡한 공천도 크게 두 가지로 분류된다는 점은 합의되어 있다. 바로 '상향식 공천(top-down)'과 '하향식 공천(bottom-up)'이다. 전자는 후보자보다 낮은 권력 계층인 일반 국민이 공천권을 갖는 것을 의미하고, 후자는 후보자보다 높은 계층인 당에서 가장 힘센 사람이 공천권을 갖는 것을 의미한다. 한국의 경우, 명목적으로는 공천관리위원회가 독립적으로 심의를 진행한다고는 하지만, 대부분의 국민들은 여당은 대통령이 그리고 야당은 당대표가 실질적인 공천권을 갖는다고 인식하고 있고, 여러 공천 파동 사례에 비추어봤을 때 이것이 단순한 추측에 불과하다고 보기는 어렵다. 예를 들어, 당대표가 원하는 후보가 경선에서 불리할 것이라 예상되면 해당 지역구에서는 경선이 아닌 전략공천을 진행할 수도 있으며, 경선 방식을 그에게 유리하게 설정하거나, 거의 없는 일이지만 의지만 있다면 경선 결과를 거부할 수도 있다. 이는 한국의 공천제도는 '하향식 공천'에 해당함을 시사한다.

한국은 정당을 불문하고 선거철마다 '공천관리위원회(이하 공관위)'라는 기구를 설치한다. 공관위의 역할은 각 선거에 해당 정당 소속으로 출마할 사람을 심사하는 것이고, 그를 정당이 내놓는 공직 후보자로 승인할 것인지에 대한 최종적 결정은 당수인 대표가 하게 된다. 2016년의 20대 총선 당시 김무성 새누리당 대표의 '옥새 파동'은 한국에서의 공천의 메커니즘을 들여다보기 위한 최적의 사례다.

한국에서 공천 파동은 계파를 단위로 발생한다. 즉, 한국의 공천 주체는 당의 지도부에 해당하는 엘리트들이다. 이들은 주로 공관위의 인적 구성에 영향력을 행사하며, 실제 공천과정에서도 자신들의 의지를 음으로 양으로 관철시키기도 한다. 한편, 공천 파동이 항상 발생하는 것은 아니란 점에도 주목할 필요가 있다. 가령 친문 계파의 수장인 문재인 대통령의 지지율이 압도적으로 높았던 21대 총선(2020)과 가장 큰 계파인 친문에서 공관위에 최대한 개입하지 않았던 20대 총선(2016)에서의 민주당의 공천과 같은 경우에는 공천이 별다른 분쟁 없이 완료된다.

문제는 그렇지 못한 경우에 발생한다. 월드컵 이전까지 한국의 정당에는 '총재'라는 직위가 존재했다. '문재인 대표'라는 표현과 달리, '김영삼 대표'라는 표현이 우리에게 익숙하지 않은 이유가 여기에 있다. 김영삼은 대표가 아니라, 총재였다. 20C의 한국은 삼권분립이란 표현이 무색하게 행정부의 수장인 대통령이 그를 겸임할 수 있었다. 이것을 극복하기 위해 등장한 것이 '당정분리'다. 물론 현재도 이것이 잘 지켜지고 있지는 않다고 보는 것이 주류 의견이기는 하다.

'당정분리'는 노무현 대통령이 노무현 대통령의 열린우리당 창당, 이명박 대통령의 세종시 수정안 부결, 박근혜 대통령의 탄핵소추 등의 현대사의 획을 긋는 많은 사건들과 관련되어 있다. 노무현 대통령의 탄핵소추가 이루어진 것도 — 엄밀하게는 선거에서의 정치적 중립이 주요 초점이긴 하지만 — 선거가 당의 사무라는 점과 '당정분리'로 인한 당 장악력 약화라는 배경 등이 복합적으로 엮여 발생한 결과이다. 당시 보수 계열 정당의 의석수는 138석에 불과했지만, 가결표가 193표에 달할 수 있었던 것은 박근혜 대통령에 대한 탄핵소추와 마찬가지로 '총재'라는 당을 장악할 수 있는 공식적인 지위가 대통령에게 허락되지 않는다는 맥락이 정계에 유효했기에 발생할 수 있었던 일이다.

20대 총선에서의 '옥새 파동'도 이러한 맥락 위에서 발생했다. 야당의 경우, 당대표를 선출하는 전당대회를 통해 당의 권력자와 공천권자의 일치가 이루어진다. 그러나 여당은 그것이 구조적으로 불가능하다. 당의 진정한 실권자인 대통령이 삼권분립 혹은 당정분리 탓에 당대표라는 공천권자 즉, 공관위 추천장에 물리적으로 도장을 찍는 사람이 될 수 없기 때문이다. 당시 새누리당의 김무성 대표는 대표적인 비박계 후보였던 이재오와 유승민에 대한 공천 배제를 수긍할 수 없었고, 공관위의 추천장에 날인하기를 거부했다. 여기서 우리가 주목할 수 있어야 하는 부분은 세 가지다.

첫째, 경선이란 대안이 존재함에도 이를 선택하지 않았다는 것이다. 공관위원장이란 존재 자체가 선출'된' 권력이 아닌데, 선출'될' 권력을 좌지우지한다는 것부터가 어불성설이다. 웬만하면 상당수의 국민이 인정하는 명망가가 공관위원장이 되기는 하지만, 국민들은 그가 어떻게 그 자리에 앉게 되었는지 모른다. 이는 한국의 공천은 엘리트들의 영향력이 결정적이고, 그들이 자신의 결정권을 놓는 데 어려움을 겪음을 의미한다. 그 이유는 단순한 권력욕일 수도 있고 여타 정치적 이유가 존재하기 때문일 수도 있다.

공천 주체

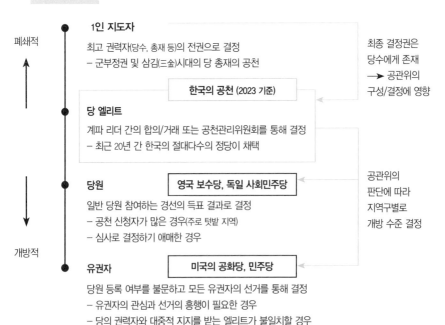

한국의 공천이 미국에서처럼 선거소 현장에서 진행하는 경선을 통하지 않는다고 해서 마냥 폐쇄적이라 볼 수는 없다. 총선이나 지선에서 대선과 같은 현장 경선을 진행하지는 않지만, '여론조사'를 통해서 간접적으로 당원이나 유권자의 의견을 반영하기도 한다. 하지만 꼭 공천을 해야 하는 계파 구성원이 존재하는 등의 정치적 필요가 존재하는 경우에는 그러한 방식을 배제하는 경우가 있다. 이는 공천에 관한 투표권을 모든 유권자에게 개방된 예비선거를 실시하는 미국[4]이나 당원들에게 개방된 경선을 실시하는 영국, 독일과 차이점이 된다. 즉, 한국은 선진국들에 비해서는 폐쇄적인 공천 시스템을 운영하고 있는 것이다.

둘째, 완전히 독립적인 공관위는 존재하기가 대단히 어렵다는 것이다. 여기에는 공관위는 추천권만 가질 뿐 결정권이 없고, 공천 추천서에 대한 승인 여부를 결정하는 당대표에게 공천에 대한 가장 큰 영향력이 있다는 기능론적 사실 이상의 의미가 있다. 옥새 파동 당시 공관위의 독립성과 상당히 배치되는 장면이 발견되는데, 이한구 공관위원장이 김무성 대표를 설득하는 것이 아니라, 친박계였던 원유철 원내대표가 그를 설득하는 역할을 맡았다는 것이다. 일반적인 상식으로는 영역을 불문하고 어떤 안(案)에 비토가 놓여지는 경우에는 해당 안을 작성한 책임자가 결재권자를 설득한다.

하지만 한국의 경우 비단 옥새 파동이 있었던 20대 총선 새누리당뿐만 아니라, 여타 선거와 정당의 공천 갈등에서도 공관위 밖의 인물들이 설득이나 합의를 시도하거나 반발한다. 물론 그들도 이해관계자이기 때문에 그러한 시도를 하지 않을 이유는 없지만, 이는 분명 국민들에게 독립성을 지향하는 공관위의 겉모습과 실제가 같으리라는 확신을 주기에는 무리가 있는 모습이라 할 수 있다.

셋째, 공천은 후보자의 당선에 막강한 영향력을 갖는다는 것이다. 해당 파동은 김무성계의 서바이벌에 관한 문제였기도 했지만, 국민의 주된 관심은 원내대표까지 지낸 유승민과 이재오의 공천배제에 있었다. 반사실적으로 보자면, 한국의 정치 환경이 사실 당에서 누구를 공천을 하든 정치인 개인의 역량으로 당선이 될 수 있다면, 공천 파동이 발생할 이유가 없었을 것이다. 하지만 현실적으로 TK와 호남과 같은 텃밭 출마가 아닌 이상, 그 어떤 후보도 정당의 브랜드 없이 당선을 확신할 수 없다. 이는 원내대표까지 지낸 전국구 정치인에게도 해당되는 이야기다.

이유는 두 가지다. 하나는 국민들이 당을 보고 투표하는 경우가 많기 때문이고, 다른 하나는 표심은 좌우에 따라 이미 갈라져 있는데, 이미 두 쪽으로 갈려져 있는 한쪽 표심에서 또 한 번 가르기가 이루어지게 되기 때문이다. 즉, TK(대구·경북) 및 호남과 같이 특정 정당이 2/3 이상을 안정적으로 점유하는 지역이 아니라면, 패배할 가능성은 어느 후보에게나 존재한다. 22대 총선(2024)을 앞두고 이준석 전 대표가 공천을 받지 못하는 경우에는 대구에 출마할 것이란 예상이 지속적으로 언론에서 설득력 있게 다루어지는 것도 이와 무관하지 않다.

대표적인 사례로는 지난 21대 총선의 대구 수성(을) 지역구 선거가 있다. 당시 해당 지역구에는 공천에서 배제된 홍준표 후보가 무소속으로 출마했고, 미래통합당(현 국민의힘)은 이인선 후보를 해당 지역구에 공천했다. 선거의 결과는 비록 홍준표 후보(득표율 38.51%)가 승리하기는 했지만, 그가 직전 대통령 선거의 후보였음에도 불구하고 이인선 후보(득표율 35.77%)와의 득표율 차이는 3%p도 되지 않았다. 반면, 20대 총선에서 새누리당이 어떤 후보도 공천하지 않은 대구 동(을)의 유승민 후보는 75.74%를 득표했다. 만약 옥새 파동 당시 '무공천'을 하지 않았다면, 거물 정치인들조차 낙선했을지도 모른다. 3%p는 한 후보의 득표율이 1.5%p만 하락해도 메워지는 격차인 동시에 선거일 날씨만으로도 뒤집어질 수도 있는 사소한 격차이기 때문이다.

이상의 내용은 우리에게 세 가지 설명을 제공한다. 첫째, 옥새 파동의 결과가 '무공천'이었던 이유다. 유승민 후보의 케이스처럼 무공천은 사실상 공천이기 때문이다. 둘째, 20대 총선은 새누리당의 패배였지만 김무성 대표는 당내 갈등에서 승리했다고 평가되는 이유다. 결국 김무성 대표가 원하는 방향대로 공천이 거의 이루어졌기 때문이다. 셋째, 공천에 중앙 엘리트의 영향력이 얼마나 지대한 것인지, 선거에 있어 공천이 후보자에게 얼마나 예민한 일인지, 무엇보다 파동의 귀책을 일방에게만 물을 수는 없지만 중앙 엘리트의 다툼이 얼마나 선거의 승리에 해로운지를 알려준다.

지금까지 한국의 공천을 지적하는 듯한 문투로 서술을 했지만, 사실 한국의 제도가 그저 나쁜 것이라 할 수 없다. 우리가 관련하여 짚어볼 필요가 있는 부분이 두 가지 있다. 먼저, 공천에서의 '경선'이 법률 차원의 의무사항은 아니란 것이다. 왜 입법이 미비했느냐는 이 책이 초점으로 하는 내용을 초월하기 때문에 논외로 하겠다. 한국에서 공천제도는 정당이 당헌·당규로 자율적으로 정할 수 있다. 그리고 당의 공관위에서 그 후보군을 2–3인 정도로 선제적으로 압축시키기는 하지만, 여론조사 형식으로나마 경선을 실시하는 경우도 다수 존재한다.

2004년을 16대 총선을 기점으로 당원이 아닌 모든 국민이 참여할 수 있는 국민참여경선제가 확대되기 시작해서, 비록 ARS나 모바일을 통한 여론조사 형식에 주로 국한되기는 했지만 경선이 점진적으로 발전해온 것 역시도 사실이다. 2015년 당내 경선에서 '휴대전화 안심번호 활용'이 가능하도록 개정된 공직선거법 탓에, 경선이 마치 그것을 활용하는 제도라는 시그널이 되었다는 점에서 현장보다는 유·무선을 통한 경선을 유도하는 듯한 상황이 지속되고 있다는 문제점이 남아있기는 하지만 말이다.

다음으로, 무엇보다 각 정당의 엘리트들이 각 지역구의 경선에 후보자 선출을 맡기지 않고 중앙의 공관위를 중심으로 하는 공천제도를 운영해야 하는 한국적 이유가 있다. 가장 근원적인 이유는 ① 한국의 정당의 취약한 하부 구조와 ② 자발적 진성당원의 부족에 있다. 이러한 상황에서 지역구별 기득권 그룹이 절대적인 힘을 가지고 자신들만의 작은 왕국을 구축할 수 있음을 의미한다. 한국선거학회 (2010)의 보고서[5]를 바탕으로 보자면, 이는 세 가지 문제를 낳을 수 있다.

첫째, 신진 정치인이 등장하기 어렵다. 가령 청년, 여성, 장애인 등의 정치 비주류 계층은 원천적으로 진입이 차단되고, 기존 당협위원 장을 중심으로 개인적 연고, 조직동원력, 재력을 가진 인물들 위주의 정계 진입 수월화가 일반화될 수 있다. 공관위의 개입이 신인이나 여성, 장애인 등의 소수자, 국가유공자 등에게 가점이나 높은 기본점수를 부여함으로써 정치인 풀을 쇄신하는 넛지를 주는 방식으로 이루어질 수도 있다는 것이다. 중앙집권적 공천 시스템은 이러한 문제점에 대한 대응성이 높은데, 이는 그것의 대표적인 순기능이다.

둘째, 선거가 과열되어 네거티브나 불법행위가 빈번해지는 것을 예방하거나 사후적으로나마 통제할 수 있는 안전장치가 없다. 한국에 '국민참여경선제'가 처음 실시된 2003년 당시, 최병렬 한나라당 대표는 경선이 끝난 뒤, '제도로서 도저히 채택할 수 없는 형편없는 제도이며, 지연, 혈연, 학연이 동원될 수밖에 없고, (정치 관심도가 낮은 상황에서는) 국민이 참여하지 않게 되므로 사기가 된다.'라고 평가한 바 있다. 이와 관련된 가장 큰 문제는 '정치 브로커'가 판을 치게 될 수 있다는 것이다. 이는 첫째의 내용과도 연결된다.

2022년 지방선거 당시, 더불어민주당의 이중선 예비 후보는 '선거

브로커'의 존재를 폭로한 후 사퇴했다. 그는 기자회견에서 '지역활동을 시작한 이후, 브로커들에게 지속적으로 시달려 왔으며, 당선 후에 인사권과 건설, 토목 사업에서의 이권 보장을 요구했다'고 밝혔다. 이때, 브로커들이 반대급부로 제시한 것은 '여론 조작'이었다. 비록 공관위가 존재하는 상황에서 발생한 일이지만, 만약 공관위가 존재하지 않았다면 그 해악은 분명 더욱 컸을 것이다.

셋째, 정당 내의 갈등이 심화될 수 있고, 이는 정당의 선거 패배로 연결될 수 있다. 가령 경선에서 패배한 후보가 이를 인정하지 못하거나 불법행위가 의심되는 후보가 승리한 경우, 뒤끝 형의 네거티브를 일삼거나 사법 분쟁을 발생시킬 수 있다. 최악의 경우, 패배 후보가 경선에 불복하고 본선 즉, 실제 선거에 무소속 후보로 출마하여 소위 말하는 '표 갈라먹기'가 발생할 수도 있다. 만약 경합 지역에서 이런 일이 발생하는 경우, 어부지리의 상황이 얼마든지 발생할 수 있다. 현실적으로 보자면, 전형적인 자멸로 인한 필패 시나리오다. 그리고 이는 한국 정치의 '모 아니면 도'와 같은 이항대립 구조를 생각하면 민의를 완전히 반대로 왜곡하는 문제를 발생시킬 수 있다. 사실은 보수·진보를 지지하는 지역구에서 진보·보수 후보가 선출될 가능성이 얼마든지 존재하기 때문이다.

5. 공천 Ⅱ : 기능과 효과

정치라는 일에서 가장 중요한 일은 그것을 행하는 정치인 혹은 공직이란 자리에 어떤 인물을 앉히냐를 결정하는 것이다. 공천이 정치인을, 정치인이 정치를 결정한다는 삼단 논법을 따르자면, 공천이 어떤 방법론을 따르느냐에 따라 서로 다른 정치적 효과를 가질 수 있을 것이다. 만약 우리가 그 효과를 이해할 수 있다면, 그것을 바탕으로 공천이 어떤 정치적 기능을 갖는지도 포착해낼 수 있을 것이다. 관련하여 세 가지 내용을 짚어보도록 하자.

먼저, 공천의 유권자에 대한 정치적 효과다. 공천은 추천된 공직 후보자에게 '브랜드 효과'를 부여하며, 이는 유권자들에게 강력한 시그널로 작용한다. 특히 정치에 비교적 무관심하거나 정당 충성도가 높은 사람들에게 해당 효과는 더욱 강력해진다. 해당 효과가 유권자의 사표 회피 심리를 만나게 되면, 한국과 같이 양당의 영향력이 강고한 국가에서는 주요 정당에게 표가 집중되는 효과로 연결되기도 한다. 양당 외의 정당에 상당한 충성도를 갖지 않는 이상, 두 당에 투표하거나 차라리 투표 자체를 하지 않는 선택을 하기 때문이다.

다음으로, 공천의 공직 후보자에 대한 정치적 효과다. 앞서의 정당 파트 말미에서 다룬 바처럼, 공천이 그것의 속성상 공직후보자로 하여금 공천권자에게 소위 말하는 '점수를 딸 수 있는 행동'을 하도록 유도한다. 공천권자가 권력자인가 일반 국민인가에 대한 문제는 남지만 말이다. 하지만 분명하게 존재하는 긍정적인 효과는 있다. 모든 선출직 공직자의 목표는 '재선'이다. 즉, 모든 선출직 공무원은 현직자인 동시에 공직 후보자다. 대표적으로, 국회의원이란 선출직 공직자와 그의 본연의 업무인 입법 활동을 예시로 그 정치적 효과를 확인해보자.

공천제도에 따라 입법이 얼마나 생산적으로 이루어지게 되는지에 관한 연구[6]에 따르면, 공천 방식에 따라 법률안 통과 건수가 달라진다. 해당 연구는 국회사무처의 1948년부터 2009년까지의 자료를 총망라하여 입법 관련 데이터를 연도 단위로 분석했다. 한편, 한국을 포함한 많은 나라에서 입법 주체는 '국회의원'과 '정부'의 둘이다. 둘이 발의하는 법률을 각각 '의원발의 법률안'과 '정부 법률안'이라 부른다. 해당 연구에서 이 책과 관련된 내용을 살펴보자면, 다음과 같다.

아래의 표는 상향식 공천을 채택한 경우 법률안 통과 건수가 전체적으로 증가했을 뿐만 아니라, 특히 의원 발의 법률안의 건수가 대폭 증가함을 보여준다. 국회의원의 주된 임무가 '입법'임을 감안하면, 상향식 공천은 하향식에 비해 국회의원의 능동성 또는 능률성을 상승시키는 효과를 가짐을 알 수 있다. 게다가 상향식을 채택하는 경우, 전체 법률안 중 의원발의 법률안의 비율이 28%p 증가하는 것으로 확인됐다. 이는 전체 자료의 통상적인 편차 밖의 결과로, 해당 결과가 자연적으로 혹은 우연히 발생한 것이 아니라 상향식 공천 도입의 영향을 받아 발생했음을 의미한다. 다만, 정부 법률안의 경우, 상향식과 하향식에 따른 유의미한 차이가 확인되지 않았다는 점에서 어느 정도 한계를 갖는 결론이란 점을 고려할 필요는 있다.

법률안 종류	전체	의원발의	정부
전체 평균	144건	66건	78건
상향식 채택 時	314건	274건	유의미하지 않음

주 : 출처의 분석 결과에서 현행 제도인 '소선거구제'에 관한 내용만 발췌함.
출처 : 김재훈·허석균(2012)의 자료를 바탕으로 저자 작성

끝으로, 공천의 정당에 대해 갖는 정치적 효과다. 가령 정당이 국민들에게 공천 주체를 개방하는 혁신의 모습을 보여준다면, 국민은 그들에게 존중의 시그널을 받을 것이고, 이는 먼저의 내용에서 언급한 정당의 브랜드 가치를 제고하는 데 도움이 될 것이다. 그리고 공천을 중심으로 당이 갈등하는 등의 내홍을 겪는 모습을 보인다면 국민들은 해당 정당에 대한 기대나 신뢰를 거두게 될 것이다.

이와 관련해서 우리는 '경선 규칙'에 따른 유불리를 판단할 수 있어야 한다. 그래야 경선이란 개방성 지향의 이면에 숨겨진 정치인들의 내심을 파악할 수 있다. 정치인들은 공천 시즌이 다가오면 소위 말하는 '공천 룰'을 두고 어김없이 필사즉생의 각오로 다툰다. 당원과 일반 유권자 중 어느 집단의 표를 더욱 많이 반영할 것인지, 여론조사를 유·무선 중 무엇을 통해 실시할지, 문항에서 '적합도'와 '경쟁력' 중 어떤 표현을 사용할지에 따라 희비가 엇갈릴 수 있기 때문이다.

한국은 어떤 방식으로 경선을 실시할까? 앞서 언급했던 것처럼 한국의 정당들은 경선에서 여론조사를 적극적으로 활용한다. 각각의 유불리를 따지기에 앞서 여론조사라는 일 자체부터 민의를 분명하게 대변하지는 않는다는 한계를 갖는다.

일단 여론조사는 고등학교 때 배운 것처럼 '표본 조사'이기 때문에 진정한 민의가 될 수는 없다. 그래서 기업이나 학교에서 통계를 활용할 때도 예측값 혹은 결과값 만큼이나 중요한 것이 바로 '오차 범위'다. 예를 들어서, A 후보가 40%를 득표했고, B 후보가 38%를 득표한 경우를 생각해보자. 만약 해당 여론조사의 오차 범위가 ±3%라면, A 후보는 37%~43% 사이의 지지를 받고, B 후보는 35%~41%의 지지를 받는다고 볼 수 있다. 이런 경우에는 사실 A와 B의 승패가 갈렸다고 볼 수 없다. 실제의 민의는 A를 37%가 지지하고, B를 41%가 지지했을 수도 있기 때문이다.

하지만 한국의 경선에서는 통상적으로 이 오차범위를 무시한다. 마치 여론조사를 실제 선거처럼 여기는 것이다. 20대 대선에서 윤석열 후보가 0.7%p의 아슬아슬한 승리를 거두었는데, 이는 실제 선거의 경우에는 불참 역시 유권자의 뜻이라 여기기 때문에 인정되는 것이다. 하지만 여론조사는 조사대상 집단의 의지와는 무관하게 조사가 이루어진다. 즉, 내가 아무리 여론조사에 참여를 하고 싶더라도 내 전화기가 울리지 않는다면 나는 배제되는 것이다. 이러한 이유로 지지율 격차가 오차범위 내에 존재하는 경합지역의 후보들은 여론조사 방식에 사활을 걸게 되는 것이다.

관련하여 최근 이슈가 됐던 내용들을 가볍게 살펴보자. 먼저, 당원과 일반 유권자의 반영 비율에 따른 유불리는 각 후보자의 지지계층의 특성에 따라 달라질 것이다. 공직선거가 아닌 사적 조직인 정당의 선거인 전당대회의 사례이기는 하지만, 21년 국민의힘 전당대회에서 나경원 후보나 주호영 후보는 당내 입지가 경쟁자인 이준석 후보에 비해 컸기 때문에, 당원의 지지가 많이 반영되길 희망했다.

다음으로, 유·무선 비율에 따른 유불리다. 통상 유선은 보수가 그리고 무선은 진보가 유리하다고 여긴다. 하지만 숱한 언론에서 팩트 체크를 해본 결과 이는 무의미한 구분이라는 것이 최근의 정설이다. 요즘은 노소를 불문하고 휴대전화가 없는 경우가 드물고, 집에 유선 전화기가 있는 경우도 드물기 때문이다.

끝으로, 표현에 따른 유불리다. 21년 서울시장 재보궐 선거에서 '여론조사 문항'을 서울시장 경력이 있는 오세훈 후보에게 유리한 '적합도'라고 할 것인지 아니면, 새로운 후보 이미지가 있는 안철수 후보에게 유리한 '경쟁력'으로 할 것인지로 다툰 바가 있다. 이와 같은 표현에 따른 마찰은 둘 모두를 넣거나 아예 배제하는 방식으로 해소한다.

6. 선거

선거는 국민의 대표자를 선발하는 제도로, 그들의 의사결정권에 정당성을 부여한다. 동시에 선거는 국민들이 행할 수 있는 가장 직접적인 방식의 정치적 의사표현이다. 따라서, 선거를 어떤 방식으로 운영하느냐는 어떤 국민의 대표자가 선발될 것인지, 무엇보다 국민들의 정치적 의사표현이 어떻게 표출되는지에 중대한 영향을 미친다. 대개의 선거에서 국민들은 누군가를 낙선시키는 것에 주로 초점을 맞춘다. 그들의 투표 메커니즘은 주로 정당을 보고 투표를 하고, 정말 아니다 싶은 후보만을 가려내는 방식으로 작동되기 때문이다. 반대로 후보자는 당연히 당이 패배하는 한이 있더라도 자신이 당선되는 것이 지상과제다. 이것이 바로 선거에서 유권자와 후보자 사이의 아이러니다. 지금부터 선거 제도의 면면을 살펴보며, 해당 아이러니가 어떻게 증폭되고 해소되는지를 알아보자.

지역구 선거

한국의 지역구 국회의원 선거는 소선구제를 채택하고 있다. 선거구는 대표를 선출하는 지역적 단위를 말한다. 소선거구는 1개 선거구에서 1인의 대표를, 중선거구는 2~4인의 대표를, 대선거구는 5인 이상의 대표를 선출한다. 이때, 주의해야 할 점은 국회의원 정수는 고정되어 있다는 점이다. 즉, 선거구제를 소선구에서 중·대선거구로 개편한다고 해서, 국회의원이 300명에서 1,000명으로 많아지는 것이 아니다. 그렇다면, 어떻게 여러 명을 선출할 수 있을까? 구역의 크기를 키우면 된다. 예를 들어, 현재 대전광역시의 경우 7개의 지역구에서 각 1인의 국회의원이 선출되어 총 7명의 국회의원이 대전을 대표하고 있다. 만약 대전에 중선거구제를 도입하게 된다면, 선거구 명칭이 동구, 중구, 대덕구 등이 아닌, 대전 갑, 을, 병이 되어 각각에서 2~3명의 국회의원이 선출되어 함께 해당 구역을 대표하게 되는 것이다. 총원은 당연히 7명으로 유지될 것이다.

윤석열 대통령은 조선일보와의 2023 새해 대담에서 국회의원의 대표성을 강화하기 위한 중대선거구제 도입을 언급했다. 김진표 국회의장도 3월에 비록 의원정수와 비례대표 비율 확대를 전제했지만, 역시 '지난 13~21대의 9번의 총선에서 사표 비율이 49.9%에 달한다'며 중대선거구제의 필요성을 강조했다. 4월에는 이라크 파병 논의 이후 20년 만에 국회 전원위원회가 개최되어 선거제 개편의 전반을 논의했지만 결국 합의가 이루어지지는 않았다. 22대 총선에 중대선거구제를 적용하기 위한 법정기한인 23년 4월까지의 개정이 실패한 탓에, 결국 22대 총선은 웬만하면 소선거구제로 실시될 예정이다.

그렇다면, 선거구제와 관련하여 이토록 합의가 이루어지기 어려운 이유는 무엇일까? 선거법을 결정하는 현역 즉, 양대 정당의 국회의원들 입장에서는 고려해야 할 거리가 너무 많기 때문이다. 즉, 일차적으로 안 해도 될 일을 굳이 하는 일이 되는 '긁어 부스럼'의 딜레마가 있다. 일단 전국 단위의 영향력을 가진 정치인이 아니라 지역에 기반을 둔 국회의원의 경우, 자신의 기반이 흔들리게 된다는 리스크가 있다. 즉, 여러 현재 기준의 지역구를 합쳐야 할 텐데, 옆의 지역구에서도 자신이 영향력이 미친다는 보장이 없다는 것이다.

현역 국회의원의 입장에서 가장 큰 문제는 지역구가 합쳐지게 되면 양옆 지역구의 자당 국회의원과도 경쟁해야 한다는 것에 있다. 즉, 공천이 전부가 아니게 되는 문제가 생긴다. 관련 내용을 살펴보자. 지역구 3개를 합쳐 3명의 국회의원을 뽑는다고 하면, 보통 국민의힘 3명, 더불어민주당 3명, 제3당 1~2명, 제4당 1명의 후보가 출마하게 된다. 유력 정당은 지역구에 할당된 정수를 독식할 만큼 후보를 낼 것이고, 군소 정당은 한 명의 후보라도 더 당선시키기 위해 즉, 몰표를 위해 그보다 소수의 후보를 낼 것이다. 이때, 유권자는 '단 1표'만을 행사할 수 있다. 즉, 위의 8~9명의 후보 중 한 명에게만 투표를 하게 된다.

특정 정당의 독식이 일반화되어 있는 TK와 호남이 가장 선명한 예시가 될 것이다. TK를 기준으로 설명을 해 보자면, 현행 기준으로 TK에서는 어떤 지역구든 웬만하면 '국민의힘'의 후보가 당선된다. 1등 후보가 보수 후보이지 않은 경우가 거의 없기 때문이다. 하지만 중대선거구제에서 가령, 3명을 뽑는 방식으로 선거구제가 개편된다면, '3등' 후보까지 모두 보수 후보여야 국민의힘이 TK를 독식할 수 있게 된다. 즉, TK의 현역 국민의힘 국회의원 중 누군가는 낙마하게 될 확률이 아주 큰 것이다.

중대선거구제는 소위 '대표성'을 강화하는 제도라고 하는데, 이는 바로 이러한 상황을 두고 하는 것이다. 즉, TK의 여론이 '보수 7 : 진보 3'이라면, TK에서도 진보 후보 3명이 당선되게 되는 것이다. 현행 기준으로는 1등만 당선되기 때문에, 2등 이하의 후보에게 던져진 표는 모두 사표(死票)가 되어 '보수 10 : 진보 0'이지만 말이다. 민의를 정량적으로 가장 잘 대변하는 척도는 '득표율'이고, 민의가 실제 의석수로 연결되도록 하는 것이 선거라는 일의 본질임을 감안하면, 득표율과 의석수가 최대한 연동될수록 더욱 바람직한 선거가 될 것이다. TV 조선의 시뮬레이션(2023)은 해당 효과를 예시한다.

실제(소선거구제)		시뮬레이션(중선거구제)	
정당(지역구 득표 비율, %) : 민주(49), 미래(41), 무소속(4), 정의(2), 민생(1)			
더불어민주당	163석	더불어민주당	124석(49%)
미래통합당	84석	미래통합당	109석(43%)
정의당 1석, 무소속 5석		민생 7석(2.7%), 정의 5석(1.9%), 무 8석(3.2%)	
전체 지역구 의석수 = 253석(100%)			

주 : 민생당의 경우, 호남에서 집중적인 투표가 이루어진 탓에 미래통합당을 제치고 2위를 차지한 경우가 존재해서 득표수 비율과 의석수가 비례하지 않음.
출처 : TV 조선(2023)을 바탕으로 저자 작성

개편 이후에도 1등부터 3등까지가 모두 국민의힘의 후보로 도배될 수도 있지 않을까? 라는 의문이 들 것이다. 물론 그럴 수도 있다. 하지만 확률이 상당히 떨어진다. 여러 독식 유지 시나리오가 가능하겠지만, 가장 간단한 시나리오를 살펴보자. 국민의힘이 TK에서 '독식'을 유지하려면, 75%(3/4) 이상의 득표율을 확보해야 하고, 동시에 국민의힘 후보 셋 중 하나가 몰표를 받으면 안 된다. 만약 국민의힘의 한 후보가 50%를 받아버리면, 국민의힘의 득표 총합이 75%라고 해도 나머지 둘 각각의 득표율은 25%보다 낮을 것인데, 민주당 후보가 20%만 득표해도 2등이거나 최소한 3등이 될 확률이 클 것이기 때문이다.

특정 후보가 몰표를 받지 않게 잘 나누면 되지 않을까? 라는 의문도 들 것이다. 그런데 이러한 방법도 대단히 리스크가 큰 전략이다. 해당 전략이 통하려면, 지역구의 수십만 유권자들이 적절히 표를 나눠줘야 할 것인데, 이는 비밀로 투표하는 이상 실현되기 어려운 일이다. 다만, 3인 이상이 아닌 2인 투표를 하는 경우에는 독식이 유지될 확률이 크다. 이는 지난 8회 지방선거(2022)에서 시범 실시된 지역에서도 확인되는 현상이다.

이상의 현상을 '수도권'에 적용하면 어떤 현상이 발생할까? 이에 대해서도 알아볼 필요는 더욱 클 것이다. 수도권에서도 시기마다 쏠리는 현상이 발생해오기는 했지만, TK와 호남처럼 최근 30년간 '어김없이' 특정 정당이 독식하는 현상이 발생하지는 않았다. 그리고 까고 보니 당선 후보의 정당이 쏠릴 수는 있어도, 경쟁 후보 간의 득표율 차이가 그렇게 크지는 않다. 즉, 특정 정당의 '독식'의 가능성은 대단히 낮다. 반면, 양대 정당의 1등 후보의 당선 확률은 사실상 100%로 수렴할 것이다. 당선 혈투는 2~3등 후보로 수렴할 것이다. 이런 식으로 경쟁 구도가 변화하는 것은 어떤 정치적 효과를 가질까?

첫째, 공천의 영향력이 약화되는 동시에 당내 분란은 줄어들 것이다. 즉, 지연(地緣)이나 정실주의의 위험성이 줄어들고, 각 후보들이 공천권자가 아닌 유권자를 보고 선거에 임하게 될 확률이 커진다. 이유는 무엇일까? 공천권자의 '배제' 차원에서의 영향력은 여전히 유효할 것은 물론이지만, 아무리 해당 후보를 배제하고 싶더라도 세 후보 중 하나의 후보의 자격도 되지 않는다고 몰아붙이기가 쉽지 않고, 공천권자가 어떤 후보를 밀어주려 해도 즉, 소위 말하는 '꽂아주기'를 하려고 해도 당선된다는 보장이 없기 때문이다. 이는 1명의 후보만 공천해야 하는 소선구제의 경우, 정당을 보고 찍는 유권자들이 많기 때문에 공천권자와의 친분으로 공천된 무능한 후보도 당선이 될 수 있지만, 투표용지에 한 정당 이름 아래 여러 명이 적혀 있는 경우에는 유권자들이 '소속 정당' 이상의 내용을 살펴볼 것이기 때문에 가능한 일이다.

둘째, 상대 정당 후보와의 극한 대립이 발생할 확률이 줄어든다. 양대 정당의 1등 후보의 경우에는 당선될 확률이 높고, 흑색선전을 하더라도 상대 정당의 세 후보 모두에 대한 네거티브가 동시에 먹혀

들어야 하기 때문에 굳이 시도할 계제가 없기 때문이다. 물론 정책 능력이 없는 정치인들은 여전히 네거티브를 할 것이기 때문에, 네거티브가 반드시 줄어든다는 보장은 없다. 하지만 최소한 네거티브를 할 필요가 없는 '토양' 자체는 마련된다는 데에는 의미가 있다. 그리고 이는 정책 선거가 이루어질 여지가 넓어진다는 데에 가장 큰 의의가 있다.

단점 역시 존재한다. 첫째와 둘째에도 불구하고 말이다. 대표적으로 정치적 교착 상태가 빈번해질 수 있다. 특정 정당이 과반을 점유하는 등의 독식을 하기가 어렵기 때문이다. 제3 이하 정당이 10%도 득표하기 어려운 한국의 현재 상황에서는 원내 정당이 늘어날 확률은 적기는 하겠지만, 장기적으로는 원내 정당이 셋, 넷으로 늘어날 수도 있다. 이는 사회적 신뢰가 낮은 공동체의 경우에는 플레이어만 많아지고 플레이는 사라지는 문제가 발생할 계제가 될 수 있다.

비례대표제

한국에서는 지역구 선거에 할당되는 의석수가 많아 지역구 선거가 국회의원 선거의 대표격인 것처럼 여겨지지만, 사실 전 세계적으로는 비례대표를 주된 선거제도로 채택하는 국가도 상당하다. 설계 방식이 과장 없이 100가지가 넘는 탓에 딱 잘라 말할 수는 없지만, 비례대표제가 지역구 선거제보다 더욱 폭넓게 채택된다고 보는 시각도 존재한다. 유럽이 주로 비례대표제를 채택한다.

비례대표제는 앞서 언급한 국회의원의 대표성을 높이는 데 초점을 둔 제도다. 즉, 정당 득표수 비율과 정당 의석수 비율을 일치시키기 위한 제도인 것이다. 비례대표제에서 가장 관건이 되는 것은 '당선순위'다. 한국의 경우, 당선 순위가 공천관리위원회에 의해 선거 이전에 확정된다. 정당은 확정된 순위가 포함된 후보자 명부를 선거관리위원회에 제출하고 그를 유권자들에게 알려야 한다.

얼핏 합리적인 제도라고 여겨질 수 있지만, 여기에는 맹점이 존재한다. 유권자는 투표를 통해 득표한 비율에 따른 정당별 할당 의석 '수'에만 영향을 미칠 수 있을 뿐, 어떤 후보자가 당선되는지에 대해서는 선거 단계에 들어서는 영향을 미칠 수 없다. 다만, 공천 단계에서는 영향을 미칠 수 있다. 하지만 이 역시도 경선 방식이 아니라, 당엘리트들과 공관위에서 확정하는 경우가 상당하다. 한국의 선거사에서 양대 정당은 항상 10명 이상의 비례대표 당선자를 배출했다는 점을 감안하면, 이는 당권 혹은 공천권을 가진 사람이 국회의원 후보자를 '공천'하는 것이 아니라 사실상 국회의원을 '임명'하는 힘을 가짐을 의미한다. 정치학에서는 이러한 방식의 비례대표제를 그 이름부터 답답함이 그득한 '폐쇄형 명부제'라 부른다.

독일과 북유럽을 비롯한 대부분의 선진국에서는 이보다 완화된 '개방형 명부제'를 활용한다. 이는 후보군 자체는 정당에서 정하되, 개별 후보의 당선 순위는 실제 선거 단계에서 결정되도록 하는 것이다. 이렇게 되는 경우, 당권 혹은 공천권을 가진 사람이 당선을 좌지우지할 수 있는 여지가 별로 남지 않는다. 아무리 밀어주고 싶은 후보가 존재한다고 한들, 후보군에 포함되어 투표용지에 그의 이름이 기재될 수 있도록만 할 수 있을 뿐이지, 종국적으로 국민들이 해당 후보자에게 표를 주지 않는다면 그는 당선될 수 없기 때문이다. 물론, 어떤 후보에 대해서는 원천적으로 그가 후보군에 포함되지 못하도록 할 수는 있기 때문에 지도부가 특정 후보를 '배제'할 수는 있다.

지난 21대 총선에서 이슈가 되었던 연동형 비례대표제는 지역구 선거제와 비례대표제를 혼합한 선거제도다. 이는 비례대표 투표의 득표 비율이 '최종적으로' 정당이 확보하게 되는 의석수 비율이 된다. 즉, 정당의 승패는 비례대표 투표에서 결정되는 것이다. 해당 제도에서 비례대표 당선자 수(=A−B)는 해당 비율에 따라 각 정당이 확보할 의석수(A)에서 지역구 당선자의 수(B)를 제한 나머지가 된다. 이때도 역시 명부의 개방 여부는 국가마다 다를 수 있다.

7. 여론 Ⅰ : 특징과 쓸모

여론(public opinion)은 퓰리처상을 두 번 수상한 월터 리프먼의 책 제목에서 유형화되기로, '공중(公衆)의 공통된 의견'을 말하는데, 그 것의 한자어인 여론(與論)과 달리 일치된 의견이라기보다는 주로 '다 수의 주된 의견'을 의미한다. 여론은 정책의 생성과 결정에 있어 가장 중요한 기준으로 활용된다. 앞서 다룬 바처럼 국민의 대표는 국민의 대리인으로서 그들의 의중과 이익을 면밀히 살펴 그를 정책으로 반 영하여야 하는데, 여론은 가장 많은 사람들이 지지하는 의견이기 때 문이다.

정책 생성 및 결정의 기준으로 '여론'만이 활용되는 것은 아니다. 국민이 그를 위한 완전한 정보를 알고 있지 못할 수도 있고, 관련 문 제의 엉킴새가 복잡하여 국민 개인이 그것의 해결을 위한 판단을 하 기가 어려운 경우도 존재하기 때문이다. 이러한 경우에는 사업으로 발생하는 편익과 비용을 평가하는 B/C 분석이나 예비타당성 평가를 활용하는 경우도 있다. 하지만 광우병 파동이나 원전 오염수 배출과 과학적 해답이 경험적으로 혹은 국제적으로 분명한 사안에서 확인할 수 있듯, 과학적 분석과 평가가 정치적 합의가 이루어지도록 해주지 는 못한다. 갈릴레오는 현대의 21C까지도 여전히 고통받고 있다.

여론은 이처럼 양날의 칼이다. 국민의 이익을 대변하기도 하지만, 국민의 이익에 저해 요소가 되기도 한다. 여론 Ⅱ에서 한국의 여론 형성과 활용의 문제점을 집중적으로 다루기에 앞서, 우리는 여론이 왜 이런 문제를 일으키는지를 알고, 그럼에도 불구하고 여론이 중요한 이유를 이해할 필요가 있다. 이때의 '중요함'이란 여론을 존중하고 동시에 조심해야 한다는 두 차원 모두에서의 중요함을 의미한다. 그를 위해서는 그것의 특징과 면면을 살펴볼 필요가 있다. 지금부터 언급할 여론의 직관적 성격, 여론에 포함된 이성의 한계, 여론을 생산하는 공중의 스토리텔링, 여론의 목표설정기능과 생산성의 네 차원 외에도 여론과 관련하여 따져 볼 내용들이 많을 것이지만, 필자들이 특히 주목하고 싶은 네 가지에 대해 짚어보고자 한다.

첫째, 인간은 직관의 동물이다. 사람들은 의식적으로 노력하지 않는 이상 이유가 있어서 무엇을 좋아하지 않고, 무엇을 먼저 좋아하고 사후적으로 그 이유를 찾는다. 즉, 모든 순간에 어김없이 합리성이 극대화되는 수준으로 이성의 힘을 발휘하지는 않는다는 것이다. 물론 이와 같은 '선 결정 후 합리화'의 접근 방식이 항상 대안으로 작용하는 것은 아니지만, 많은 경우에 이러한 경향을 발견할 수 있다. 노벨 경제학상 수상자인 대니얼 카너먼의 대표 저작인『생각에 관한 생각(Thinking, fast and slow)』의 유명한 예시를 보면, 단번에 이해가 될 것이다.

풀밭에 앉아 자신이 좋아하는 시집을 읽고 있는 여대생의 전공을 알아맞히는 퀴즈가 당신에게 주어졌다. 당신은 영문과를 선택할 것인가, 경영학과를 선택할 것인가.

직관적으로는 당연히 전자를 골라야겠지만, 확률론을 고려한 이성적 판단에 따르면 후자를 택해야 한다. 세상에는 경영학 전공자가 영문과보다 압도적으로 많기 때문이다. 어쩌면 경영학 전공자가 아니라 그들 중에서 좋아하는 시집이 있는 사람만 뽑아보더라도, 그들이 영문과 전공자 전체보다 많을 수도 있다.

자, 당신은 지금 어떤 생각이 들었는가? '경영대에는 여학생이 적지 않을까'를 생각할 수 있고, 심지어 '경영대생이 풀밭에 앉아있을 확률이 그렇게 클까'라는 생각마저 할 수 있다. 물론 그럴 수도 있다. 하지만 여기서 중요한 바는 당신 역시도 해당 판단을 내리기 전에 해당 요소들을 이모저모 곱씹어보지 않고 판단을 내렸다는 사실이다. 하지만 낙심할 필요는 없고, 당신의 방금의 직관이 잘못된 일인 것도 아니다. 누군지 모를 풀밭의 여대생의 전공은 우리 삶에 그다지 중요한 정보가 아닐뿐더러, 중요한 정보를 해석하는 직역에 있는 사람들조차 의식적으로 노력하지 않는 이상 언제나 논리적이고 이성적인 태도를 갖추기가 어렵기 때문이다. 즉, 직관은 우리 삶과 사회에 언제나 상존하고 거대한 영향력을 미친다.

대표적인 '논리적 세계'인 법조계의 종사자들 역시 과연 판사의 판결이 완전히 결론이 열려있는 상태에서 이루어지는 것인지에 대해 완전히 동의하지 못하는 경우가 많다. 즉, 최고의 지성인 판사 역시 '외부 압력이 없다고 가정하더라도' 어느 정도의 편견이나 관성 아래 판결을 할 수도 있다는 것이다. 회계사와 병리학자를 포함한 여러 전문가들의 의사결정에 대한 연구[9]에 따르면, 전문가들조차 부지기수로 들쭉날쭉한 판단을 하는 경우가 있으며, 심지어 완전히 동일한 사례를 불과 몇 분 만에 다시 검토한 경우에도 서로 엇갈리는 판단을 하기도 했다.

포인트는 '직관'이 나쁜 것은 아니란 것이다. 사람에게 이렇듯 직관에 의존하는 경향성이 없다면, 오히려 생각할 것이 너무나도 많아서 제정신으로 살기가 어려울 것이다. 우스갯소리 삼아 예시를 하나 들어보자면, 누군가를 사랑하는 일을 떠올려보자. 많은 독자 여러분 역시 연애를 할 적에 상대가 자신의 어떤 점이 좋냐고 물어왔을 때, 그/그녀를 좋아하는 것은 분명하지만 그 이유를 설명할 수 없어 퍽 애를 먹었던 적이 있지 않은가. 비록 사랑을 직관과 동일시할 수는 없지만, 만약 직관이 작동하지 않는다면 우리는 마주하는 모든 사건에 대해 비슷한 애를 먹어야 할 것이다. 그러한 상황을 매일 건건이 모두 맞닥뜨려야 한다면, 너무나 고통스럽지 않겠는가?

정리하자면, 직관은 위험성을 가지고 있지만, 피할 수 없고 분명히 효율적이다. 모든 과목을 100점 맞으려고 하는 학생이 대부분의 과목에서 90점을 맞으려는 학생보다 시험을 못 볼 수도 있다는 것이다. 시간은 유한하고 정보는 한정적이기 때문이다. 정치에서의 인간도 이러한 '先 직관 後 합리화'의 경향성의 예외일 수는 없다. 그리고 쟁점 사안이 아닌 이상 합리화가 이루어지지 않는 경우마저 존재할 것이고, 그렇게 형성된 선입견은 이후의 합리화에도 강력한 영향력을 미칠 것이다. 이는 정치인뿐만 아니라, 유권자를 포함한 모든 이해관계자에게 해당하는 이야기고, 여론은 사회적으로 소화작용을 거친 다수의 의견이란 점에서 중요한 기준이 될 수 있음을 시사한다.

둘째, 인간의 이성적 능력은 완벽하지 않다. 직관의 지배를 극복하려고 애를 쓰더라도, 그러한 노력이 통하지 않을 수 있다는 이야기를 하는 것이다. 이는 당연히 여러 전문가들에게도 해당되는 이야기다. 능력이 부족할 수도, 의지가 없을 수도 있다. 심지어 우리의 삶에는 관심 여하에 따라 인지가 되지 않아서 능력이나 의지를 발휘해야 하는지에 대한 판단조차 이루어지지 않고 흘러가는 사건과 정보가 그렇지 않은 것보다 더욱 많다. McKinsey & Company는 전 세계에서 가장 똑똑한 사람들이 모이는 글로벌 '전략 컨설팅' 기업으로, 시쳇말로 지구촌의 이성의 끝판왕들이 모인 드림팀이다. 신입의 연봉조차 1억을 넘기도 한다. 이들은 경영, 정책, 교육, 환경 등의 영역을 불문하고 고객들을 위해 최고의 보고서를 생산해내는 것으로 유명하다. 하지만 이들조차 반드시 옳았던 것은 아니다.

한국에게 있어 의미가 있는 맥킨지의 오류는 대우조선해양(이하 대우조선)에 제공한 컨설팅이다. 당시 맥킨지는 '앞으로 해양 부문의 성장이 해양 플랜트 사업 비중을 높여야 한다'는 결론의 보고서를 대우조선에 전달했지만, 바로 1년 뒤 국제유가 하락으로 해양 사업이 침체를 겪었다. 대우조선은 그들의 말을 신뢰하여 마곡 산업단지에 입주 계약을 하는 등 잘못된 투자를 하였고, 수주액마저 단 1년 만에

1/3 토막이 나고, 그다음 해에는 '제로'가 되면서 부실화되는 사태가 발생했다. 맥킨지는 예측이 틀렸던 보고서를 만든 단 3년 후에 또다시 국내 조선 대형 3사 컨설팅을 맡게 되었는데, 이때는 이전과 달리 '대우조선은 해양사업에서 완전 철수'해야 한다고 권고했다. 결국 한국 조선업은 최고의 지성에 의존했음에도 현대중공업이 대우조선을 인수하려다 실패하고 결국 한화가 그를 인수하게 되는 등 10년의 암흑기를 겪었던 것이다.

반대로 합리성을 극복한 대표적인 예시는 '반도체'다. 한국이 반도체 개발을 시작할 80년대 중반, 경제기획원은 반도체 개발을 강력하게 반대했다. 일본과의 기술 격차가 존재할 뿐만 아니라, 기술 수명이 2~3년에 불과해 본전도 건지기 힘든 도전임이 분명했기 때문이다. 그런데 당시 반도체 시장의 과반을 점유하던 일본은 현재 고작 9%에 불과하고, 한국은 대만과 함께 세계 반도체 시장의 최강국으로 발돋움했다.

이상의 내용에 따르자면 완전한 답을 얻을 수 없는 사안들은 얼마든지 발생할 수 있다는 것이고, 정치적 국면에서도 예외는 아니라는 것이다. 이는 최소한 정치적 상황에 있어서는 어쩌면 국민에게 의견을 묻는 게 차라리 결과론적으로 나은 의사결정 방법론이 될 수도 있다는 것이다[10]. 즉, 기본적으로 이성적 판단을 따라야겠고, 필자들 역시 그에 적극적으로 동의한다. 하지만 이성적 판단이 여론을 비롯한 공중의 집단적 판단의 우위에 반드시 존재하거나 언제나 존재할 수 있는 것은 아닐 수 있다. 가령 국민연금 개혁의 경우에는 경제성 평가만큼이나 어쩌면 그 이상으로 국민의 의견 즉, 여론이 중요할 수 있다.

셋째, 인간은 이야기적 존재로, 논리적 해석만으로는 완전히 설명될 수 없는 존재다. 능력을 포함한 정성을 자신의 서사를 바탕으로 발휘한다. 자신이 영위하는 공동체와 주변 사람들에 강한 영향력을 받을 뿐만 아니라, 자신이 소속된 여러 단위의 커뮤니티 속에서 역사적 영향을 받기 마련이기 때문이다. 이는 앞서 언급한 능력과 의지의 방향성을 지배한다.

정치영역에서 이러한 관점을 수용하는 개념은 정당일체감(party identification)이다. 이는 세대 단위의 정치적 선호의 차이가 분명하고 앞서 다룬 것처럼 양당제가 강고한 한국의 환경에서 더욱 주목할 필요가 있는 해당 개념[11]은 '유권자가 특정 정당에 대해 안정적으로 가지는 심리적 애착'을 말한다. 정치적 이해관계에 따른 개인의 사회적 정체성의 일부로서, 자신을 정당 혹은 그 지지자 집단과 정서적으로 동일시하는 심리를 말한다. 이것의 정치적 영향력은 미시간 학파의 연구 이래로 이론적으로든 경험적으로든 국가를 불문하고 반복적으로 확인되는 가장 강력한 결정요인이다. 한국에서는 박정희 대통령과 노무현 대통령에 대한 향수를 비롯한 지지자들이 각 정당과 함께 해온 정치적 서사는 대중의 의사결정에서 중요한 기능을 수행하는 것이 정당일체감이 형성되고 기능하는 메커니즘을 이해할 수 있는 대표적인 사례다.

넷째, 예측의 관점에서 미래를 만들어내는 것이 역설적으로 가장 정확한 예측이 될 수 있다. 즉, 여론을 중시하는 원칙이 오히려 예측의 정확도를 상승시킬 수도 있는 것이다. 정치는 미래를 향한 일이다. 심지어 과거사에서조차 미래로의 방향성을 찾는다. 출처가 불분명하여 MBC 예능 무한도전이 그것의 출처이지 않을까 하는 의심까지 받는 '역사를 잊은 민족에게 미래는 없다'라는 요상한 문장조차 다수의 국민이 그에 공감하고 있지 않은가. 즉, 다소 순환논리적인 측면이 있지만, 여론은 공동체의 미래를 만들어내는 가장 결정적인 재료란 점에서 예측이란 일에 있어 중요한 준거점이 될 수 있다. 이를 확인할 수 있는 최근의 두 가지 사례는 '주식시장'에 있다.

하나는 '게임스탑(GameStop) 사건'이다. 해당 사건 직전까지 전문가들은 게임스탑이 전통적인 비디오 게임 소매업에서 디지털 소매로의 전환에 어려움을 겪고 있어, 주가가 약화할 것으로 예상했다. 하지만 미국의 커뮤니티 웹인 Reddit의 r/WallStreetBets라는 서브레딧에서 소매 투자자들이 집단적으로 게임스탑 주식을 사기 시작하면서 주가는 폭등했다. 결국 공매도를 시도했던 멜빈 캐피탈이라는 업계 최고의 실적을 자랑하던 헤지펀드는 파산하게 되었다.

다른 하나는 테슬라(Tesla)다. 현재는 미래의 상징이 된 테슬라조차도 과거에는 첨단 전기차의 높은 생산비용, CEO 일론 머스크의 예측불가능성, 확인되지 않은 생산능력, 전통적 자동차 기업의 전기차 시장 진출 등을 이유로 성공하기 어렵다는 분석이 주를 이루던 테슬라는 대중적 인기에 힘입어 주가 상승을 거듭하였고 그를 바탕으로 현재는 세계 최고의 전기차 기업을 넘어 표준이 되었다. 이는 테슬라라는 기업의 역량이 가장 중요했을 테지만, 해당 기업에 대한 대중적 판단 즉, 여론이 달라지고 산업계에 지각 변동이 이루어진 덕도 컸다고 볼 수 있다.

8. 여론 Ⅱ : 한국의 현재

한국의 여론은 어떤 모습일까? 여론을 구성하는 국민의 목소리는 정치를 하나의 프로그램으로 보자면, 가장 저수준의 명령어다. 여론의 면면을 확인해보기 위해서는 '개별 국민의 목소리'에서부터 고민을 시작해볼 필요가 있다. 이어서 그것이 취합·수렴되는 흐름을 살핀 후에 현재의 여론이 어떻게 역동하고 있는지를 짚어보도록 하자. 반드시 짚어봐야 할 네 가지 키워드를 통해 그를 살펴보자.

(1) 시끄러운 소수에 의한 정치

최근 한국의 여론 지형에는 주도적으로 의제를 독점하는 소수가 시민사회 내부에 존재한다. 그들은 오피니언 리더, 인플루언서 등의 여러 가지 표현으로 불린다. 폭우 속에서도 세종대로를 뒤덮는 민주노총, 전광훈 목사를 필두로 하는 종교계 세력, 수십만 구독자를 보유한 유튜버들이 대표적이다. 이는 앞서 공천 파트에서 다룬 바처럼 민의가 적실히 수용되지 않아 발생하는 정치인이 여론을 주도하는 즉, 상의하달식(top-down)으로 여론이 형성된다는 것과는 또 다른 문제다.

물론, '우는 놈 떡 하나 더 준다'라는 말처럼 그들처럼 열심히 의견 표명을 하는 사람들이 주요 의사결정자들의 유효한 관심을 받을 수는 있을 것이다. 하지만 이것이 단순한 미디어 차원의 문제에만 국한되는 것은 아니다. 시끄러운 소수는 주로 정치인들의 정치 행보에 '무더기 표'나 '정치 후원금'과 같은 양적 도움을 줄 수도 있기 때문이다. 이러나저러나 중요한 사실은 특정 계층 혹은 인물의 의견만이 과대 대표되는 등 시민사회 내적으로도 민주화가 난망하다는 것이다.

침묵의 나선(the spiral of silence)[12]은 '정치'가 한국 사람들의 일상 속에서 어떻게 다루어지는지를 정확하게 설명한다. 해당 이론은 여러 대체 이론들이 등장하기는 했지만, 현재도 미디어 차원에서는 가장 영향력이 있는 이론 중 하나다. 한국 국민 40%가 '정치 성향이 다르면 밥도 먹기 싫다'고 응답한 것으로 확인된 조선일보의 2022년 연말 조사[13]를 고려한다면, 한국 사람들이 여론의 나선 속에서 얼마나 사회적 고통을 겪고 있는지를 짐작할 수 있다. 해당 이론은 세 문장으로 요약[14]되는데, 어른들로부터 '어디 가서 정치 이야기 종교 이야기는 하면 안 된다'고 들어온 우리 독자 여러분 모두 관련된 경험을 떠올리게 될 것이다.

① 사람들은 사회적 수용을 갈망하며, 자신의 신념으로 인해 고립되는 것을 두려워한다. ② 사람들은 갈등을 피하고 사회적 수용을 높이기 위해 자신을 둘러싸고 있는 환경을 꾸준히 관찰한다. ③ 주변 사람들이 특정 이슈에 대한 자신의 입장을 지지하는 것으로 지각할수록 의견표명이 늘어나고, 반대로 주변 사람들의 지지가 적은 것으로 지각하면 침묵하게 된다. 한편, 이러한 효과는 이슈마다 달라질 수 있다. 최근의 이슈로 예를 들어보자면, 'KBS 수신료 분리 징수'와 '낙태 허용' 이슈에서 침묵의 나선은 폭과 깊이가 서로 다를 것이다.

(2) 낮은 정치신뢰

신뢰는 비단 정치뿐만 아니라, 모든 영역에서 중요하다. 신뢰를 설명하는 가장 직관적인 개념은 '거래비용'이다. 가장 일상적인 경제 활동인 마트에서 물건을 사는 경우에는 최근 품귀현상을 일으키고 있는 '아사히 슈퍼 드라이'나 '농심 먹태깡'을 사려는 것이 아닌 이상 통상적 수준 이상의 거래비용을 수반하지는 않는다. 반면, 집을 살 때나 전세를 구할 때는 반드시 거래비용이 수반된다. 내가 집을 비싸게 사는 것은 아닌지 깡통전세는 아닌지 확인할 필요가 있기 때문이다. 사람들은 거래비용을 줄이기 위해서 여러 방법을 활용한다. 웬만하면 단골 맛집만 방문하거나 중고 거래 시 지인과 거래하는 등의 사람들이 비록 거래비용이란 개념은 모르더라도 본능적으로 추구하게 되는 행동들 모두 그러한 방법들에 해당한다.

정치에서 거래비용을 절약하는 제도는 공직자 혹은 후보자의 재산을 공개하거나 공직 후보자의 프로필과 선거 팜플렛을 공시하고 배포하는 것이 대표적이다. 하지만 낮은 신뢰로 인한 거래비용이 꼭 이렇듯 제도권의 방식으로만 해소가 시도되는 것은 아니다. 사실상 일생을 서울에 살았지만 출생지나 졸업 고교 소재지만 지역구인 후보자를 선호하거나, 정치와는 큰 상관이 없는 경력을 가진 사람이지만 학력이나 직업이 탁월한 사람을 선호하는 등의 방식으로 거래비용을 줄이려고 하는 유권자의 심리가 대표적이다. 이러한 심리가 어쩔 수 없는 임시방편에 불과하다는 것을, 나아가 그러한 접근 탓에 거래비용이 고정비용이 되어버렸다는 사실을 우리 모두는 알고 있지만, 현재의 관점에서 이러한 차선책을 피할 길이 없다.

연도	중앙정부	지방정부	사법부	대기업	군대	국회
2004	54.80	48.09	23.55	36.89	26.30	80.49
2006	45.30	40.44	20.50	24.86	20.00	71.71
2008	47.55	44.36	24.20	29.77	20.82	71.68
2010	40.29	38.77	23.92	24.68	22.78	69.04
2012	41.69	38.83	28.51	31.88	20.49	69.48
2014	55.84	50.44	35.18	37.81	41.53	73.36
2016	44.91	41.20	30.54	40.63	31.97	70.12
2018	34.63	33.37	29.58	39.28	34.04	65.08
2021	37.01	33.36	38.17	19.25	35.85	65.98
전체	45.20	41.85	25.77	30.97	25.69	71.70

주 : 응답 항목 중에서 '거의 신뢰하시 않음' 이하 항목의 값을 활용함.
자료 출처 : 지시된 연도별 한국종합사회조사(KGSS)

　국회에 대한 낮은 신뢰는 유명하고 유구한 사실이다. 제시된 표에서 확인할 수 있듯, 국회는 사회의 지탄을 심심찮게 받는 대기업과 군대에 비해서도 2~3배에 가까운 불신도를 갖는다. 사법부에 대한 불신 역시 문재인 정부 들어 판사의 실명이 회자되는 등 사람을 표적으로 삼았기에 비난과 분노를 부르기 용이한 인신공격성의 비판이 쏟아지는 통에 급증하긴 했지만, 국회에 대한 불신에는 비할 바가 못 된다. 국회에 대한 불신이 압도적으로 높지만, 중앙정부, 지방정부에 대한 불신 역시 높다. 종합하자면, 한국 사람들은 정치를 불신하는 사람들이 신뢰하는 사람보다 더 많다.

한편, 앞서 다룬 '시끄러운 소수' 중에는 국회의원을 압도하는 영향력을 가진 인물들이 존재한다. 국회의원들조차 줄을 서서 그의 방송에 출연하길 원하는 김어준 씨가 대표적이다. 김어준 씨의 방송이 그토록 인기가 좋은 이유는, 비록 열성 지지자 한정이긴 하지만, 그의 방송은 정치인들에게 자신의 발언이 신뢰성을 얻는 좋은 수단이 되기 때문이다. 그의 방송은 YouTube 기준으로 거의 모든 회차가 100만 뷰를 넘긴다는 점에서 노출도 자체에서도 도움이 되기도 하지만, 그가 진영에 경도된 인물이란 평가를 받음에도 불구하고 출연자에 대한 그의 긍정적 코멘트는 적어도 같은 진영 내에서는 출연자에 대한 신뢰도를 확실하게 상승시켜준다.

국회에 대한 불신을 마냥 '국회의원 나쁜 놈들!'이라 비난만 하고 지나가기에는 아쉬운 면이 있다. 물론 불신받을 행동을 하는 국회의원들의 탓이 가장 크겠지만, 웬만하면 불신을 당하기 때문에, 진영논리로 점철된 곳에 나가서 부분적인 신뢰라도 얻고자 하는 것일 수도 있기 때문이다. 거꾸로 우리 유권자들이 신뢰할 법한 부분은 신뢰해 줄 수 있다면, 국회의원들이 의견 개진을 포함한 의정 활동을 극단적이지 않게 즉, 건전하게 펼쳐나가게 될 수도 있지 않을까 하는 생각도 해 볼 필요가 있다. 이를 위해서는 국회는 왜 이토록 불신을 받는 것인지에 대한 이유에 대해서 알아볼 필요가 있을 것이다. 국회 불신 요인 중 정치인들의 잘못 자체에 대해서는 여러 번 제시되었고 제시될 예정이니, 이번 파트에서는 국회 불신에 대한 연구[1516]를 통해 그 외의 세 가지 내용에 대해 알아보도록 하자.

첫째의 이유는 국민의 국회에 대한 평가는 결과보다는 '과정'에 기반하고, 국회는 효율성보다는 '대표성'을 강조하는 경향성에 있다. 즉, 국민의 국회의원에 대한 평가는 '만들어진 결과가 훌륭한가'보다는 '나를 대표하는 대리인이 나의 이익과 필요를 수용하려고 노력하는지 혹은 그러한 노력이 기대되는지'에 기반해서 이루어진다는 것이다. 이는 전자가 더욱 강조되는 행정부와의 차이점이다. 우리의 인식을 돌이켜보자. '정책'을 만드는 주체가 누구라고 생각하는가? 대부분 행정부라고 생각할 것이고, 그 공과의 주체로 대통령을 당연스레 떠올릴 것이다. 물론 모든 책임이 대통령에 있기에, 그 영광도 대통령에게 있다고 여기는 것이 이상한 일은 아니다.

그러나 실무 차원에서 보자면 거의 모든 정책은 관료들이 만들어내는 것이고, 중요한 정책은 어김없이 입법 사항이란 점을 생각해보면 국회의 역할이 오히려 더 클 수도 있을 것이다. 하지만 우리는 어떤 정책이 결과물로 완성됐을 때 '국회의원들 참 고생했네'라는 생각을 웬만하면 하지 않는다. 그 이유는 역시 앞에서 짚어봤던 바처럼 대표성이 중요하기 때문에 과정 자체에 초점을 두기 때문이다. 정확하게 말하자면, 국회에 대한 평가는 설령 정책의 결과물이 좋더라도 즉, 국회의원들에게 종국적 공이 있더라도, 결과가 과정을 합리화해주는 메커니즘이 작동하는 경우가 거의 없다는 것이다.

과정에 기반한 평가가 왜 국회의원에 대한 나쁜 평가로 연결되는 것일까? 과정에 초점을 둔 평가는 국회의원으로 하여금 정책의 결과물보다는 '보여지는 것'에 치중하도록 하는 요인이 된다. 그런 상황에서 국민의 대표자인 국회의원이 자신의 지역구에 최소 수십억에서 어쩌면 조 단위의 이익이 걸린 사안에서 말랑한 태도를 유지할 수는 없을 것이다. 이는 정치인과 비슷하게 대중적으로 노출이 잦은 연예인과는 차이점이 되는 부분이다. 정치인은 업의 속성상 연예인과 달리 폼이 나는 순간에만 선별적으로 등장해서 멋진 모습만 보여줄 수가 없다.

설상가상 자극적인 표현과 강경한 태도는 유권자들에게 '나는 열심히 하는 대표자'라는 홍보에도 효과적인 측면이 있다. 어찌 되었든 노출이 되기 때문이다. 젊은 세대의 친구들과 정치인 이야기를 하다 보면, 어른들에게 좋은 평가를 듣는 정치인들은 보통 '잘 싸우는' 정치인이라는 말을 자주 듣게 되는데, 이와 무관하지 않다. 정치인이 유명해지기 위해서는 일차적으로 유권자들에게 '노출'이 되어야 하는데, 정치인이 흐릿한 태도를 가지는 건 오히려 홍보에 더욱 도움이 되지 않는다. '노출' 측면에서는 차라리 '막말'이 더욱 도움이 된다. 그들을 미디어에 올리는 언론인들도 자극적인 뉴스가 특종이 될 것임을 직감한다. 정치인에게는 자신의 부고 뉴스를 제외하고는 모두 표에 도움이 되는 뉴스라는 말은 이러한 상황을 두고 하는 말이다.

둘째, 유권자와 그들의 대표자 사이의 소통은 제한적인 메커니즘 속에 이루어진다. 그리고 이러한 메커니즘은 유권자와 국회의원 사이에 정보 격차를 발생시킨다. 유권자가 국회의원들이 어떻게 일을 하고 무얼 하고 사는지 그 내막을 속속들이 알 수는 없다. 국회의원들이 자신에게 불리한 정보를 의도적으로 숨기는 경우도 당연히 존재하겠지만, 보안 등의 문제로 모든 과정을 완전히 공개적으로 진행할 수도 없기 때문이다. 그리고 국민의 정치 관심도가 낮은 탓도 부정할 수는 없다. 하지만 중요한 사실은 어떤 이유가 되었건 유권자와 그들의 대표자 사이에는 정보 격차가 있을 수밖에 없다는 것이다.

이러한 정보의 비대칭은 때때로 상대적으로 정보가 적은 일방으로 하여금 보다 비판적인 태도를 갖게 만들기도 한다. 대표적인 예시가 '세월호 7시간'이다. 공백으로 남은 해당 시간에 대하여 굿판, 성형시술, 밀회, 프로포폴 등 일반적 견지에서는 신빙성이 낮은 의혹들이 제기되었던 것을 우리 모두는 기억하고 있다. 실제로 대통령이 그러한 일을 하였다고 믿고 비판을 가한 국민들은 적었을 것이다. 상식적으로 믿기 어려운 사실이기 때문이다. 우리 유권자들의 미디어 문해력은 전반적으로 과거보다 훨씬 높아졌다. 즉, 어쩌면 간첩 몰이보다도 믿기 힘든 아주 극심한 찌라시들까지 덜컥덜컥 믿을 가능성은 높지 않다.

오히려 유권자들을 분노케 한 것은 아마도 '세월호 7시간'이란 여섯 글자로 상징되는 자신들에게 정보가 주어지지 않았다는 상황 자체일 것이다. 즉, 유권자들은 정치인의 무능, 부정, 실책 등의 나쁜 사실뿐만 아니라, 정보가 부족하다는 '상황' 자체에도 부정적으로 반응한다는 것이다. 그리고 그를 해소하려 하지 않는 정치인의 태도는 그러한 부정적 평가를 증폭시킨다. 이는 비단 정치 상황뿐만 아니라, 우리의 일상에서도 자주 확인할 수 있는 내용이다. 유사한 사례로는 거래처가 소통에 적극적이지 않거나 연인이 연락되지 않을 때 우리가 가졌던 부정적 태도가 있다.

셋째, 우리 유권자가 국회의원에 대해 행한 평가는 '개별' 국회의원이 아닌 국회의원 '집단'에 대한 것이다. 즉, 우리의 낮은 평가는 '개별 의원들에 대한 실제적 평가의 평균값'이라기 보다는 '포괄적인 관점에서 국회의원의 표상 혹은 이미지에 대한 평가'에 가깝다는 것이고[17], 해당 부정 평가는 국회의원들에게 숙명처럼 주어진 몫이긴 하지만, 집단에 대한 평가를 개별 국회의원에 대해서 일반화하는 것에는 다소의 무리가 있다. '흑인, 여자는 보통 그래.'라는 평가와 다를 바가 없기 때문이다.

(3) 정치적 무관심과 무력감

무관심이 먼저이냐, 무력감이 먼저이냐. 이는 '닭이 먼저냐, 계란이 먼저이냐'와 같이 순환논리에 빠지기 쉬운 질문이지만, 사실 둘 다라고 보는 것이 맞다. 무관심해서 무력감이 심화되거나 해소되지 않을 수도 있고, 무력감이 들어서 무관심이 더해질 수도 있다. 본격적으로 내용을 살펴보기에 앞서, 독자 여러분의 정치 관심도를 알아보자. 아래의 리스트는 21대 국회의원 300인의 명단을 가나다순으로 300번까지 정렬한 후, 1번부터 '10명 간격'으로 '30명'을 나열한 것이다.

강기윤 강훈식 권칠승 김민기 김성원 김영주 김정재 김한정
류성걸 박대출 박완주 배준영 서영교 송석준 안규백 양향자
유기홍 윤영덕 윤후덕 이소영 이원택 이주환 임병헌 전봉민
정운천 조경태 주철현 최영희 하태경 홍문표

만약 자신이 알고 있는 국회의원이 적다고 하여도 실망할 필요는 없다. 국회의장도 모든 국회의원의 이름을 알지는 못하지 않겠는가? 그리고 정치에 대한 관심과 정치인에 대한 관심은 다를 수 있다. 특히, 양당제인 동시에 당론을 어기면 징계 대상이 될 수 있을 정도로 중앙집권적인 한국의 정치 환경을 생각하면 더욱 그러하다. 관심도 두 당의 중앙에 존재하는 인물들이 독점할 테니 말이다. 하지만 국회의원은 한 명 한 명이 입법 '기관'일 정도로 강력한 기능을 가진 존재이고, 우리는 우리가 선출할 그들을 적극적으로 활용할 필요가 있다. 그리고 무엇보다 비록 현실의 삶이 바빠 정치에 관심을 갖기 어렵더라도, 최소한 우리가 정치에 관심을 가지지 않는다면 어떤 문제가 발생할 수 있는지는 이해를 해둘 필요가 있다.

첫 번째 키워드인 정치적 무관심에 대해 알아보자. 먼저, 정치인은 본능적으로 우리의 무관심을 유도한다. 이는 단순히 정국의 부담을 의식하여 청문회를 회피하는 것에 비해 훨씬 근원적인 이야기다. 이

와 관련된 대표적인 이론은 무의사결정(non-decision making)[18]이다. 이는 '지배적 사회가치, 신화 그리고 정치적 제도와 절차들을 조작함으로써 (엘리트들에게) 안전한 이슈에 실제 의사결정의 범위를 제한하는 것'을 말한다. 쉽게 말해, 정책문제의 채택이나 이후 결정 과정에서 소수의 지배 엘리트들에게만 유리한 것만을 다루는 것을 말한다. 무의사결정은 주로 엘리트들에 의해 '의도적으로' 행해지는 것을 말한다. 강에서 보트를 타는 운동 경기인 조정(Rowing)에 비유하자면, 노를 잘 젓거나 팀워크를 발휘하는 일뿐만 아니라, 원천적으로 강의 물길을 틀어버린다는 것이다. 한국의 경우, 크게 두 가지로 나누어볼 수 있다.

하나는 '필요성이 큰 의제지만, 그것이 회피되거나 숨겨지는 경우'이다. 과거에는 매카시즘(McCarthyism), 성장주의 등을 통해 그것에 위배되는 이슈는 논의조차 하기 힘든 환경을 조성하였고, 최근 문재인 정부 때는 페미니즘이나 PC주의, 민족주의가 횡행하며 그에 위배되는 언급은 말을 꺼내기조차 어려운 사회 분위기가 조성됐는데, 이들 모두 당시의 지배층에 유리한 이슈들만 다루어지도록 즉, 불리한 이슈들은 회피되거나 숨겨지게 되는 무의사결정의 포괄적 예시다.

물론 물길을 틀더라도 즉, 어떤 정권이 모든 의제를 해결할 수는 없으니 주목한 특정 의제들에 있어서라도 잘 해결하면 상관이 없지 않은가 생각할 수도 있다. 하지만 해당 의제를 신경 쓰는 겉모습과 달리 실질적으로는 숨긴 의제와 주목시킨 의제 모두에 실패하는 경우가 상당하다. 애초에 특정 이슈만 고수하는 지도층은 실력이 부족한 경우가 상당하기 때문이다. 영국 이코노미스트의 보도[19]에 따르면, '한국 2030 여성의 자살률'의 경우, 이명박-박근혜 정부 시기에 아주 많이 감소하였는데, 문재인 정부 당시 페미니즘에 그토록 집중했음에도 도로 상승했다.

다른 하나는 '덜 필요한 의제지만, 그것이 과잉 강조되는 경우'다. 최근 3년의 한국의 의제를 돌아보면, 국민에게 절대적으로 중요한 '저출산/고령화 이슈'와 '국민연금/건강보험', '전기료' 문제는 그닥 다루어지지 않았지만, 평생 한 번 만날지도 모르는 검사들의 이슈인 '검찰개혁'과 '고위층의 범죄 이슈'는 대통령 당선을 결정할 정도로 과잉 대표되었다. 물론 후자가 중요하지 않다는 것도 검사 출신 대통령이 잘못되었다는 것도 결코 아니다. 엄밀하게는 검찰개혁을 윤석열 대통령이 시작한 것도 아니니 그의 잘못이라 할 수도 없다. 다만, 전자가 더욱 중요한 이슈지만, 전자의 이슈들은 지도층이 해결하기도 어렵고 어떤 선택을 하든 정치적 손해를 감수해야 하기 때문에, 국민들의 인지체계 내에 유리하고 자극적인 다른 이슈만 가득 채움으로써 해당 이슈들이 다루어지지 않는다는 것을 지적하는 것이다.

그런 한편으로 문재인 정부 5년 끝에 저출산 수준은 세계대전 및 한국전쟁 때보다 낮은 인류사 최저를 기록하고, 한국 금융시장의 신뢰성을 대표하는 한국전력(연결)의 부채는 그것만 정부 예산의 1/3에 달하는 203.6조에 육박했다. 윤석열 정부는 재정건전성 확보에 강력한 의지를 갖고 있지만, 국회에 관련 법안은 표류만 되고 있어 개혁이 난망한 상황이다. 정치적 명운을 걸고 공무원연금 개혁을 성사시킨 박근혜 대통령은 이러한 측면에서는 큰 긍정적 평가를 받을 필요가 있다. CNN, BBC에만 접속해봐도, 정치인이 구속되는 뉴스는 웬만하면 없다. 의회의 사진과 테니스 선수의 사진, 공장과 은행의 사진이 나올 뿐이다. 미국과 영국이라고 정치인이 구속되지 않을 리는 없지만, 그것에 큰 비중을 두지 않는 것이다.

다음으로, 정치인과 무관하게 시민 개인의 관심이 부족할 수 있다. 민주사회에서 국민을 탓하는 것은 금기시되지만, 이미지를 관리해야 하는 정치인들과 달리 독자 여러분과 우리 필자는 일반 시민이라는 점에서 그를 시도해볼 수 있지 않을까. 성별, 세대, 연령에 따라 사람들의 관심이 달라질 수 있을 것이다. 선거 정치의 세계적 대가인 캠벨의 연구[20]에 따르면, 남성과 여성의 정치적 관심사는 다르다. 여성은 일반적으로 사회적 정의와 복지에 그리고 남성은 경제적 안정과 국방에 더욱 큰 관심을 갖는다. 이는 거꾸로 말하자면, 한 성별이 다른 성별이 주로 관심을 갖는 부분에 관심을 덜 가질 수도 있음을 의미한다. 이러한 성별에 따른 차이는 정치적 선호도와 투표 행동에도 영향을 미친다. 이와 관련된 문제는 후술할 양극화 파트에서 보다 풍부하게 확인할 수 있을 것이다.

정리하자면, '누군가의 의견을 채택하느냐'와 '그의 의견이 다루어지기는 하는가'는 다른 수준의 이야기다. 단언컨대, 후자가 전자보다 중요하다. 첫째에서 언급한 침묵의 나선에는 '하드코어(hard core)'란 계층이 존재한다. 이는 어떠한 의견 분위기 상황에서도 자신의 의견을 표현하는 사람이나 집단을 말한다. 이 책은 그러한 사람들이 보다 확대되길 원한다. 더욱 많은 사람들이 하드코어 집단으로 거듭날 수 있기를, 그들의 의견이 더욱 널리 다루어질 수 있는 환경이 마련되기를, 최소한 주요 의사결정자들에게 다양한 사람들의 의견이 노출될 수 있기를 바라기 때문이다. 진정한 하드코어가 되기 위해서는 물길을 볼 수 있어야 한다.

두 번째 키워드인 정치적 무력감에 대해 알아보자. 정치적 무력감의 반대말은 정치효능감일 것이다. 즉, 무력감이란 효능감이 떨어진 상태다. 정치적 행동에 관한 연구[21]에 따르면, 정치효능감이란 '개인의 정치적 행동이 정치과정에 영향을 미치거나 미칠 수 있다는 감정'으로, '내적 효능감'과 '외적 효능감'으로 나누어진다. 전자는 '자신이 정치적 의사결정에 영향을 미칠 수 있는 필요한 자원과 기술을 가지고 있다고 믿는 것'이고, 후자는 '정치기구나 공직자가 시민의 요구에 잘 반응할 것이라 믿는 것'이다. 후자와 관련하여 이 책이 하고 싶은 이야기는 낮은 신뢰도와 정치적 무관심 키워드를 통해 충분히 다루었으니, 전자의 '내적 효능감'에 대해 살펴보자. 정치 참여를 투표, 시위, 인터넷 토론의 셋으로 구분하여 분석한 서울대학교 한국정치연구소의 정치심리 연구[22]는 다음과 같은 결과를 제시한다. 해당 연구에서 투표 참여는 2012 대선의 자료를 그 기준으로 활용하였다.

요인	투표 참여	시위 참여	인터넷 토론 참여
내적효능감		비례	비례
정부신뢰		반비례	
정당일체감	비례		
연령	비례		반비례

주1 : 빈칸은 해당 요인이 해당 참여에 주는 영향이 통계적으로 유의미하지 않음을 의미함.
주2 : 기타 요인으로는 이념, 성별, 소득, 교육수준이 있었고, 교육수준의 경우 '투표 참여'에만
영향력을 가졌음.
출처 : 김한나(2016)의 자료를 바탕으로 저자 작성

내적 효능감은 '시위'와 '인터넷 토론'에는 영향을 미치지만, '투표'에는 영향을 미치지 못한다. 이때, 투표는 오히려 여론 I 의 셋째에서 다룬 '정당일체감'의 영향은 강력하게 받았다는 점이 괄목할 만하다. 이는 투표 참여는 정책에 대한 호오보다는 정책이나 정당에 대한 애착심으로 참여하는 경향성이 더욱 두드러진다는 것이다. 이는 젊은 층의 낮은 투표율이 자신감 등의 내적 효능감의 개인적 요인으로 결정되는 것이 아니란 것으로, '젊은 놈들이 사회에 관심도 의지도 없고..!'라는 평가가 마냥 맞는 말이라 보기는 어려움을 의미한다. 이들은 시위나 인터넷 토론의 방식으로 정치에 참여하고 있을 수 있다. 물론 이대남의 투표 참여율이 저조한 현상은 지적받을 필요가 있을 것이지만, 선호 정당 및 후보가 없을 수도 있을 가능성 역시 고려해야 할 것이다.

한편, 정부 신뢰가 낮을수록 시위에는 더욱 많이 참여하지만, 투

표와 인터넷 토론에 참여하는 정도에는 영향을 미치지 못하는 것으로 확인되었다. 연령이 높을수록 투표를 많이 하고, 연령이 낮을수록 인터넷 토론을 많이 하는 것으로 확인되었지만, 이는 상관성이 크지 않았다는 점에서 고령층의 시간적 여유나 젊은 층이 온라인에 익숙한 정도를 고려하면 큰 의미가 없는 것이라 판단된다.

사회통합실태조사(2018-19년)의 데이터를 활용한 연구[23]에 따르면, 내적 효능감은 '투표 참여'에도 영향을 미쳤다. 이는 2016년 총선, 2017년 대선, 2018년 지방선거에서 모두 유효했다. 흥미로운 사실은 다른 요인들의 비례 관계나 유효성 여부는 두 조사 모두에서 동일했지만, '투표 참여'에 관해서만 비례성이 새로이 등장했다는 점이다. 이것이 시사하는 바는 무엇일까? 앞의 2012년 대선은 박근혜와 문재인의 두 후보 사이의 양당 구도의 선거였지만, 2016~18년의 세 선거는 다당제 선거였다는 점에 우리는 주목할 수 있어야 한다. 즉, 다당제 환경이 마련된다면, 국민의 내적 효능감에 따른 정치 참여가 시위나 인터넷 토론에 그치지 않고, 실제 투표로까지 이어진다는 추론을 할 수 있는 것이다.

요인	투표 참여	비제도적 참여 시위참여, SNS 토론 등
내적효능감	비례	비례
정부신뢰		반비례
정당일체감	비례	비례
연령	비례	반비례

주1 : 빈칸은 해당 요인이 해당 참여에 주는 영향이 통계적으로 유의미하지 않음을 의미함.
주2 : 기타 요인으로는 이념, 성별, 소득, 학력(교육수준), 주관적 계층의식 등이 있었고, 연령, 학력, 주관적 계층의식이 둘 모두에 대해 영향력을 가졌음.
출처 : 노명종(2021)의 자료를 바탕으로 저자 작성

이상의 내용을 종합하자면, 한국 정치에서 국민의 정치적 무력감은 시위 또는 온라인 토론 등의 비제도적 참여에는 영향을 미칠 수 있지만, '정당일체감'이란 더욱 강력한 요인 때문에 투표에는 유의미한 영향을 미치지 못한다는 것을 알 수 있다. 이는 곧 정치적 무력감으로 인해 정치 참여를 포기하는 일은 다당제 환경이 마련된다면 해소될 가능성이 있음을 의미한다. 이는 자연스럽게 우리로 하여금 '무당층'의 존재에 주목하게끔 한다.

2013~22년의 한국갤럽의 10년간의 정당 지지율 통계를 살펴보면, 양당제 구도가 선명했던 박근혜 정부 초중반기와 문재인 정부 중후반기에 무당층의 비율이 가장 높고, 다당제 구도였던 2016~18년에는 무당층 비율이 낮다. 가시적인 사례를 들어보자면, 먼저 무당층이 가장 많은 지역은 대부분 '충청도'다. 민주당의 텃밭인 세종시를 포함하더라도 그러하다. 이는 자유민주연합이 해체된 이후, 해당 지역

국민들이 마음 놓고 투표하던 지역 정당이 상실되었기 때문으로 판단된다. 다음으로, 무당층이 가장 많은 세대는 역시 20대다. 그들의 입맛에 맞는 정당이 없기 때문이다. 가장 최근의 대통령 선거였던 20대 대선에서 무당층이 가장 높은 계층은 20대 여성이었는데, 윤석열 정부 출범 이후 여러 이슈에서 20대 남성들이 기대를 저버리게 됨으로써 현재는 남녀를 불문하고 20대의 무당층이 가장 두터워졌다.

(4) 양극화, 혐오, 네거티브

2020년 최고의 다큐멘터리 중 하나인 넷플릭스『소셜 딜레마(Social Dilemma)』는 알고리즘에 대한 우리의 상식을 완전히 뒤집는다. '어떤 것을 공짜로 사용할 때 당신은 이제 고객이 아니다. 당신이 상품이다.'라는 문장은 해당 다큐멘터리를 가장 잘 설명한다. 소셜 네트워크 알고리즘은 처음 등장할 때는 사람들에게 편의를 제공하는 인류의 진보라 여겨졌다. 그러나 알고리즘이 낳은 것은 연결성이 아닌 중독성뿐이었다. 사용자를 '유저(User)'라고 표현하는 것은 SNS와 게임, 마약의 셋밖에 없다는 사실은 이를 방증한다. 무엇보다 알고리즘은 인간을 단순화시킨다는 최악의 부작용을 발생시켰다. 이러한 단순화는 반드시 완판되는 '확실성'이란 상품을 생산했고, 이는 테크 기업의 마르지 않는 샘이 되었다. 즉, 우리가 사용하는 플랫폼은 일종의 우리에 대한 가두리 양식장이 된 것이다.

알고리즘의 개인화에 대한 연구[24]에 따르면, SNS라는 가두리 양식장에는 두 가지 특징이 존재한다. 하나는 필터버블 현상이다. 이는 알고리즘은 각 사용자의 특성과 선호에 따라 정보를 여과하여 제시하고, 사용자는 자신에게 맞춤화된 세계에 갇혀 좁고 왜곡된 사고를 기르게 되는 것을 말한다. 다른 하나는 에코챔버 현상이다. 이는 SNS상에서 성향이 비슷한 사람끼리 결집하여 서로 일치하는 의견만을 되풀이하고 증폭시키는 것을 의미한다. 즉, 필터버블은 개인이 좁고 편협한 틀에 갇히는 현상을 가리키고, 에코챔버는 집단의 단위에서 특정한 세계관이 강화되는 현상을 가리킨다.

우리 모두는 이러한 현상을 여러 차례 겪어왔다. 한국의 경우, NAVER의 '실시간 검색어' 순위에 오래도록 노출되어 온 탓에, 은연중에 플랫폼이 유저 전체의 통계에 따라 뭉뚱한 정보를 제시한다고 생각하지만, 최근 들어서는 — 정확히는 10년도 더 이전의 시점부터 — 알고리즘은 모든 순간에 개별 유저에 최적화된 세심한 정보를 제공한다. 필터버블의 경우, SNS에서 당신에게 제시되는 광고는 당신의 검색어, 클릭, 특정 페이지 대기 시간 등의 모든 정보를 활용하여 생성된 것이 대표적인 예시다. 에코챔버의 경우, Twitter나 Threads를 사용할 때도 유명인이 아닌 이상 내가 이미 아는 사람이나 비슷한 관심사를 가진 사람들만 추천되는 것이 예시가 될 것이다.

알고리즘의 개인화는 정치적 양극화의 하나의 원인이 된다. 단적으로, YouTube는 보수 성향의 사람들에게 어지간해서는 김어준의 영상을 추천하지 않는다. 그의 채널이 가장 영향력이 큰 채널임에도 불구하고 말이다. 과거에는 인기 급상승 영상에 채택되는 경우에는 추천이 될 수도 있고 얼떨결에 그를 클릭함으로써 알고리즘을 리프레쉬할 수도 있었지만, 최근에는 해당 메뉴를 숨겨두기까지 했으니 이러한 양극화는 더욱 심화됐을 것이다. 이러한 시스템은 우리에게 확증편향을 불러일으키는 것은 당연지사로, A 유튜버가 B를 인용하고, B가 C를 인용하고, C가 A를 다시 인용하는 순환인용의 문제를 발생시키기도 한다. 이를 한자말로는 삼인성호(三人成虎)라고 하는데, 지구가 평평하다고 믿는 사람들이 정확하게 이러한 굴레에 갇혀 있다.

이것이 문제가 되는 또 다른 이유는 2010년대 후반 가장 큰 사회 이슈였던 가짜뉴스의 원인이 되기도 하기 때문이다. KBS 9시 뉴스가 대표하는 레거시 미디어 시대에는 전 국민이 공유하던 이슈가 존재했고, 여러 단위의 사회에서 그를 의제로 하는 토론이 가능했다. 그래서 권력이 언론을 장악하지 않는 한, 가짜뉴스에 대한 대비가 가능했다. 하지만 YouTube로 대표되는 뉴 미디어 시대가 도래하면서 각각의 챔버마다 즉, 계층마다 서로 다른 이슈만 메아리치는 에코챔버 현상으로 인해 계층 간에 이슈가 공유되지 못하고 있다. 예시를 극단화해서 들어보자면, 20대 남성은 예비군 미인정, 20대 여성은 몰래카메라, 30대 남성은 공매도, 30대 여성은 가습기 살균제, 40대 남성은 집값 폭등, 40대 여성은 수능 난이도, 50대 남성은 부정선거, 50대 여성은 김건희 여사, 60대 이상 북한 이야기를 하고 있다. 이런 상황

속에서도 정국(政局)이 집중하는 이슈는 존재하기 마련인데, 만일 그것이 자신이 관심이 덜한 이슈라면 가짜뉴스에 대한 방어기제가 형성되어 있지 않을 것이기 때문에 대단히 위험하다고 할 수 있다.

위와 같은 양극화 혹은 군집화는 '혐오'와 '네거티브'를 부추긴다. 그리고 이는 종국적으로 '정서적 양극화'까지 이어진다. 정치의 세계는 결국 많은 표를 즉, 여러 계층의 표를 얻어내는 사람이 승리하는 곳이다. 그렇다면, 모든 계층에게 전달되는 이슈를 생성할 수 있어야 한다. 당신이 정치인이라면 어떤 의제를 제시하겠는가? 여러 가지 이슈가 가능하겠지만, 그것들 모두는 자극적이어야 한다는 조건은 반드시 충족되어야 할 것이다. 정치 카테고리에서 최적화된 이슈가 바로 정치인의 부패와 그에 대한 처벌이다.

'정치는 하나의 연극'이란 말이 있다. 이러한 문구가 존재하는 이유는 정치가 정치인들의 등장인물로 하는 드라마 같기 때문이기도 하지만, 정치에서 흔히 말하는 '쇼'와 같은 극적 연출이 빈번하게 발생하기 때문이다. 아리스토텔레스의 『시학(PERI POIETIKES)』에 따르면, 희극은 '나보다 하찮고 흉한 사람들의 행동을 풍자하는 것'이고, 비극은 '나보다 고귀한 사람들의 삶 속의 연민과 공포를 불러일으키는 사건을 짜임새 있게 보여주는 것'이다. 이를 따르자면, 우리보다 고귀한 정치인의 부패와 처벌은 정확히 후자에 해당할 것이다. 그리고 그러한 과정이 죄형법정주의와 만나게 된다면 짜임새까지 갖추게 되니 국민들의 관심을 받을 수밖에 없다.

아리스토텔레스는 비극과 관련하여 '카타르시스'란 개념을 강조했다. 그것은 '감정의 정화' 또는 '감정의 배설'로 해석되는데, 연민이냐 공포냐에 따라 서로 다른 결을 갖는다. 한국 사람들이 가장 좋아하는 카타르시스는 단연 권선징악(勸善懲惡)이다. 이는 고전문학에서부터 최근의 인기 드라마에서까지 쉽게 그리고 여러 번 확인되는 유구한 사실이다. 최근의 한국정치사를 돌아보면, 사정권 즉, 칼을 쥔 진영은 자신에게 유리한 구도를 만들기 위해 언제나 명시적인 거악을 설정하고, 그를 함부로 혐오해도 되도록 네거티브를 통해 대상을 누더기로 만들어왔다. 박근혜 전 대통령과 조국 전 장관에 대해 국민이 반으로 갈라져 양 진영이 완전히 대칭적인 입장을 갖게 된 것이 이러한 과정에 기반한 것이라 볼 수 있다.

우리는 이 시점에서 다시금 무의사결정을 떠올려볼 필요가 있다. 즉, 엘리트층이 어쩌면 정치적 양극화를 부추기고 있지 않을까 하는 의심 역시 해볼 필요가 있다는 것이다. 나아가 정치인들이 알고리즘처럼 우리의 인식을 단순화시키고 있지는 않을까 하는 의심을 해볼 필요가 있을 것이다. 사회에 하드코어 계층이 튼튼해지면 이런 일을 막을 수 있다.

1_ 강철원. (2019년 3월 11일). 국회의원 6명 중 1명은 법조인… 여의도
'법조당' 커지는 우려. *한국일보*. https://www.hankookilbo.com/News/
Read/201903101678021922.

2_ 박홍민. (2018년 10월 11일). 하원 재선 성공률 90%대… 정권 중간평가
제한적." *한국일보*. https://www.hankookilbo.com/News/
Read/201810101563053771.

3_ 한국에서의 계파는 주로 단독의 리더를 중심으로 형성되고, 그의 성 또는
이름을 따서 친이, 친문, 친윤, 친명과 같은 형식으로 표현된다. 만일 확실한
리더가 없는 계파의 경우에는 비(非)박계와 같은 형식으로 포괄적으로
표현된다. 윤석열 정권 들어 자주 사용되는 '핵관(핵심 관계자)'이란 표현은
계파와 같은 집단을 지칭하는 용어라기보다는 정치인 개인을 지칭히는
용어로 주로 사용된다.

4_ 미국의 예비선거도 명목적으로는 '당원'이 참여한다고 명시된 주도 존재한다.
하지만 미국의 당원 개념은 한국의 그것과 다르다. 한국은 당원이 되고자
하는 사람이 정당에 가입 신청서를 제출하고 일정한 금액의 당비를 납입해야
당원으로 인정하지만, 미국은 단순히 주 정부에 정당에 대한 선호만을
표시해도 '당원'으로 인정한다. 즉, 당원이란 자격이 요구되는 경우에도 이는
일반적인 유권자와 사실상 동일한 개념으로 보더라도 무방하다.

5_ 한국선거학회(2010). 정당의 지방선거 후보자 공천과 정당공천제도 개선에
관한 연구. *중앙선거관리위원회 위탁연구*. pp.9-15.

6_ 김재훈 · 허석균(2012). 공천제도와 입법생산성. *재정학연구*, 5(3). 125-158.

7_ 여당의 의석비율이 증가하면, 구체적으로 말하자면 통상 과반을 확보하는
경우에는 상향식과 하향식의 공천 방식을 불문하고 의원발의 법률안의
비율이 감소하는 것으로 확인됐다. 즉, 정부 법률안 위주로 입법이
이루어졌다. 이는 여당이 과반을 확보하는 경우, 야당과의 합의의 필요성이
약화되는 탓에 계파의 수장인 대통령의 의지대로 입법이 이루질 수 있기
때문일 것이라 판단된다.

8_ 홍혜영. (2023년 3월 11일). '[따져보니] 중대선거구제, 21대 총선
적용해보니'. *TV조선*. http://news.tvchosun.com/site/data/html_dir/20
23/01/03/2023010390207.html

9_ Shanteau, J. (1988). Psychological characteristics and strategies of expert decision makers. *Acta Psychologica*, 68(1), 203–215.

10_ 기업의 의사결정은 주주와 이사회의 권리란 점에서 조선업에 대한 맥킨지 보고서를 이유로 국민이 그 의사결정에 개입하기에는 권한의 한계가 존재함은 물론이다.

11_ University of Michigan. Survey Research, C. (1960). *The American voter*. New York : Wiley.

12_ Noelle-Neumann, E. (1993). *The spiral of silence : public opinion – our social skin* (2nd . ed.). Chicago London : University of Chicago Press.

13_ 임민혁. (2023년 1월 4일). 국민 40%가 '정치성향 다르면 밥도 먹기 싫다'. *조선일보*. https://www.chosun.com/politics/politics_general/2023/01/03/J5KSD6Y6GVDPLMMWQJAJKJNQFM/

14_ 권혁남. (2018). 이슈 특성과 지각된 의견분위기 상황에 따른 침묵의 나선효과. *사회과학연구*, 29(4), 61–82.

15_ 서현진.(2016). 국회 갈등과 신뢰도에 관한 연구. *분쟁해결연구*, 14(2), 159–184.

16_ 유성진.(2009). 국회의 사회통합기능과 국민의 신뢰: 국회에 대한 기대와 현실의 괴리. *의정연구*, 27(0), 119–144.

17_ 특정 인물 및 사건 탓에 '정치만족도'나 '국정운영평가'가 나빠지기도 한다.

18_ Bachrach, P., & Baratz, M. (1963). Decisions and Nondecisions: An Analytical Framework. *The American Political Science Review*, 57(3), 632–642.

19_ Graphic detail team. (May 22nd 2023). South Korea's suicide rate fell for years. Women are driving it up again. *The Economist*. https://www.economist.com/graphic-detail/2023/05/22/south-koreas-suicide-rate-fell-for-years-women-are-driving-it-up-again

20_ Campbell, R., & Winters, K. (2008). Understanding Men's and Women's Political Interests: Evidence from a Study of Gendered Political Attitudes. *Journal of Elections, Public Opinion and Parties*, 18(1), 53–74.

21_ Miller, Warren E., Arthur H. Miller, and Edward J. Schneider. (1980). *American National Election Studies Data Sourcebook* 1952-1978. Cambridge: Harvard University Press.

22_ 김한나. (2016). 정치참여의 다양성과 조건: 정치효능감과 정부신뢰를 중심으로. *한국정치연구*, 25(1), 81-110.

23_ 노명종. (2021). *정부신뢰와 정치신뢰가 정치참여에 미치는 영향 : 내적 정치효능감의 조절효과를 중심으로*, (석사학위논문, 서울대학교 대학원).

24_ Koo, Jae Ryoung. (2022). Algorithm and Metaphor: On Facebook's 'Echo Chamber' and Google Search's 'Filter Bubble'. *Journal of Science & Technology Studies*, 22(3), 33-68.

VOTE PEOPLE

한국 정치 읽어내기

VOTE PEOPLE

도 입

선거의 결과는 무엇이 결정할까? 어떤 정당이 승리하고, 어떤 후보가 당선될까? 이번 세션에서는 그에 관한 이야기를 해 보도록 하자. 선거는 크게 구도라는 거시적 요소와 인물이란 미시적 요소로 결정된다. 각각은 정당의 승패와 후보의 당선이란 결과를 낳는 요인이지만, 전자는 후자의 성취에서 비롯된다는 점에서 둘은 분리되기 어렵다. 먼치킨이 등장하여 선거를 승리로 이끌 수도 있고, 슈퍼빌런이 선거를 망쳐버릴 수도 있다. 반대로 훌륭한 후보도 정당의 잘못으로 낙선할 수도 있으며, 별로인 후보가 정당의 덕을 봐서 당선될 수도 있다.

제8회 지방선거(2022)의 서울특별시의 선거가 대표적이다. 서울특별시장 선거에서 국민의힘의 오세훈 후보가 서울의 모든 지역구에서 승리한 반면, 서울의 구청장 선거에서는 8개 지역구에서 더불어민주당 후보가 승리했다. 이는 전역에서의 승리를 쟁취한 오세훈 후보가 대단한 것일 수도, 대선 패배 직후였음에도 승리한 8명의 더불어민주당 후보가 대단한 것일 수도 있지만, 하나 분명한 것은 구도와 인물 모두가 중요한 것이지, 어느 하나의 우위만으로 선거에서의 승리를 확신할 수는 없다는 것이다. 인물과 구도는 이처럼 불가분하다. 하지만 우리는 둘을 구분할 수 있어야 한다. 부적합한 인물이 정당 덕에 당선되어서도, 소수 인물만으로 정당이란 거대 조직을 신뢰해서도 안 되기 때문이다.

선거는 기본적으로 '先 구도, 後 인물'이다. 그래야 한다는 당위를 이야기하는 것이 아니라, 현상 혹은 메커니즘을 이야기하는 것이다. 많은 유권자들이 지역구 이슈에 크게 관심을 가지지 않을뿐더러 어떤 내용이 있는지 모르는 경우도 많으며, 원천적으로 이슈가 없는 경우도 허다하다. 선거 팸플릿을 읽고서 유권자들이 하는 생각이 '오, 이거 하면 좋겠네'이지, '이야, 이게 드디어 되는구나'가 아니지 않은가. 이런 현상이 생기는 이유가 달리 있는 것이 아니다. 앞서 다룬 것처럼 거대 양당 독주 체제, 정당의 중앙집권적 의사결정구조, 유권자의 강한 정당일체감과 그를 우선하는 투표 경향, 모든 이슈를 초월하는 권선징악형 세계관 등이 모두 이러한 악순환을 강력하게 지탱하고 있다.

이번 세션에서는 정치와 선거를 보다 입체적으로 읽어내고 기준 있는 평가를 하기 위한, 나아가 선거에 출마하는 공직 후보자와 공직자들에게 도움이 될 만한 내용들을 주제별로 발췌독이 가능한 형식으로 정리했다. 선거의 결과는 당연히 시기마다 바뀐다. 하지만 그 저변에 흐르는 맥락에는 역사 논쟁과 같은 100년에 달하는 장기의 스토리, 최근에서야 대두된 젠더 논쟁과 같은 중단기의 이슈, 막말 논란과 같은 단발성 뉴스들이 혼재한다. 이번 장에는 스토리, 이슈, 뉴스 사이에는 어떤 배경과 행간이 얽혀있는지 이해할 수 있는 굵직한 내용들이 담겨있다.

우리 필자들은 독자 여러분이 지금부터 제시되는 내용들을 모두 읽어주시길 물론 바라지만, 단 한 편의 내용이라도 더 읽어주시길 바라는 마음에서 한 편 한 편씩 읽을 수 있도록 편집했다. 정치라는 주제는 멀기도 어렵기도 할 수 있다는 점에서 최대한 쉽게 쓰려고 노력했지만, 정확한 사실을 전달해야 하는 동시에 읽는 맛은 있어야겠다는 판단 아래 아주 일부 생소한 용어들이 포함될 수는 있다. 그런 경우에는 반드시 해설을 덧붙였다. 지금부터 한국 정치의 구도는 어떻게 결정되고, 어떤 인물이 선거에서 당선되는지에 대해 알아보도록 하자.

1. 유권자가 스스로를 보수, 중도, 진보라고 생각하는 이유는 무엇일까?

　보수와 진보는 어떻게 구별될까? 최근에는 둘의 구별을 무려 '피아식별'이라 표현할 정도로 너무도 선명하고 당연한 일인 것처럼 여기지만, 사실 둘을 구별하는 일은 의외로 간단하지 않다. 한국 정치의 최근을 돌아보자면, '가짜 보수', '수박 논쟁'을 비롯한 이념의 진정성 논쟁이 끊이지 않고 있다. 관련하여 중요한 사실은 이념은 정당의 상위에 존재하는 개념이란 것이다. 그리고 그 이념이란 것은 교과서가 규정하는 것이 아니라, 유권자의 생각과 마음, 시대의 해석에 기반하여 변모할 수 있다는 것이다. 미국에서 흑인 노예 해방을 해낸 대통령인 링컨은 보수 정당인 공화당 소속이었지만, 최근의 트럼프는 인종 차별의 비난을 끊임없이 받아왔다는 것이 대표적인 예시다.

　양당제 현실 속에서 정당을 단위로 보수와 진보를 구분할 수밖에 없는 측면은 분명히 존재한다. 하지만 그리고 최소한 선거라는 전쟁적 순간에는 두 이념을 구분하는 것은 의외로 퍽 중요한 일이 아닐 수 있다. 정통성은 평시에나 확립하는 것이지, 비상 상황에서는 부차적인 일에 불과하기 때문이다. 그리고 무엇보다 표는 진영이 아닌 유권자로부터 비롯되는 것이고, 유권자 전체는 당연지사로 그들 중 한 명의 표심조차 간단하게 설명될 수 없기 때문이다.

표가 된다면, 진보의 '우 클릭'과 보수의 '좌 클릭'도 얼마든지 가능하다. 막상의 선거에서 공직 후보자의 투철한 이념이 선거 승리를 가져다주는 것은 결코 아니기 때문이다. 문재인 후보의 동성혼 반대, 윤석열 후보의 소상공인 보상금이 대표적이다. 정당의 정책들이 근본적으로 혹은 전체적으로 이념에 위배되는 것은 문제가 될 수는 있지만, 일부 어젠다에서 진영에 위배되는 선택이 발생하는 것은 오히려 선거가 건강하게 진행되고 있다는 증거다. 그를 합리화해야 하는 똑똑한 참모들이 조금 고생할 수는 있지만 말이다.

선거를 운영하는 차원에서 '진영'은 효율적 접근을 가능하게 하는 기준이 되는 것은 맞지만, 선거 승리를 위한 디테일은 개별 유권자를 이해하는 것에 있다. 옷을 파는 일에 비유하자면, 진영에 매몰된 선거 전략은 여성 옷가게라고 온통 '치마'만 팔고 있는 것과 같다. 바지도 팔 수 있어야, 때때로 턱시도를 팔 수도 있어야 선거도 흥하고 정당도 승리한다. 그렇다면, 선거에 대해 알아보려 하는 우리의 최초의 물음은 '유권자'에 있어야 할 것이다. 여기에 먼저 방점을 찍고 관련된 내용을 살펴보도록 하자.

한국 유권자는 스스로를 어떤 이념의 소유자라고 판단하고 있을까? 그들이 생각하는 자신의 이념 성향은 제시된 그래프와 같다. 각각의 그래프는 2016년(검정)[1]과 2007년(회색)[2]에 한국 유권자의 자신이 생각하는 자신의 이념 즉, 주관적 이념의 비율을 보여준다.

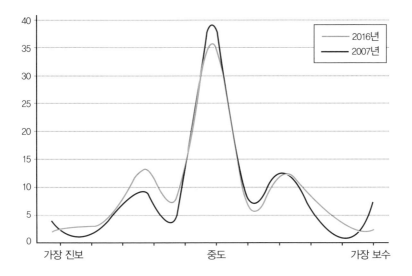

한국 유권자의 '주관적 이념' 분포

출처 : 이갑윤·이현우(2008), 류재성(2019)의 자료를 바탕으로 저자 작성

　우선적으로 확인되는 재밌는 사실은 중용(中庸)을 강조하는 유교 문화의 탓인지는 몰라도[3], 스스로를 중도라 생각하는 유권자가 전체 유권자의 절반이란 것이다. 그런데 여기서 우리 모두에게 하나의 의문이 들기 마련이다. 모든 유권자들이 자신의 이념대로 투표한다면, 중도의 화신 안철수 의원은 이미 대통령이 됐어야 하고, 국민의당 일당 독재 체제가 이미 완성되었어야 한다. 그런데 한국뿐만 아니라 세계 어느 곳을 봐도 중도가 선거에서 승리하는 일이 잘 없다. 제3의 길을 표방한 영국의 토니 블레어와 프랑스의 마크롱 대통령 정도를 제외하면, 대부분 좌우가 확실한 후보들만이 당선되었다. 이때의 확실함은 치우친 정도가 강하다는 것이 아니라, 노선의 선명함 자체를 의미한다.

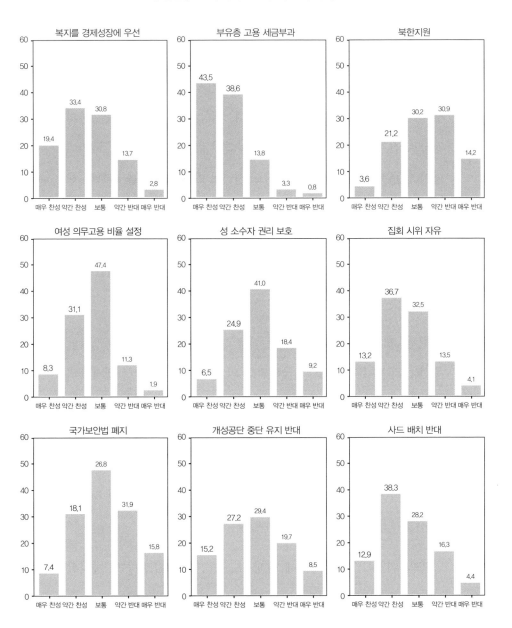

20대 총선(2016)에서 '전체' 유권자의 정책 선호

출처 : 류재성(2019)의 자료를 바탕으로 저자 작성

이념의 선명함은 '정책 선호'를 통해 확인될 수 있을 것이다. 그렇다면, 유권자의 이념과 정책 선호는 일치할까? 정치이념의 구성요인에 대해 분석한 연구[4]의 자료를 바탕으로 작성된 다음의 그림은 개별 정책에 대한 2016년 4~5월의 한국 유권자의 선호를 나타낸다. 해당 시기에는 20대 총선(2016)이 있었다. 해당 선거는 더불어민주당의 정국 뒤집기가 이루어진 선거로 의미화되는 경우가 많지만, 국민의당이 없는 양당제 체제였다면 진보 진영이 가볍게 과반을 확보할 선거였다는 점에도 주목할 수 있어야 한다. 국민의당이 중도를 표방하긴 했지만, 그들이 획득한 지역구 의석이 대부분 호남이었다는 점에서 진보로 분류하자면, 범진보에서 획득한 의석수가 167석이었기 때문이다.

한편, 제시된 그림에서 유독 눈에 띄는 부분은 '복지를 경제성장에 우선(1)'과 '부유층 고율 세금부과(2)'의 두 항목에 대한 유권자들의 선호다. 전자는 '북한 지원(3)'이나 '국보법 폐지(7)'보다 — 방향은 반대지만 — 기울어진 정도가 심하고, 후자는 기울어져도 너무 기울어져 있다. 이는 한국 유권자들 중에는 진보적 경제관념을 가진 사람이 훨씬 많다는 것을 의미하고, 나아가 보수층 내에서도 진보적 경제정책 선호자가 아주 많이 포함되어 있다는 것이다.

만약 이념이 '개별' 정책에 대해서도 '건건이 일치'한다면, 제시된 아홉 가지 그래프는 모두 앞서 제시된 '주관적 이념 분포'와 같은 그래프와 같은 좌우 대칭형 분포를 보였어야 할 것이다. 하지만 둘은 그닥 일치하지 않았다. 이러한 현상은 두 가지 가설을 제안한다.

하나의 가설은 '유권자들이 모든 정책을 살피지 않는다는 것'이다. 즉, 위의 정책 선호 설문은 설문자가 골고루 물어봤으니 대답을 한 것일 뿐이지, 일상에서 유권자는 관심 있는 정책만 살피며 자신의 이념적 정책성을 규정할 수 있다는 것이다. 가령 학생이나 학부모들은 '수능 제도'나 '무상 급식' 등의 이슈에 주로 관심이 있을 것인 반면, '공매도'에는 큰 관심이 없을 것이다. 이런 유권자들은 전자의 이슈를 기반으로 자신의 이념을 판단할 뿐만 아니라 투표도 할 것이다.

다른 하나의 가설은 '대부분의 정책을 살피지만, 정책마다 중요도를 달리하여 판단을 한다는 것'이다. 가령 전체 유권자 중에 복지에 중요도를 크게 둔 유권자가 많다면 진보 유권자가 많을 것이고, 안보에 중점을 둔 유권자가 많다면 보수 유권자가 많았을 것이다. 가령 거의 모든 정책에서 보수 정책을 지지하더라도 자신이나 가족 구성원이 소수자인 사람들은 자신을 진보라고 여길 수 있고, 거꾸로 모든 정책 의제에서 진보 정책을 지지하더라도 '안보 이슈'를 비대칭적으로 중시하는 경우에는 자신을 보수라고 여길 수 있다는 것이다.

두 가설 중 어떤 하나를 채택하든 둘 모두가 타당하든 상관없이 선거 전략 차원에서 중요한 사실은 '어떤 이슈에 대해서는 민심이 완전히 한 방향으로 쏠려 있을 수도 있다는 것'이다. 그래프에서는 '부유층 고율 세금부과'가 그에 해당하고, '상속세 폐지'나 '동성혼 합법화'가 비슷한 쏠림을 보일 것이다. 만약 어떤 정당이 자신의 노선을 고수한다고 반대 의견을 내는 경우에는 표를 대거 잃어버릴 수 있다. 해당 이슈로 5%만 날려 먹어도, 선거는 일종의 제로섬 게임이기 때문에 격차는 10%로 벌어진다. 특히 양당제 구도에서는 투표율이 대거 떨어지지 않는 이상 내가 잃은 표는 상대에게 넘어가는 것이기 때문이다. 즉, 일종의 '지뢰 의제'가 존재할 수 있음을 항상 조심해야 하고, 이념보다는 '유권자'에 중점을 둔 선거 전략을 세워야 한다는 것이다.

2. 뜨거운 빙수와 차가운 뱅쇼
   : 중도의 정체는 중용일까? 무신념일까?

중도층이 절반에 달할 만큼 많음에도 중도 세력이 득세할 수 없는 이유는 무엇일까? 한국 유권자가 스스로를 보수 또는 진보라 여기는 이유를 알기 위해서는 해당 질문의 답을 찾아야 한다. 제목의 뱅쇼(vin chaud)는 불어로 따뜻한(chaud) 와인(vin)을 의미한다. 뱅쇼는 본질적으로 따뜻해야 뱅쇼다. 빙수가 뜨거울 수 없듯이, 뱅쇼도 차가울 수 없다. 뱅쇼가 차가워지는 순간 단순한 와인에 불과하게 되기 때문이다. 이념 혹은 진영에 충실한 사람들이 그렇지 않은 사람들을 평가할 때 제목과 같은 표현을 자주 사용한다. 전자의 사람들 눈에는 후자의 사람들이 보수도 진보도 아닌 흐리벙벙한 사람처럼 보일 것이기 때문이다.

하나의 예시를 살펴보자. 법인세 인상과 성평등을 찬성하는 한편, 탈원전과 반독점에 반대하는 사람을 보면 어떤 생각이 드는가? 그를 두고 보수라고 하기도 진보라고 하기도 애매할 것이다. 이념이 투철한 사람이 보기에는 정치적 견해가 제멋대로인 것처럼 여겨질 것이다. 이 사람은 '빌 게이츠'다. 빌 게이츠를 무신념한 사람으로 여기는 사람은 지구 어디에도 없을 것이다. 한편, 빌 게이츠는 민주당원이긴 하지만, 공화당에 후원금을 내기도 한다. 그리고 그가 당적에도 불구하고 선거장에서 투표는 공화당에 하고 있을지는 그 누구도 알 수 없을 것이다. 여기서 또 한 번 강조되어야 하는 내용이 있다. 표는 유권자로부터 나오는 것이지, 진영으로부터 나오는 것이 아니란 것이다.

유권자의 이념적 정체성은 중첩적이다. 가령 어떤 사람이 보수라고 해서 그가 반드시 법인세 인하, 페미니즘 반대, 원자력 발전 확대, 자유시장 옹호, 보편 복지 반대를 선호하는 것은 아니다. 대표적으로 아무리 보수 이념에 투철한 여성이라고 해도 적어도 낙태 이슈에 대해서는 찬성 입장인 경우가 많다. 즉, 어떤 사람이 보수 성향이라고 해서 그의 이슈나 정책에 대한 의견이 모두 일렬종대로 우측 정렬되어 있는 것은 아니란 것[5]이다. 앞서 주제에서 첫째 그래프의 유권자의 이념적 분포가 중도에 집중되어 있는 이유가 여기에 있다. 유권자들은 스스로의 이념 정체성을 판단할 때, 자유시장과 핵 안보를 중시하는 반면, 페미니즘과 환경보호에는 그닥 반대하지는 않는 경우에는 스스로를 강성 보수는 아니라고 생각한다. 즉, 이런 식으로 '전체' 유권자들의 주관적 성향을 모아보면, 중앙으로 모일 수밖에 없는 것이다.

한편, 유권자의 이념 성향이 어떠한가와 별개로, 실제 선거에서 개별 유권자 입장에서 그가 원하는 모든 것이 실현되는 것은 불가능한 일이다. 정당이 이슈와 정책을 바라보는 관점은 국민의 그것들과 다를 수밖에 없기 때문이다. 정당은 전 국민 내지는, 최소한 자신의 진영 내의 수천만 유권자의 이해관계를 수렴해야 하는 입장에 있다. 그러한 입장은 정당으로 하여금 가장 많은 비중을 보이는 의견들을 채택할 수밖에 없고, 그를 모아보면 대부분의 경우에 진보 정당은 극단화되지 않은 좌측 일렬종대로, 보수 정당은 극단화되지 않은 우측 일렬종대로 결국 수렴할 수밖에 없는 것이다. 정당을 소비하는 유권자는 선거가 다가왔을 때 그들의 스탠스를 판단하여 자신의 의견과 최대한 겹쳐지는 정당에게 표를 줄 것이다.

종합하자면, 선거는 이념에서 시작하면 필패한다. 유권자의 개별 이슈에 대한 입장은 제각각일 뿐이며, 이념 성향은 결과로서의 합계에 불과하다. 0을 중도라고 했을 때, 그 합계 안에 얼마만큼의 양수와 음수가 존재하는지는 개별 유권자마다 다를 수밖에 없다. 그리고 정당은 이념이란 합계에 천착하되 그 합계를 낳는 개별 이슈의 양음도 고려하여 유권자에게 표를 호소해야 하는 존재란 것이다. 즉, 정책과 이슈에서 시작해야 하며, 그렇게 노선을 정돈하다 보니 이념에 알맞은 노선이 사후적으로 확보되는 것일 뿐이다.

한국의 중도 정치는 왜 번번이 실패했던 것일까? 앞서의 내용에 따르자면, 중도 정당으로 의견이 모일 수도 있지 않을까? 정확하게는 합계가 중도에 위치할 수도 있지 않을까? 정답을 먼저 말하자면, 일상적 상황에서는 그럴 수 있지만, 선거 국면에서는 그럴 수가 없다. 표현이 다소 모호한 측면이 존재하기 때문에 추가적인 예시를 통해서 한 번 더 내용을 살펴보자.

법인세 이슈를 생각해보자. 법인세는 구간이 나누어져 있지만 논의의 편의성을 위해 단순하게 20%로 통일되어 있다고 가정하자. 이때,

보수 정당은 15%로 인하, 중도 정당은 현상 유지, 진보 정당은 25%로 인상하자고 주장하고 있다고 하면, 선거 국면에서 어떤 정당이 득세할 것 같은가? 정답은 시대마다 다르겠지만, 적어도 중도 정당은 아닐 것이다. 기본적으로 선거는 무엇인가를 바꾸기 위한 액션인데, 중도 정당의 입장은 아무것도 하지 말자는 것과 동일하기 때문이다.

퍼센트라는 수치가 있어서 괜히 그렇게 여겨지는 것은 아닐까? 수치가 없는 경우, 중도의 무용(無用)은 오히려 더욱 두드러진다. 예를 들어, 전술핵 배치에 대한 입장을 표명해야 한다고 할 때, 보수는 찬성, 진보는 반대를 주장할 것이다. 그런데 중도 정당의 경우에는 설 자리가 없다. 안철수 의원을 비판할 때 자주 등장하는 그의 발언이 '이럴 수도 있고, 저럴 수도 있습니다.'인데, 해당 발언은 정확히 이러한 중도의 문제점을 상징한다.

이상의 내용은 정치학의 두 이론을 비교하면서 더욱 선명하게 이해할 수 있다. 근접이론(proximity theory)[6]은 정당 선호는 유권자와 정당의 이슈 위치 사이의 거리가 가까우면 가까울수록 커진다는 이론이다. 해당 이론은 직선 선분상에 존재하는 수많은 이슈 위치들 사이에서 개별 이슈들의 위치와 평균적으로 가장 가까운 점이 학창 시절에 배웠듯 보통 해당 선분의 중점이란 점에서 모든 선거는 이념 스펙트럼의 중간으로 수렴한다고 주장한다. 근접 이론은 그야말로 많은 중도 정당의 빛이자 소금인 이론이다. 하지만 앞서 9가지 그래프를 통해 확인했듯, 실제 유권자들의 이슈 포지션의 평균이 교과서상의 이념 스펙트럼의 중심에 있지 않다. 시대마다 왼쪽으로 오른쪽으로 쏠리기도 한다. 즉, 중도 정치가 표방하는 이슈 위치가 정확히 센터에 존재하더라도, 민심에서 이탈할 확률은 얼마든지 존재한다.

이에 반해, 방향이론(directional theory)[7]은 유권자는 자신의 이슈 위치를 알 수 없고, 그들은 개별 정책들에 대한 방향성과 강도만을 파악한다는 이론이다. 즉, 유권자들은 '정당의 정책이 나의 입장과 얼마나 가까운가?'를 따지지 않고, '어느 정당이 책임질 수 있고 신뢰할 수 있는 나의 편인가?'를 따진다는 것이다[8]. 이는 유권자는 현실적으로 모든 이슈를 살피고 선거에 임하는 것은 아니란 점에서 근접이론보다 장점을 갖는다. 모든 유권자가 모든 이슈를 살펴야 합계 차원에서의 중도 수렴이 가능한데 실제로는 그렇지 않다는 점에서 근접이론은 한계를 갖지만, 방향이론은 일부의 이슈만 살피는 유권자들의 투표 향방에도 충분한 설명력을 제공하기 때문이다.

무엇보다 방향이론은 '강도'에 초점을 맞춘다는 점에서 중도가 배제되는 이유를 설명해준다. 근접이론에서는 중도의 중간적 위치가 거리가 가깝다는 점에서 장점이 되었지만, 중간이란 위치는 앞서의 법인세나 전략핵무기 예시에서도 언급했던 것처럼 강도가 약한 것처럼 여겨질 유인이 되기 때문이다. 안철수 의원의 국민의당을 포함한 국내의 중도 정당들이 번번이 실패한 반면, 영국의 토니 블레어와 프랑스의 마크롱은 중도 정치를 표방했음에도 성공할 수 있었던 이유가 바로 여기에 있다.

전자의 경우, 중용(中庸)의 관점에서 중간적 포지션을 취하거나 '둘 다 맞음' 혹은 '둘 다 틀림', '맞을 수도 틀릴 수도 있음'만을 외쳐온 반면, 후자의 경우, 실용의 관점에서 비록 이슈에 대해서는 합계 차원에서는 중도적일 수는 있어도 개별 이슈에 대해서 선명하고 강도 높은 의견을 표현해왔기 때문이다. 마크롱의 경우, 경제에서는 보수적 관점에서 법인세를 대폭 감면하고 노동 유연성을 강화한 반면, 사회적으로는 진보적 관점에서 캣 콜링에 벌금을 강화하는 등 여성 친화적인 정책을 내고, 자국 엘리트를 독점 배출하는 국립행정학교(ENA)를 폐지하는 한편, 심지어 대마초에 대해서 징역형을 폐지하기까지 했다.

종합하자면, 중도 정치는 이념적 중간을 지향하는 순간 필패한다. 각각의 이슈에 대한 선명성과 강도를 갖추어 합계의 차원에서 중도를 표방하는 즉, 원천적 중도가 아니라 결과적 중도여야 성공할 수 있다. 이는 비단 중도 정당에만 해당하는 교훈이 아니다. 노무현 대통령처럼 비록 진보 정치를 표방함에도, 진영 내의 비판을 견뎌가며 FTA를 추진하고 이라크 파병을 해내는 것과 같은 용기를 갖는 것도 이상의 내용과 무관하지 않다. 좋은 정치의 비결은 유권자에 있을 뿐, 이념에도 정당에도 있지 않다는 것이다.

3. 유권자의 신념은 일관적일까?
유권자는 신념대로 투표할까?

앞서의 주제들에서 미처 다루지 못하고 남겨둔 내용이 있다. 바로 '가짜 보수'와 '수박(가짜 진보)' 논란이다. 해당 비판은 일단 앞서의 내용과 같이 유권자의 정책 판단은 원래 다층적이고 다양하기 마련인데, 이념이 투철하게 정렬된 사람들이 보기에는 노선이 오락가락하는 것처럼 여겨지는 탓에 나오는 비판일 것이다. 관련하여 따져보아야 할 두 가지 의문점이 있다. 하나는 유권자의 이념이 일관적이냐는 것이고, 다른 하나는 과연 유권자들이 자신의 신념에 입각한 판단대로 투표를 하냐는 것이다. 일차적으로 유권자가 정책 정보를 자신의 신념에 알맞게 충분히 소화하지 못할 가능성이 존재[9]할 뿐만 아니라, 설령 그를 모두 섭렵하는 의지와 능력이 있다고 한들 투표라는 의사 결정의 순간에 판단한 대로 투표하지 않을 수도 있기 때문이다. 실제로 많은 연구들 역시 그렇지 않다는 것을 보여주고 있다. 유권자의 신념이 변화하는 이유와 실제의 투표가 신념과 불일치하게 되는 이유는 무엇일까?

첫째, 유권자는 합리적인 동시에 합리화하는 존재[10]다. 유권자는 정치와 소통하며 끊임없이 '인지부조화'를 겪는다. 선거 이전의 유권자는 자신의 선택에 대해 인지 일관성(choice−based consistency)을 추구하는 존재이지만, 선거 이후에는 결과에 맞춰 새로운 인지 일관성

(coucome-based consistency)을 찾는 존재로 변모한다. 이러한 변화는 선거를 기점으로 단발적으로 발생하는 것이 아니라, 선거 과정을 거치며 연속적으로 발생한다. 주석에 언급된 연구의 자료에 따르면, 17대 대선(2007)에서 한국 유권자들은 선거일에 다가갈수록 이명박 후보와의 이념 거리를 정동영 그것보다 좁혀나갔다. 이러한 현상은 설득되었기 때문일 수도 합리화의 결과일 수도 있지만, 이러나저러나 유권자의 이념이 지속적으로 변화하고 있다는 사실만은 분명하다.

둘째, 유권자는 반응하는 존재다. 즉, 유권자의 주관적 이념은 여당 혹은 다수당이 어느 정당이냐에 따라서 얼마든지 변화할 수 있다. 즉, 유권자의 진보, 중도, 보수의 비율은 고정적이지 않다. 전체 유권자의 평균적인 이념 성향은 열린우리당이 의회 권력을 장악한 2004년에는 진보였고, 노무현 정부 말기에는 보수화되었다가, MB 정부 집권 후에는 진보화되었다[11]. 즉, 유권자도 시대의 영향을 받을 수밖에 없다는 것이고, 대응하고 감시하는 존재인 유권자의 주관이 변동하는 것은 너무도 당연한 일이기도 하다. 최근 대두되는 청년층의 보수화 역시 이러한 맥락에서 이해할 수 있다. 관련 연구[12]에 따르면, 아직 청년층 전체의 보수화를 단언할 수는 없지만, 18대 대선(2012)부터 20대 대선(2022)까지 여러 세대가 보수당 후보를 지지할 확률은 지속적으로 변화했다. 특히, 88~92년생의 경우, 18~20대 대선에 걸쳐 보수당 후보에게 투표할 확률이 꾸준히 증가했다. 즉, 고정적이지 않았다.

셋째, 모든 유권자는 나름의 방향으로 편향되어 있다. 해당 편향성은 유권자를 비합리적인 선택을 하도록 만든다. 즉, 신념의 방향성을 뒤집지는 않더라도, 더욱 고여버릴 수 있다는 것이다. 극단화 역시 변화의 일종으로 볼 수 있다. 이러한 편향을 해소하기 위해서는 '정보'가 필요한데, 유권자가 편향을 해소하고 이념에 충실한 정치적 행위에 착수하기에는 깨끗한 정보가 부족하고, 오염된 정보가 넘쳐난다. 관련한 대표적 문제가 '가짜뉴스'다. 가짜뉴스가 정말 무서운 점은 정치지식이 높을수록 가짜뉴스에 노출되었을 때 그를 사실이 아닌 것으로 부정하지 못하는 경향이 더욱 강한 것으로 나타났다는 사실[13]에 있다. 이는 젊을수록 암세포가 더욱 빨리 퍼지는 모순처럼 박식한 사람일수록 가짜뉴스의 오도를 뿌리치기 어려워함을 의미한다. 이에 더해, 가짜뉴스는 앞 장에서 언급한 '에코 챔버' 속의 삼인성호(三人成虎) 속에서 그 위력을 더해가기 때문에 SNS가 만연화된 현대 사회에서는 유권자의 편향을 강화하고 평소의 이념 강도 그 이상의 이념에 빠지도록 만든다. 즉, 방향성은 유지되겠지만, 우파 유권자는 극우의 그리고 좌파 유권자는 극좌의 투표를 하게 만든다는 것이다.

넷째, 유권자의 이념을 정당이 정책 차원에서 담아내지 못하고 있다[14]. 즉, 정당이 유권자의 트렌드를 쫓아가지 못하고 있다. 정당의 정책 경쟁은 '평화·민주', '국정안정', '경제' 차원에서만 이루어지고 있다. 가령 유권자 수준에서는 페미니즘, 소수자 인권, 동물권 보호

등에서 강력한 이념 대립이 발생하고 있지만, 정당 수준에서는 해당 주제가 공약 차원에서는 대립의 형식으로 충분히 드러나지 못하고 있다는 것이다. 페미니즘의 경우에는 '젊은 여성'에 한정하여 선심성으로 혹은 혜택성으로 보조를 지원하는 것이 전부다. 담론이 부재한 탓도 있지만, 정당이 해당 주제를 소화하기를 꺼리는 면도 분명히 존재할 것이다. 이러한 경우, 유권자는 의사 표출이 무효한 경우가 많을 뿐만 아니라, 유권자의 이념의 유의미성은 부분적일 수밖에 없다.

4. 부동층의 정체는 무엇이고,
그들은 선거에서 어떤 역할을 할까?

선거는 부동층 유권자(floating voter)와 후술할 지지 후보를 변경한 투표 이동층이 웬만하면 결정한다. 특정 정당을 확고하게 지지하는 유권자들이 압도적으로 많다면, 경쟁하는 정당 사이의 격차가 아주 크기 때문에 부동층이 결과를 바꾸지 못할 수는 있다. 하지만 21대 총선(2020) 등의 선거와 같이 압도적인 격차가 존재하는 일부의 케이스가 아닌 이상, 부동층의 비율은 경쟁 정당들 사이의 지지율 격차보다 항상 크다. 즉, 정당 충성도가 높은 투표자들이야 어차피 변경 투표를 할 리가 없기 때문에, 결국 해당 갭을 메우고 뒤엎는 부동층이 투표의 결과를 결정할 수밖에 없는 것이다.

부동층 유권자는 선거 캠페인 기간에 지지 후보를 결정하지 못하고 있는 유권자를 말하는데, 무당층 혹은 중도층과는 다른 계층이다. 이들은 결정을 늦게 하는 유권자(late decider)나 주저하는 유권자(hesitant Voter)로 불리기도 한다. 부동층 유권자는 통상 여성, 청년, 고학력인 경우가 많으며, 당연히 원천적으로 무당파이거나 지지 정당에 대한 선호가 약한 유권자인 경우가 많다[15]. 가장 최신의 전국 선거인 윤석열 대통령이 당선된 20대 대선의 데이터를 분석한 자료[16]를 통해 부동층의 모습은 다음과 같다.

20대 대통령 선거(2022)의 집단별 부동층 비중

성별		지지 정당		정치 이념	
남자	30.6%	민주당	19.88	진보	32.03
여자	36.0%	국힘	20.00	중도	39.95
		무당층	55.87	보수	26.91
연령		지지 강도		계층 인식	
20대 이하	56.77	9–10	10%대	상위	31.38
30대	38.95	7–8	20%대	중상위	35.00
40대	30.21	3–6	30%대	중간	34.61
50대	27.19	1–2	50%대	중하위	31.33
60대 이상	25.23	0	66.94%	하위	32.48
선거 관심		정치 지식			
매우 높음	23.41	3		25.64	
높은 편	46.55	2		29.53	
낮은 편	60.66	1		33.48	
전혀 없음	60.00	0		37.46	

출처 : 유재성(2022) 자료를 바탕으로 저자 작성

　제시된 표를 보면 알 수 있듯, 해당 대선에서의 부동층의 정체는 앞서 언급한 통상의 부동층과 큰 차이가 있지는 않다. 추가적으로 살펴볼 내용은 (1) 남녀의 차이가 거의 없어졌고, (2) 선거 관심이 매우 높은 계층이 아닌 이상, 부동층의 비율이 관심도와 상관없이 절반 정도이며, (3) 정당을 지지하는 강도(선호도)가 아주 낮은 정도(0–2)가 아닌 이상, 대부분의 유권자들이 어디에 투표할지를 이미 결정한 상태였다는 것이다. 게다가 (4) 계층 인식은 부동층 형성과 전혀 상관이 없었으며, (5) 일반적으로 고학력일수록 부동층 비율이 높지만, 정치지식 수준은 오히려 그와 반대로 낮을수록 높은 부동층 비율을 형성했다는 것이다.

이렇듯 흥미로운 사실에도 불구하고, 이상 열거된 부동층의 특징들은 외관적인 요소에 불과하다. 즉, '그들이 누구인가?'보다 '그들은 왜 부동층이 되었나?'라는 질문이 더욱 중요하다는 것이다. 외관에만 집중하면, 부동층이 등장하는 배경을 '편견'에 근거하여서만 이해하게 된다. '어떻게'와 '왜'가 빠진 '무엇'은 언제나 공허하기 마련이다. 관련하여 짚어보아야 할 내용은 다음의 네 가지다.

첫째, 부동층은 무관심이 아니라, 오히려 이슈에 대한 적극적 태도에서 비롯될 수 있다는 점이다. 지지 정당이 확고한 유권자들의 경우, 선민의식에 가까운 판단을 할 때가 많다. 부동층은 정치에 관심도 없고 의지도 없는 한편, 단기적 이슈에 매몰되어 있다고 여기는 것이다. 거꾸로 말하자면, 이는 자신들은 그들과 달리 세상에 대단히 기여하고 있다는 이야기가 된다. 하지만 부동층에 정치 무관심층이 존재하는 것은 사실이나[17], 2010년대 한국의 선거 자료에 대한 연구[18]에 따르면, 부동층은 기결층보다 선거운동 기간에 획득 가능한 정보를 중요한 고려 사항으로 여기고 그에 기반한 투표를 할 가능성이 높은 유권자였다. 심지어 그들은 캠페인을 통해 제시되는 정책과 공약, 후보자에 관한 정보의 중요성을 인지하고 있었으며, 그를 바탕으로 후보자를 결정하는 경향이 '기결층'에 비해 높았다. 즉, 지지하는 당만 보고 투표한 기결층의 일부보다 오히려 건전한 투표를 할 수도 있다는 것이다. 비유하자면, 헬스장에는 기결층이 더욱 자주 가지만, 실제 운동은 부동층이 더욱 열심히 했을 수도 있다는 것이다.

둘째, 부동층은 기권층과 다르고, 부동층은 선거일에 가까워질수록 줄어든다는 것이다. 각각의 비율과 흐름은 후면의 표를 통해 확인할 수 있다. 여기서 우리가 주목할 수 있어야 하는 점은 부동층은 결국에는 투표를 할 사람들이란 점이다. 이 사실을 많은 사람들이 당연하다 여기면서도, 선거 국면에서는 놓치는 경우가 많다. 한국의 선거에서 투표 참여 및 의사에 따른 층위와 각각의 비율은 기권층 30%, 부동층 40%, 기결층 30%로 확인된다. 이러한 현상은 대선, 총선, 지선을 가리지 않고 항상 일정하게 확인되어 왔지만[19], 부동층 유권자의 비율은 통상 '대선-총선-지선' 순으로 높은 경향성은 확인된다. 부동층 유권자의 규모는 선거 구도가 경쟁적일수록, 캠페인 메시지의 설득력이 동등할수록 증가하는데[20], 한국에서 선거의 중요도는 동일 순서로 높게 인식된다는 점에서 해당 경향성이 발생한 이유는 충분히 짐작된다.

선거	21대 국회의원 선거(2020)				20대 대통령 선거(2022)			
투표층/ 기권층	65.3 / 34.7				77.1 / 22.9			
구분	투표 결정 시기	시기별 비율	누적	층별 비율	투표 결정 시기	시기별 비율	누적	층별 비율
부동층	투표 당일 1~3일 전 4~6일 전 1주일 전 2주일 전	6.50 12.4 5.8 10.3 7.0	65.3 58.7 46.3 40.6 30.3	35.0	투표 당일 2~3일 전 1주일 전	5.1 11.9 8.8	77.1 72.0 60.2	25.8
기결층	3~4주 전 1달 이전	4.5 18.8	23.3 18.8	30.3	약 3주 전 1달 전 경 1달 이전	11.2 7.8 32.3	51.3 40.1 32.3	51.3
자료 출처	이재철 · 손려원(2023)				유재성(2022)			

주1 : 부동층과 기결층은 투표 결정 시기를 기준으로 분리됨. 학자들마다 어떤 시기를 기준으로 둘을 구별하는지는 상이하지만, 통상 1~2주 전에도 투표 결정을 하지 않은 계층을 부동층으로 정의함.

주2 : 대선은 공식 선거운동 기간이 선거일 이전 23일, 총선과 지선은 선거일 이전 14일임. 이때, 선거 당일은 제외됨.

주3 : 우측의 원자료는 투표자 내의 비율만 제시하고 있어, 투표율을 곱하여 활용함.

출처 : 이재철 · 손려원(2023), 유재성(2022)의 자료를 바탕으로 저자 작성

한편, 20대 대선에서는 흥미로운 현상이 발생했다. 공식 선거운동이 시작하는 시점에 이미 전체 유권자의 절반이 투표 의중을 결정한 상태였다. 이는 선거가 경쟁적일수록 부동층 비율이 상승한다는 기존의 연구 결과와 상충된다. 대선은 원래 가장 경쟁적인 선거이기도 하지만, 지난 선거는 0.7%p 차이라는 박빙의 결과뿐만 아니라, 과정

역시 손에 꼽을 만큼 경쟁적인 선거였기 때문이다. 관련된 연구가 존재하지 않아 저자들의 단순한 추측에 불과한 이야기지만, 아마도 이러한 현상은 경쟁적인 것 이상으로 각 후보의 설득력이 너무 비대칭적으로 다가왔기 때문에 발생한 것이라 추측된다. 역대급 비호감 선거였던 탓에 많은 유권자들이 반드시 어떤 후보를 찍어야겠다는 판단보다는 반대 진영은 절대 찍지 않으리라는 판단이 확고히 들었고 반대쪽 말에는 이미 귀를 닫았던 것이다.

셋째, 부동층에는 '샤이 계층'이 상당수 포함되어 있다. 이들은 사실은 투표 의중과 향방이 거의 결정되어 있었지만, 설문조사 단계에서 의사를 불명확하게 표현하였거나 고민을 끝까지 거듭한 유권자들이다. 이들의 정체 혹은 내막을 밝혀내기에는 대단히 어렵다. 부동층에 대한 분석은 블랙박스의 내막을 알아보는 즉, 보이지 않는 것을 보아내는 작업이기 때문이다.

한편, 부동층을 파악함에 있어 둘째의 내용처럼 측정 시기도 정말 중요하지만, 측정이란 행위 자체에도 영향을 받는다. 마치 영화 오펜하이머에 나오는 '양자 역학'처럼 말이다. 만약 부동층에 샤이 계층이 상당수 포함되어 있다면, 부동층을 기결층의 탄식만큼 흐리멍병한 계층으로 보는 것에는 다소의 무리가 있다는 사실만은 짚어둘 필요가 있다. 그들은 비교적 확고한 신념을 갖고 있지만 투표 이전에 의견을 밝히지 않은 것일 수도 있고, 오히려 강한 신념에도 불구하고 고민을 거듭하는 가장 건전한 유건자일 수도 있기 때문이다.

부동층의 투표 선택

구분	각 계층의 후보자별 선택 비율	
	이재명	윤석열
기결층(67.7%)	45.59%	54.41%
부동층(32.3%)	54.55%	45.45%
합계	48.48%	51.52%

출처 : 유재성(2022)의 자료를 바탕으로 저자 작성

　　20대 대선(2022)에서 부동층은 결국 어떤 선택을 했을까? 위의 표를 살펴보면, 이재명 후보를 선택했다. 이러한 결과는 자료 출처의 연구에서 밝힌 바처럼 부동층에서 이재명 후보를 선택한 비율이 높은 이유를 이재명 캠프가 부동층 설득에 성공한 것에 있다고 추정할 수 있다. 하지만 부동층 즉, 지지 후보가 없다고 응답한 계층이지만, 이재명 후보에게 웬만하면 투표할 예정이고 확정적 판단만 유예하고 있던 유권자의 비중이 원천적으로 높았을 수도 있지 않을까 하는 추정도 가능할 것이다. 나아가 확정까지 했지만 설문조사에 응답만 하지 않은 '샤이 진보'도 상당수 존재했으리라는 추정도 가능할 것이다. 대체로 '샤이 계층'은 심판대에 올려진 정당의 지지계층에서 주로 형성되기 때문이다. 대통령 임기 말의 심판론은 웬만하면 여당을 향하기 마련인데, 당시의 여당은 진보 정당이었기 때문이다.

　　넷째, 부동층은 줄여야 하는 존재가 아니라, 설득해야 하는 존재다. 부동층이 적거나 없는 것은 오히려 민주주의에 해롭다. 아마 북

한과 중국이야말로 부동층이 가장 적지 않겠는가. 부동층이 없다면, 정책과 이슈가 확장될 필요도, 생산될 필요도 없기 때문이다. 이는 결국 선거 자체를 할 필요가 없다는 결론으로 이어질 수도 있다. 반면, 기권층은 줄여야 한다. 고민하는 '부동층'은 늘리고, 정치권과의 밀당 한 번 없이 투표 향방을 결정하는 '기결층'과 투표 자체를 포기하는 '기권층'을 줄이는 것이야말로 민주주의의 건강한 방향성이다.

5. 투표 변경 : 유권자는 어떤 경우에 지지하는 후보 혹은 정당을 변경할까?

모든 직업에는 나름의 감격적인 순간들이 있다. 가령 교사는 문제 아의 개과천선, 변호사는 새로운 대법원 판례 만들기, 의사는 생사를 오가는 환자를 살려내기 정도가 각각의 직업에서 가장 큰 보람을 느 끼는 순간일 것이다. 정치인에게 있어 가장 감격적인 순간은 상대 진 영의 지지자를 자신의 진영에 투표하게 만드는 일일 것이다. 양극화 가 극에 달한 요즘에는 과연 이런 일이 일어날 수 있을까 싶기도 하 고, 어떤 측면에서는 마치 연인 관계에서 바람을 종용하는 것처럼 여 겨지기도 한다. 명절마다 정치 문제로 가족 사이에서 다툼이 일어난 다는 소식을 돌이켜보자면, 정당일체감이 가히 혈연에 비할 수 있을 정도의 유대인가 싶기도 하기 때문이다.

투표자는 변경의 관점에서 크게 세 가지로 나누어진다. 특정 후보 (정당)를 일관되게 지지하는 유권자인 '일관 투표자', 선거 과정을 통 해 지지 후보를 변경하는 '변경 투표자', 지지 후보(정당)가 미결정 상 태이다가 선거장에서 비로소 투표를 하는 '지연 결정 투표자'다. 우리 는 언제나 투표가 끝나고 나서 즉, 투표의 결과를 보고서 투표를 평 가한다. 하지만 결과 확인 이전의 시점에서 보자면, 직전의 부동층 주제에서 확인했듯 일관 투표자들 중 상당수(20대 대선 기준, 전체 유 권자의 약 50%)는 기결층이다. 기결층은 선거와 관련된 정보를 자신만의 투철한 프레임으로 소화한다. 박원순 서울시장의 미투가 발생했을 때, 피해자를 '피해 호소인'이라 명명한 사건이 대표적이다. 반면, 부동층의 마음을 돌릴 여지는 충분히 존재한다. 그들이 이미 특정 정당에 어느 정도 마음이 기울어 있더라도 말이다. 즉, 변경 투표자와 지연 결정 투표자는 부동층에서 주로 발생한다. 무엇보다 둘은 부동층과 아주 많은 특성을 공유하고 있다. 이들이 투표를 변경하는 이유는 무엇일까?

첫째, '사회적 압력'이다. 유권자는 자신의 주변의 다수가 지지하는 후보가 존재하는 경우에 받게 되는 압력은 유권자의 투표 향방을 변경하게 된다. 이들을 '사회적으로 정렬된 유권자'라고 부르는데, 해당 정렬성은 그 속의 유권자로 하여금 주변에 동조하도록 만든다[21]. 이러한 동조화 현상이 항상 부모님이 자식에게 강요하는 식의 강제적 압력의 결과물은 아니란 점에 주의해야 한다. 자신이 속한 환경 내에 존재하는 누군가의 권유 내지는 요구가 없었을 것이라 단언할 수는 없지만, 유권자의 표심이 그것만으로 움직이지는 않을 것이다.

유권자는 이념적 구역이 나누어지지 않더라도, 사회경제적 지위를 공유하고 비슷한 생활을 하는 사람들끼리 모이는 지리적 정렬(geographic sorting)에 영향을 받으며 자연스럽게, 때때로는 자발적으로 표심을 변경하게 될 수도 있다[22]. 사람은 학교, 주거, 직장 등의 여러 사회에 걸쳐 산다는 점에서, 유권자가 스스로의 정체성을 어떤 단위의 사회에 의탁하는지에 따라 변경의 방향성은 달라질 수 있다. 하지만 '변경 자체'가 사회적 압력을 받아 이루어질 수 있다는 것만은 분명하다.

둘째, '사표 방지 심리'다. 아래의 표를 보자. 사전 조사 기준 심상정 후보에게 투표를 할 것이라 응답한 상당수가 실제 선거에서는 '이재명 후보'에게 투표했다. 무려 71%가 투표를 변경했다. 반면, 이재명 후보와 윤석열 후보에게 투표할 것이라 응답한 유권자의 경우, 실제 선거에서도 절대다수가 기존에 응답한 그대로 각각의 후보에게 투표했다. 이러한 현상이 발생한 이유는 심상정 후보가 어차피 낙선할 것이란 예상 아래 자신의 표가 사표가 되지 않도록 범진보 진영의 대표 후보인 이재명 후보에게 표를 주었기 때문이라 보는 것이 가장 합리적이다. 물론, 윤석열 후보가 당선되는 것이 심상정 후보가 낙선하는 것보다 더욱 걱정이 되었기 때문일 수도 있을 것이다.

20대 대통령 선거(2022)에서의 투표 변경

사전 조사 (투표'할' 후보)	실제 선거(투표'한' 후보)		
	이재명	윤석열	심상정
이재명	95%	5%	0%
윤석열	2%	98%	0%
심상정	71%	12%	17%

출처 : 유재성(2022)의 자료를 활용하여 저자 작성

셋째, '후보 단일화'다. 투표 변경을 논의할 때, 가장 유력한 두 후보 사이에서의 변경을 상정하는 경우가 많다. 하지만 셋 이상의 후보가 존재하는 경우에 '1·2등 후보'가 '3등 이하의 후보'와 단일화를 하게 되면, 후자의 후보의 사퇴로 인해 필연적으로 투표 변경이 발생한다. 단일화로 인한 투표 변경은 앞서의 자연적·자발적인 투표 변경과 달리 인위적이고 강제적이란 점에서 차이가 있다. 한편, 단일화 이후에 남은 후보가 사퇴한 후보의 표를 모두 흡수한다는 보장은 물론 없다. 하지만 기존 후보에게 표를 줄 수가 없게 된다는 점에서 투표 변경이 반드시 발생한다는 점만은 분명하다. '후보 단일화'의 보다 자세한 내용은 [부록]에서 20대 대선과 관련하여 여전히 많은 논쟁이 진행중인 윤석열−안철수 단일화 예시를 통해 알아보도록 하자.

넷째, '양극화 해소'다. 양극화가 심해지면, 투표 변경이 잘 이루어지지 않는다. 일차적으로 생각이 다른 사람들 사이의 자유로운 소통이 이루어지기가 어려워졌을 뿐만 아니라, 이미 각자의 클러스터가 확고해져 있고, 이는 기결층이 두터워졌다는 이야기가 되기 때문이다. 이를 거꾸로 말하면, 양극화 수준이 낮아지면, 투표 변경이 잘 이루어질 수 있다는 이야기가 되고, 이는 정치인이 소위 말하는 '집토끼'를 지키기 위해서는 양극화를 부추기는 게 전략이 될 수도 있음을 시사한다. 경제학적 관점에서 보자면, 정치인의 입장에서는 예측가능성이 확보되는 양극화의 상황이 나을 수도 있다는 점에 우리는 주목할 수 있어야 한다. 설상가상 양당제 체제가 강고하다면, 어차피 둘 중 하나가 표를 가져가기 때문에 정치인의 입장에서는 굳이 양극화를 해소할 필요가 없다.

기우에 불과할 수도 있지만, 정치인의 제일 목표는 언제나 '자신의 당선'이며, 그들은 실제로 만사의 이권에 관여할 수 있는 자리에 올라 있다. 그들은 결코 바보가 아니란 것이다. 정치인들이 이러한 나쁜 의도를 가졌으리라 의심하고 싶지는 않지만, 정치인들의 양극화가 먼저 발생하고 그에 따라 일반 국민들의 양극화가 후행적으로 커지고 있다는 연구[23]와 정치인들의 양극화로 인해 유권자들이 지지할 정당을 잃고 무당층으로 편입되고 있지만 정치인들의 노력이 여전히 부족함을 지적하는 연구[24] 등에서 제시되는 사실에 비추어보자면 유권자가 경계해야 할 거리가 하나 더 늘어난 것만은 분명하다.

대형 선거의 필수 이벤트, '단일화' : 윤석열-안철수 단일화는 유효한 전략이었을까?

단일화는 20대 대선에서 가장 큰 이벤트였지만, 선거 공신들의 해석 전쟁으로 '단일화 결정'의 유효성과 필요성에 대한 판단이 혼탁해졌다. 선거 역시 사람이 하는 일이고, 하나의 서사인 것이다. 즉, 사람과 스토리를 포함시키면, 판단이 흐려질 수밖에 없다. 누가 단일화를 지지하였느냐 혹은 어떤 과정을 겪었느냐를 제외하고, 숫자만을 남겨보자. '윤석열-안철수 단일화'의 유효성을 판가름하는 기준은 의외로 간결하다. 다음의 조건들이 성립하면 된다.

단일화의 '유효성' 기준 – 단일화가 이루어진다는 전제 下

(조건1) 안철수 후보를 지지했던 유권자들의 표는 이재명 후보보다 윤석열 후보에게 더욱 많이 향했다.

(조건2) 윤석열 후보는 단일화로 확보한 득표 격차 덕에 승리했다. 즉, (조건 1)로 인한 추가 득표가 없었다면, 패배했다.

단일화의 '필요성' 기준

(강 조건) 단일화가 이루어져'만', 윤석열 후보는 승리한다.

(= 단일화가 이루어지지 않으면, 윤석열 후보는 패배한다.)

(약 조건) 단일화가 이루어지면, 윤석열 후보는 승리한다.

*단일화가 이루어지지 않아도, 윤석열 후보가 승리할 수는 있다.

20대 대선의 부동층과 이동 투표자의 특성과 투표 선택을 분석한 논문[2526]에 따라 관련 내용을 살펴보자. 현재 시점에서는 尹-安 단일화에 대해 분석한 유일한 공개 자료다. 한편, 단일화의 효과를 판단하기 위해서는 '안철수 후보를 지지했던 유권자의 표심'을 '추적'하여 조사했어야 한다. 즉, 일회성 조사로는 투표 변경을 확인할 수가 없다. 같은 사람들 혹은 최소한 안철수 지지층에 대한 반복적인 조사가 필요하다.

단일화의 '유효성' 기준 – 단일화가 이루어진다는 전제 下

(조건1, 성립) 안철수 후보를 지지했던 유권자들의 표는 이재명 후보보다 윤석열 후보에게 더욱 많이 향했다.

안철수 후보에게 투표할 것이라 응답했던 유권자의 최종 선택

실제 투표한 후보	비율	호오도	각 후보에게 투표한 주요 이유
이재명	33.0%	4.52	능력/경력(35.71%) 공약(21.43%)
윤석열	60.6%	7.04	소속정당(22.08%) 당선가능성(14.29%)
심상정	3.9%		
기타 및 불참	2.5%		

주 : (호오도) 0이 가장 비선호, 10이 가장 선호임.
출처 : 유재성(2022)의 자료를 바탕으로 저자 작성

위의 표에서 확인되는 것처럼 안철수 후보 투표예정자 중 압도적

인 비율(60.6%)이 최종적으로 윤석열 후보에게 이동했다. 이는 안철수 후보 투표예정자 중에서 차선으로 윤석열 후보를 염두에 둔 사람이 이재명 후보를 염두에 둔 사람보다 2배 많았음을 의미한다. 단일화를 하기만 하면, 무조건 윤석열 후보에게 이득이 되는 상황이었던 것이 분명했다는 사실만은 (조건 1)을 통해 확인된다. 게다가 안철수 후보에게 투표할 사람들은 윤석열 후보를 이재명 후보보다 더욱 선호했었다는 사실을 '호오도' 열을 통해 또 한 번 확인할 수 있다.

(조건2, 성립) 윤석열 후보는 단일화로 확보한 '격차' 덕에 승리했다. 즉, (조건 1)로 인한 추가 득표가 없었다면, 패배했다.

단일화가 '선거 승리에 결정적인 선택'이었을까? 이는 (조건 1)에서 확인한 '이익이 되는 선택'이었냐와는 또 다른 이야기다. 윤석열 후보가 '단일화로 추가로 획득할 표'가 '이재명 후보가 장차 윤석열 후보에 앞서게 되는 표 격차'보다 작다면, 그를 더해봐야 이재명 후보의 최종 득표율보다 적을 것이기 때문이다. 즉, 단일화가 윤석열 후보의 당선에 결정적이었다고 평가하기 위해서는 '안철수 표'가 없었다면 이재명 후보에게 패배했을 터이지만, 그를 확보한 덕에 승리했던 것이어야 한다.

윤석열 후보와 이재명 후보 득표율의 구성

득표율을 구성하는 계층	각 후보별 득표율 구성(%p)	
	윤석열	이재명
기결층	21.2	18.8
부동층	14.6	17.6
변경층(안철수 표 제외)	8.0	7.9
안철수 표 제외 득표율	43.8	44.3
안철수 표	7.5	4.1
후보별 총 득표율	51.5	48.4

주 : 변경층(안철수 표 제외)은 사전 조사에서 심상정 및 기타 후보를 지지할 것이라 응답한 유권자들로부터 획득한 득표율을 말함.
출처 : 상동

위의 표에서 확인할 수 있듯, 단일화를 하지 않았다면 윤석열 후보는 패배했을 수 있다. '안철수 표 제외 득표율'인 기결층과 부동층, 변경층(안철수 제외)의 합이 이재명 후보가 더욱 높았지만, 안철수 표를 합쳐야 윤석열 후보의 득표율이 비로소 이재명 후보보다 높아지기 때문이다. 즉, 윤석열 후보의 당선에 있어 안철수 후보와의 단일화는 결정적인 요인이었다.

종합하자면, 단일화의 유효성은 성립한다. 하지만 해당 유효성은 단일화가 이루어질 것이라 혹은 이루어졌다고 전제한 분석이다. 즉, 단일화가 원천적으로 이루어지지 않았을 때의 표심이 어떻게 되었을지를 확인할 필요가 있다. 그를 확인해주는 것이 바로 '필요성' 논증이다. 이때, 주의할 점은 필요성이 성립하지 않는다고 해서 단일화가 잘못된 선택이었다 할 수는 없다는 점이다. 단일화가 '잘못된 선택'이라 주장하기 위해서는 유효성이 성립하지 않았어야 한다. 즉, 괜히 단일화 옵션을 선택해서 패배했어야 하는 것이다. 무엇보다 단일화 옵션이 선거 승리 차원에서 유효한 선택인 이상, 의사결정권자인 후보가 그를 선택하지 않아야 할 이유는 없다. 선거는 승리하기만 하면 되는 게임이지, 압도적 승리가 아닌 이상 득표 격차에는 큰 의미가 없다.

단일화의 '필요성' 기준

(강 조건, 확인 불가) **단일화가 이루어져야만'**, 윤석열 후보는 승리한다.

(= 단일화가 이루어지지 않으면, 윤석열 후보는 패배한다.)

쉽게 말해, 단일화가 부재했다면, 윤석열 후보는 선거에서 승리할 수 없었다는 것이다. 이를 확인하기 위해서는 '단일화가 없었다면?'이라는 가정이 요구된다. 하지만 해당 가정을 전제한 상황에 대한 엄밀한 검증은 불가능하다. 현실 세계에서는 단일화가 채택되었기 때문이다. 이를 검증하기 위해서는 타임머신을 타고 과거로 돌아가서 단일화를 저지한 후, 여론조사를 실시해야 한다. 하지만 이는 과학적으로 불가능한 일이다. 따라서, '확인 불가'라고 결론짓는 것이 합리적일 것이다.

비록 실증적인 증거는 없지만, 20대 대선(2022)은 여론조사 상으로는 윤석열 후보가 뒤처진 경우가 거의 없었다. 설상가상 양당제 환경에서 어쩌면 후보 지지율보다 중요할 수 있는 정권 교체론은 정권 유지론에 선거 직전 3개월 동안의 모든 조사에서 앞섰다. 즉, 윤석열 후보가 웬만하면 앞서는 선거였다. 해당 추이에 따르자면, 윤석열 후보가 단일화가 없었으면 패배할 선거였다고 보기에는 무리가 있다. 즉, (강 조건)은 엄밀하게는 '확인 불가'이지만 귀납적으로 굳이 답을 하나 정해보자면 성립하지 않는다고 보는 것이 보다 타당할 것이다.

(약 조건, 성립) 단일화가 이루어지면, 윤석열 후보는 승리한다.

*단일화가 이루어지지 않아도, 윤석열 후보가 승리할 수는 있다.

이상의 내용은 앞서의 '유효성' 검증을 통해서도 확인된 내용이고, 무엇보다 실제 선거 결과가 강력한 증거다. 즉, (약 조건)은 성립한다.

하지만 전략의 관점에서 추가적으로 논의할 내용은 존재한다. 이러나저러나 윤석열 후보가 승리할 것이었지만, 오히려 단일화가 악수가 되어 득표율이 낮아졌을 가능성을 따져봐야 한다는 것이다. 일각의 '단일화가 없었다면, 이재명 후보 측의 결집 효과도 없었을 것'이란 주장이 이에 해당한다. 해당 주장도 일리가 없지는 않다. 결과론적으로 이재명 후보는 '부동층'의 표심에서 많은 이득을 본 것은 사실이기 때문이다. 하지만 해당 의견에는 강력한 결점이 있다. "단일화만 없었다면, 부동층 중 '지연 결정 투표자' 혹은 '샤이 계층' 등이 이재명 후보에게 투표하지 않았을 것"이란 전제가 성립해야 한다. 다른 후보에게 투표를 했든, 투표 참여 자체를 하지 않았든 말이다. 물론 본 문단의 내용 역시도 엄밀하게 확인할 수는 없다.

다만, 당시 선거에서 투표 참여와 향방의 결정을 유의미하게 유예한 즉, 두드러지는 부동층은 최근 10년 지속적으로 높은 투표율을 보여온 젊은 여성층이었다. 이들의 적극적 투표 참여는 '단일화'보다는 이준석 대표의 '여성의 낮은 투표 의향'과 '20대 여성 어젠다 실현 난해' 발언과 일부 언론의 왜곡 한 스푼이 얹어지며 이루어진 여론 변경으로 이루어진 것이다. 즉, 단일화로 '인해' 결집되었다고 보기는 어렵다. 이 역시도 사실과 관련된 논란이 존재하기에 차치하고, 끝으로 의사결정 사고 실험을 해 보자.

당신이 윤석열 후보였다고 가정해 보자. 단일화를 옵션을 채택하겠는가? 배제하겠는가? 웬만하면 전자일 것이다. '그들은 투표하지 않을 거야'라는 인식을 갖는다는 것은 안일한 접근일 뿐만 아니라, 유권자로 하여금 투표를 포기하게끔 만드는 것은 정말 불확실성이 큰 전략이기 때문이다. 해당 전략을 통하게 만들려면 기권이 예정된 계층을 확실히 절망시켜야 하는데, 이런 감정이 핵심 변수인 전략은 접근이 난해할 수밖에 없다. 안철수라는 한 명의 사람만 설득하면 되는 단일화라는 확실성이 높은 옵션이 있다면, 그를 추구하는 것이 더욱 안정성 있는 전략이란 것이다. 선거는 PASS-FAIL 게임이란 점에서 어느 정도 승리가 예측되는 상황에서 더욱 중요한 것은 확실성이지, 보다 높은 득표율이 아니기 때문이다.

결론하자면, 윤석열 후보의 단일화 선택은 유효한 선택이었고, 약한 필요성을 가진 선택이었다. 선거 승패의 실익 측면에서 단일화 옵션을 선택하지 않을 이유가 전혀 없었다.

한편, 윤석열 후보가 '정치 신인'이었다는 점에도 주목할 수 있어야 한다. 서울대학교 한국정치연구소에서 발표한 20대 대선 패널데이터를 분석한 논문[27]에 따르면, 정치 신인이었던 윤석열 후보의 지지율 상승은 전통적인 정치 요인인 유권자들의 정당 지지, 이념 성향, 문재인 정부에 대한 평가 등과 통계적 유의성이 떨어졌지만, 양강 구도, 단일화 등의 외부 요인은 통계적으로 유의미한 영향을 미친 것으로 확인됐다. 윤석열 후보가 신인이었던 탓에 히스토리가 없어 유권자들이 그에 대한 통상적인 정치적 평가를 하기 어려워했다는 것이다. 반면, 이재명 후보의 경우에는 전통적인 정치 요인의 영향을 강력하게 받았다. 종합하자면, 윤석열 후보의 당선에 있어 단일화는 결정적인 영향을 미쳤을 뿐만 아니라, 오히려 전통적인 요인보다 통계적으로도 합리적인 설명이 가능한 변수였다는 것이다.

6. 선거 승리와 세대
: '세대포위론'은 유효한 전략이었나?

청년, MZ와 같은 낱말들이 정치에서 전면화되기 이전에도 정치영역에서 '세대'라는 렌즈는 항상 중요했다. 다만, 성별, 지역, 해외의 경우 인종이 더욱 강조되었을 뿐이다. 세대가 과거에는 현재보다 차순위의 이슈였던 이유는 과거에는 '세대'와 '연령'이 구별되지 않는 이슈였기 때문일 것이다. 풀어 말하자면, 태어난 시점이 결정하는 '세대'는 다르더라도, 내가 장차 윗세대의 연배가 된다면 비슷한 삶을 살 것이라 예상되었던 탓에 세대보다 '연령'이 더욱 중요했던 것이다. 즉, 현재의 고달픔이 언젠가 해소될 것이라는 기대가 존재했던 것이다.

하지만 한국도 장기침체의 서막에 진입했고, '아들이 아버지보다 못 사는 세대'가 최초로 등장할 조짐이 보이기 시작했다. 청년 계층이 현재의 내 나이에 부모님은 취업도 했고 결혼도 했는데 자신은 그렇지 않다는 것을 확인하기 시작하면서, 유권자들에게 세대라는 요인이 성별, 지역, 인종과 같이 극복 불능의 고정요인으로 여겨지기 시작한 것이다. 즉, 최근 젊은 세대에게는 '어떤 시대에 태어났느냐'가 '성별'이나 '인종'처럼 전혀 다른 삶을 선사하는 강력한 초기 요인으로 인식된다는 것이다. 이러한 경우, 개별적인 극복이 아닌 사회적 단위의 개혁이 필요하다는 생각이 들게 되는 것은 당연한데, 이것이 최근 들어 단순한 표현을 넘어 이해관계의 일환에서 세대가 부쩍 강조되는 이유일 것이다.

정치에서 세대가 고정적 요인이 된다면 어떤 현상이 발생할까? '세대별 인구수'가 선거의 결과를 결정하게 될 것이다. 즉, 정치인들의 정치적 노력보다 '시간'이란 자연의 영향이 더욱 강력하게 작용할 수 있다는 것이다. 시간이 흐르면, 죽음 등으로 인해 세대별 인구의 모수 자체가 바뀌기 때문이다. 이는 '정치인들이 노력하기에 달린 거지!'라는 말로 퉁치기에는 중요한 관점이다. 단적으로, 세대 단위에서 노인이나 이대남이 민주당을 지지하거나 이대녀, 삼대녀가 국민의힘을 지지하는 일이 발생할 것이란 기대가 쉽사리 되는가? 혹시 가능하다면 어떤 방법으로 얼마의 기간 내에 그를 실현시킬 수 있으리라 생각하는가?

이에 반해, 그리 머지않은 미래에 전체 유권자 중에서 60대 이상의 연령층은 평균 수명의 영향으로 그 비율이 확연히 줄어들 것이란 점만은 확실하다. 즉, 얼핏 간단하게 생각을 해 보자면 인구의 자연감소는 보수 정당 지지층에서 집중적으로 발생하고 있기 때문에, 전후세대가 주류이자 다수였던 지난 세기에 보수 정당이 유리했던 것처럼, 앞으로 20년은 진보 정당에게 점점 유리해질 수 있다는 것이다. 진보 세대인 4050의 인구수가 이후 세대보다 압도적으로 많기 때문이다.

세대의 정치 성향을 결정하는 요인은 연구에 따라 다르지만, 크게 세 가지로 나누어진다. 부모가 결정하는 ⑴ 초기 정치 성향, 시대적 환경 혹은 거대한 사건이 결정하는 ⑵ 기간 효과, 나이의 영향을 받는 (3) 연령 효과다. 이들은 원인과 결과의 역할을 뒤바꿔가며 영향을 주고받는다.

정치 성향의 '세대'별 변화와 특징(2019)

세대 (년생)	정치성향		연령 효과	특징
	과거	현재		
이전 세대	보수	보수	O	해방 세대, 전쟁 세대 고령일수록 연령효과 强
60~64	진보	보수	O	386 운동권 세대 연령 효과 본격화
65~69	진보	진보	△	386 운동권 세대
70~74	진보	진보	△	X세대, IMF 세대, 가장 진보적
75~79	진보		X	대학진학률 50% 초과
80~84	진보		X	대학진학률 70% 도달
85~89	보수		X	에코 세대, 취업 · 결혼 어려움
90~94	보수		X	에코 세대, 가장 보수적
95 이후	구별되지 않음		X	Z세대, 스마트폰 세대

주1 : 연령 효과가 발생하지 않은 경우에는 과거와 현재의 정치성향을 구분하지 않음.
주2 : 배경이 색칠된 부분이 '진보 블록'임. 주3 : 95년생 이후는 데이터가 부족함에 주의.
출처 : 최슬기 · 이윤석 · 김석호(2019) 바탕으로 저자 작성

고려대학교 한국사회연구소에서 발표한 논문[28]은 한국종합사회조사를 바탕으로 2010년부터 2018년까지의 한국의 세대별 선거 경향성을 분석했다. 해당 논문은 계층, 지역, 교육 수준, 조사 시점의 정권을 포함한 시기별 특성[29]에 따른 기간 효과, 나이에 따라 자연스럽게 정치 성향이 변하는 연령효과를 모두 통제하고 '세대'에만 주목했다.

정치인들은 알려주지 않는 정치이야기

즉, 세대 외의 변수가 작용할 여지를 줄인 것이다. 이를 바탕으로 하는 표의 시사점은 두 가지다.

하나의 시사점은 60년대생과 90년대생의 정치적 성향이 '보수'로 일치된다는 점이다. 물론 개인 단위로는 정치적 성향이 다를 수 있지만, 세대의 주된 정치적 성향의 차원에서는 그러하다. 지난 대선에서의 중간에 위치한 진보 블록의 포획·고립을 목표로 했던 '세대포위론'이 이로부터 시작된 것이다. 이러한 현상이 발생하는 이유는 두 세대가 부모-자식 관계에 있기 때문이란 평가가 주를 이룬다.

세대에 관한 정치학 연구[30]에 따르면, 정당일체감은 실질적인 정치적 견해를 갖기 이전의 유년기에 부모로부터 물려받아 형성된다. 이후 성장 과정에서 정치를 현실적으로 체감하고 각자의 프레임을 바탕으로 정보를 선별적으로 수용되며 강화되거나 약화된다. 즉, 정치적 견해가 변화할 가능성을 부정할 수는 없다. 그러나 정치적 판단을 하기 위해서는 상당한 정보와 학습 시간이 요구되는데, 청년 유권자들의 경우 진학, 취업, 결혼 등의 여러 생애적 상황에서 어려움을 겪는 탓에 정치적 학습을 할 시간이 부족하다. 이는 부모와 같은 가장 가깝고 영향력이 큰 사람의 선택을 모방하거나 높은 비중으로 혹은 우선적으로 고려하게 되는 계제가 된다. 이는 교육학에서도 어김없이 확인되는 내용으로, 한 개인이 대단히 충격적인 사건을 겪거나 장기의 경험이 쌓이지 않는 이상 부모의 영향은 언제나 가장 강력한 요인이다. 이는 '늙을수록 보수적이고 젊을수록 진보적'이라고 통용되는 상식에 반하는 현상인 MZ 세대의 보수화에도 일정한 설명을 제공한다.

다른 하나의 시사점은 연령 효과와 관련하여 두드러지는 특징은 나이를 먹을수록 보수화되는 '연령 효과'는 만 50세 내외의 시기부터 유의미해진다는 점이다. 현재의 청년 세대의 정치 성향 역시 시간의 흐름에 따라 역시 변할 수 있을 것이지만, 60~80년대생의 사례를 보았을 때, 오랜 기간 지속될 확률이 클 것으로 추측할 수 있다. 하지만 부모가 설정한 초기값이 그토록 중요하다면, 전후세대 이후로 모든 세대가 보수 성향을 가졌어야 한다. 하지만 우리 모두가 알다시피 참전 세대가 전후에 낳은 N86세대는 진보적인 세대다.

소결하자면, 부모가 자식에게 설정해준 정치적 성향의 초기값의 영향력은 꽤 크지만, 중대한 세대적 경험을 하게 되면 정치적 성향이 얼마든지 변모할 수 있고 그럼에도 불구하고 50세부터는 나이를 먹음에 따라 보수 성향으로 수렴하게 된다는 것이다. 이는 곧 보수 성향의 노인 인구가 장차 줄어들게 되더라도 새로이 유입되는 보수적 성향의 노인들이 연령 효과로부터 비롯될 수도 있다는 것이다. 한편, 아직 95년생 이후 세대의 종합적인 정보를 포함한 연구가 아직 충분히 제시되어 있지는 않다. 부분적인 연구나 언론 보도에서 주목하는 95년생 이후 세대에게 유의미한 기간 효과는 '세월호'와 '페미니즘'이다. 전자는 동일 세대의 사건이었다는 점에서 해당 세대 전체에게 새누리당에 대해 비판적인 스탠스를 갖도록 영향을 미쳤고, 후자는 여성은 진보 정당, 남성은 보수 정당을 지지하도록 영향을 미쳤다.

최근 대단히 특이한 일이 발생했는데, 2030 세대 내에서 성별에 따라 투표에 향방이 갈리는 현상이 지속적으로 확인되고 있다. 이는 최근에서야 처음 등장한 즉, 한국 정치에서는 아주 생소한 현상이다. 두 대통령 선거의 결과를 비교하는 아래의 그림을 보자.

18대 · 20대 대통령 선거에서의 : 연령별 · 성별 출구조사 결과

	문재인	박근혜	이재명	윤석열
20대 이하 남	62%	37%	36%	59%
여	69%	31%	58%	34%
30대 남	68%	32%	43%	53%
여	65%	35%	50%	44%
40대 남	59%	41%	61%	35%
여	52%	48%	60%	36%
50대 남	40%	59%	55%	42%
여	34%	66%	50%	46%
60대 이상 남	28%	72%	30%	67%
여	27%	73%	31%	67%

주 : 비밀투표 원칙에 따라, 실제 투표 결과를 확인할 수 없어 출구조사 결과를 활용함.
출처 : 각 선거의 KBS, MBC, SBS 출구조사 결과를 종합하여 재구성

한국의 선거 결과는 좌측의 18대 대선과 같이 세대 내의 투표 결과는 성차가 없이 항상 일치됐다. 즉, 세대 요인이 항상 성별 요인보다 강력한 요인이었다. 하지만 20대 대선과 직후의 지방선거 데이터를 보면, 세대 내에서 성차가 존재하게 되었다. 20대 대선 기준, 20대(주로 90년대생)의 경우, 둘 사이의 격차가 상당하다는 점이 괄목할 만하다. 당시 이재명 후보가 여성 표가 달아날 악재를 너무 많이 가지고 있었다는 점을 감안하면, 20대 남녀의 격차는 더욱 컸을 것이다. 단적으로, 해당 대선의 단 3개월 후에 실시된 지방선거에서 20대 여성은 무려 66.8%가 더불어민주당을 지지했다. 이는, 해당 세대에게 있어서는 지금껏 해온 이야기와 앞의 표의 결과가 무색하게도, 세대 요인이 이전 시절보다 무용해지게 됐음을 의미한다. 여담이지만, 초중고 현장에서 학생들 사이의 젠더 갈등이 현재의 20대보다 더욱 강력하다는 것을 감안하면, 세대 내 성차는 앞으로도 존재할 것이다.

표를 보다 살펴보자면, 18대 대선(2012)과 20대 대선(2022) 사이에는 정확히 10년의 시차가 있다. 즉, 전자의 20대, 30대…는 각각 후자의 30대, 40대…에 해당한다. 20대 대선(우측) 기준, 30대(주로 80년대생)의 경우, 10년 사이에 20%p에 달하는 폭락이 이루어진 것이 특징적이다. 반면, 4050(6070년대생)의 경우, 10년이 흘렀음에도 거의 변화가 없다. 이는 세대별로 고유한 정치 성향이 존재하는 것은 분명한 사실이지만, 시대적 환경이나 정책 이슈에 따라 즉, 기간 효과에 따라 적어도 '청년기'에는 투표 향방이 얼마든지 달라질 수도 있다는 이야기가 된다. 이는 정책 생산성을 위해 '세대' 프레임은 필요하지만, 세대에 귀속된 정치 성향을 단정해서는 안 된다는 것을 시사한다.

　이상의 사실에 비추어보자면, '세대포위론'은 부분적으로만 성립하는 전략이었다. 원천적으로 2030이 '보수 세대'라고 할 수도 없다. 2030을 보수로 전제한 세대포위론은 통계의 함정에 빠진 것으로, 농구선수와 초등학생으로 구성된 집단에 평균 신장의 바지를 팔겠다고 드는 전략을 세운 것과 같다. 무엇보다 세대를 단위로 정책을 생산하거나 선거 전략을 짤 때, 가장 중요한 대전제는 '세대 내의 동질성'인데, 그것이 성립하지 않는 상황이었기 때문이다.

　타겟이 되는 대상에 동질성이 애초에 없었고 심지어 이질성을 부각시켜버린 탓에 주어진 게임을 한쪽에 투자하면 반대가 반발하는 제로섬(Zero-Sum) 게임으로 만들어버렸음을 고려하면, 세대의 의미가 상실되었을 뿐만 아니라, 결과론적으로 지난 대선에서 보수 정당이 시도한 세대 단위의 접근 즉, 세대포위론이 먹혀들었다고 보기는 퍽 어렵다는 것이다. 구호를 만들어 프레이밍하는 것은 선거 선수들의 공을 드높이는 데는 도움이 될 수는 있었겠지만, 정책 홍보의 관점에서는 40대 이상의 연령층에는 '세대' 단위 접근을 하는 것이 유효하고, 2030 세대에는 '성별' 단위로 이슈를 이끌어가는 것이 유효했을 것이다. 20대 대선 당시 국민의힘의 선거 전략이 그러한 전략을 채택했다는 점에서 선거 전략은 타당했지만, '세대포위론'이란 표현은 말뿐인 전략이었다고 보아야 한다는 말을 하는 것이다.

그렇다면, 이러한 현상이 앞으로도 유지될까? 장차 한국 사회의 새로운 유권자가 될 00년대생, 10년대생은 최소한 청년기에는 '젊음' 자체뿐만 아니라 세대적 특질 차원에서도 초기에는 진보적 정치 성향을 가질 확률이 큰 것은 맞다. 역시 부모 세대가 진보적 성향을 가진 세대이기 때문이다. 반면, 정치 성향이 갈리기는 하지만 합계 차원에서는 보수 우위인 90년대생 이후의 세대의 자녀일 20~30년대생은 미증유의 출산율로 인구가 적을 것이다. 즉, 세대 요인 차원에서 이러한 인구통계학적 토양은 앞으로의 시기에서 진보 정당에 유리하게 작용할 확률이 클 것이라 예상할 수 있다. 하지만 장차 발생할 기간 효과를 감안한다면, 그들의 정치적 성향을 각 정당이 어떻게 포섭하느냐에 따라 결과가 크게 달라질 수 있다. 90년대생처럼 세대 내에서도 극단적 성차가 존재할 수 있고, 80년대생처럼 10년 사이에 20%p에 가까운 변동을 보일 수 있기 때문이다.

이상의 내용의 교훈은 각 정당들이 적극적으로 젊은 세대에 선제적인 투자를 해야 한다는 것이다. 선거공학의 관점에서 젊은 세대가 특정 성향으로 고정된 채로 남은 유권자 라이프를 보내게 할 것이 아니라 선제적으로 조치를 취할 필요가 있고, 그러한 시도가 분명 먹혀들 것이기 때문이다. 각 정당들은 자신들만의 솔루션을 제시하여 유권자들에게 성공의 경험을 선사한 후, 종국적으로 정당일체감을 형성시키는 것에 큰 노력을 들일 필요가 있다. 적어도 '세대 관점'에서는 말이다.

7. 지역주의는 '우리가 남이가!'의 경상도와 보수가 만들어낸 것일까?

정답부터 말하고 시작하자. 유권자가 아니라, '정치인'이 만든 것이고, 영·호남 정치인 모두가 지역주의 전략에 천착했다. 본 주제와 관련하여 우리가 주목할 수 있어야 하는 핵심은 '정치인과 유권자의 관계가 '무엇'을 매개로 소통, 연결, 유대, 신뢰하느냐'다. 우리는 선거에 접근할 때 흔히 '정치인의 프로필과 히스토리'만을 생각한다. 즉, 객체에만 관심이 있는 것이다. 하지만 그것만큼 중요한 것이 해당 객체를 관찰하고 판단하는 '주체'다. 유권자들 모두 주체로서의 자신을 정의하는 내용 혹은 방식 즉, 정체성을 갖고 있을 것이다. 그리고 4,400만 유권자는 모두 서로 다른 정체성을 갖고 있을 것이다.

가장 중요한 동시에 안타까운 사실은 그들의 모든 정체성이 선거에서 유효하지 않다는 것이다. 단기 게임인 선거에서의 전략상 모든 정체성을 수렴하는 것은 대단히 비효율적이기 때문에, 정당과 공직 후보자가 그러한 선택을 하기가 어렵기 때문이다. 즉, 주체들로 하여금 스스로를 단순화할 수 있도록 만들어야 선거를 원활하고 쉽게 풀어갈 수 있다. 이때, 가장 효율적인 정체성이 바로 '지역'과 '성별'이다. '부산 사람이라면, OO 후보를 찍어야지!', '군대 다녀온 남자라면, OO 정당에게 표를 줘야지!'라고 생각하게 만드는 것만큼 간명한 선거 전략이 또 없지 않은가.

유권자의 정체성 규정에 있어 '지역'이 중요한 떡밥이 아니라면, 지역주의가 있더라도 그것은 무효했을 것이다. 요즘 최우선적으로 다루어지는 정체성인 '성별'이 과거에는 무의미했던 것처럼 말이다. 일각에서는, 박정희 후보와 윤보선 후보가 격돌한 5대 대선(1963) 당시, 박정희 후보가 영남과 호남에서 모두 승리했다는 것을 근거로 당시에는 지역 갈등이 없었다고 주장한다. 하지만 당시에 지역 갈등이 없었을 리가 없다. 지구촌 어느 곳에서도 정도의 차이는 있겠지만, 시대 불문 지역주의는 존재했고 존재하고 존재할 것이다.

오히려 지역주의 선거가 횡행하는 원인은 지역주의의 존재가 아니라 '지역'이 '선거'에서 가장 중요한 떡밥이 되어버렸다는 경향성의 촉발 그 자체에서 찾아야 한다. 없었던 지역주의를 정치인들이 일부러 만든 것이 아니라, 원래 있던 지역주의를 정치인들이 악용한 것이란 말을 하는 것이다. 그들이 지역주의를 악용한 이유는 자명하다. '지역'을 명분으로 표를 달라고 설득하는 것이 가장 쉽게, 가장 효율적으로, 가장 광범위한 효과를 주기 때문이다.

최근에는 수도권 인구가 전체 인구의 절반이 되고, 과거 전체 인구의 절반에 달했던 영호남 비율이 이제는 20% 선으로 줄어들면서 지역주의의 선거에서의 유효성은 떨어졌다. 무엇보다 39세 이하의 젊은 세대 입장에서는 지역주의가 낡은 개념처럼 느껴진다. 일차적으로 일상에서 영호남 갈등을 겪지 않을 뿐만 아니라, 호남에서 발생한 일련의 현대사의 비극들이 너무 멀게 느껴지기 때문이다. 가령 광복과 5.18의 거리(35년)보다 현재와 5.18의 거리(43년)가 10년 가까이 더 멀다. 광주의 그날에 있었던 학생들 상당수는 환갑을 맞이했을 것이다. 현재는 심지어 00년생이 대졸자인 시절이니 말이다. 586과 X세대가 6.25에 시큰둥한 것과 유사하게 MZ 세대 역시 80년대의 역사에 시큰둥한 것은 어찌 보면 당연하다. 라떼를 담는 찻잔이 전쟁, 산업화에서 민주화 운동으로 바뀐 것이다. 이는 최근 정치 주류인 586 세대 정치인이 방송에서 과거의 학생 운동 이야기를 귀에 딱지가 않도록 한 탓이기도 하다. 그들이 과거에 했던 노력을 폄훼하고 싶은 의도는 추호도 없지만, 그들의 비상한 사명감은 3선, 4선이란 권력자의 자리에서 내놓기에는 설득력이 떨어지고, 그들이 '호남'을 자신들의 텃밭으로 유지하기 위해서 활용하는 이슈와 프레임은 21C의 한 쿼터가 지난 현재 시점에서 어울리지 않기 때문이다. 그래서 최근 들어 정치인들이 선거를 쉽게 하기 위해 새로 개발한 떡밥이 있는데, 바로 '젠더'다.

직전 주제에서 다루었던 것처럼 18대 대선(2012)에서 남녀의 표는 세대별로 방향성이 일치했다. 성별 갈등이 2012년에 없었을까? 절대 그렇지 않을 것이다. 지금 수준으로 전면화되고 심화된 갈등은 아니었겠지만, 당시에도 성별 갈등은 상당했다. 지역주의는 60년대라는 먼 과거라서 호사가들이 함부로 평을 할 수 있겠지만, 성별 갈등이 상당했다는 것은 우리 모두가 기억하고 있다. 그럼에도 불구하고 과거에는 성별로 표가 갈리지 않았지만, 정치권에서 '젠더 갈등'이 엄청

나게 강조된 20대 대선에서는 2030 세대의 남녀의 표가 완전히 갈렸다. 즉, 존재할 수밖에 없는 '갈등의 존재성' 자체가 문제인 것이 아니라, 이슈와 프레이밍의 문제라는 것이다.

다시 '지역주의' 이야기로 돌아오자. 정치인들이 '지역'을 아주 강력한 변수이자 영향력이 큰 전략 요소로 인지한 것만은 확실하고, 때로는 적극적으로 활용했고, 최소한 그를 무시해서는 당선이 어렵다고 여긴 것도 분명하다. 대표적인 사건이 14대 대선(1992)에서 김영삼 후보 당선을 위해 김기춘 전 법무장관과 부산의 기관장들이 '초원복국'이란 식당에 모여, 그 유명한 '우리가 남이가'라는 표현과 함께 지역감정을 선거에서 활용하여 부산, 경남, 경북의 단결을 모의한 사건이다. 지역감정 해결에 평생을 노력했다고 하는 김대중 전 대통령의 동교동계 역시 13대 대선(1987)에서 '4자 필승론'을 주장했다. 이는 노태우(TK)–김영삼(PK)–김대중(호남)–김종필(충청)의 네 후보가 출마하게 되면 영남 표는 노태우와 김영삼이 서로 표를 양분하게 될 것이니, 인구 비율에 따라 김대중 후보가 호남에서 몰표를 얻고 수도권에서 선전하면 대선에서 승리할 것이라며 단일화를 할 필요가 없다고 한 선거전략이다. 물론 노태우 후보가 충북에서 승리해버리면서 해당 전략은 수포로 돌아갔지만, 지역감정의 피해자로 여겨지던 호남의 대표 후보 역시 지역감정에 최소한 미필적으로 의지해서 선거에 임했다는 것만은 분명하다.

지역적인 이해관계를 우선시하는 것이 비단 한국만의 일은 아니다. 학술적 관점에서 지역주의(regionalism)는 그것의 복잡다난한 정의에도 불구하고, 기본적으로는 건전한 표현으로, 종합해보자면 지역의 독자성과 특수성을 살리고 지역 내의 자치성을 추구하고자 하는 관점을 의미한다. 지역화(regionalization)의 경우, 반드시 지역의 기준이 시·도일 필요는 없지만, 포괄적으로 투자와 거래가 지역 내에서 지역 외부보다 더욱 원활히 이루어질 수 있도록 하는 경제적 과정[31]을 의미한다. 국내뿐만 아니라 해외에서도 지역주의와 지역화를 구별하기가 어려운 실정이다. 결국 표는 이권에서 비롯되는 것이기 때문이고, 지역은 정말 직관적으로 와닿는 이권의 백그라운드이기 때문이다.

하지만 한국처럼 경제에서 정치와 관(官)의 위력이 막강했고 여전히 강고한 나라에서는 둘을 구별하기가 더욱 어렵다는 사실에 우리는 주의해야 한다. 지역화를 시도하는 것이 곧 정치적 의미의 지역주의적 행동이기 때문이다. 한국에서 선거란 지역의 경제를 사수하기 위해 예산이란 한정된 자원을 두고 벌이는 쟁탈전처럼 여겨지는 이유가 여기에 있다. 나아가 정치인들이 '지역'을 대단히 중요한 정체성인 동시에 선거 떡밥으로 다루어왔으니, 그러한 여겨짐의 정도는 더욱 커지게 됐을 것이다. 앞서의 내용에 본 문단의 내용을 적용해보자면, 과거에는 '지역'을 단위로 이권이 분배된다고 생각하니 지역 갈등이 생긴 것이고, 문재인 정부 들어서는 '성별'을 기준으로 이권이 나누어진다고 젠더 갈등이 생긴 것이라 할 수 있겠다.

지역을 앞세우는 선거전략은 정말로 구태적인 접근이며, 다른 이슈를 잠식하는 최악의 선거 전략이다. 이 책에서 가장 자극적인 표현을 쓰자면, 지역민을 노예화하는 전략이다. 해당 지역에 태어났다면, 다른 생각을 할 수도 요구를 할 수도 없는 환경을 강요하고 강제하는 일이기 때문이다. 젠더 역시 동일하다. 최근 선거에서 많은 나쁜 정치인들이 청년들을 성별에 종속된 좀비로 만드려는 시도를 했는데, 우리 유권자들은 그에 부화뇌동하지 않고 그러한 나쁜 시도를 단호히 거부할 수 있어야 한다. 세금 쓰는 사람이 되겠다면서 선거를 대충 하려 드는 것은 그야말로 도둑놈 심보이지 않은가.

　정치인들만을 탓할 수는 없을 것이다. 유권자들 역시 이를 인식하고 정치인들이 정책에 집중하는 선거를 할 수 있게 단호한 시그널을 줄 수 있어야 한다. 이는 유권자의 몫이다. 정치인들의 의정 활동이 자기주변, 출신지역구 또는 출신지역에 혜택을 제공하는 수혜중심의 활동에 집중되어 있으면, 정치인과 유권자의 관계가 사적이고 특혜중심적으로 흘러간다. 하지만 정치인들의 의정 활동이 정책중심적인 경우에는 정치적 자원이 다양한 계층 간에 재분배되게 된다[323334]. 우리 유권자들이 정치인들이 꿀을 발라 내놓는 간단한 정체성에 반응하지 말고, 자신을 더욱 적실하고 소중하게 이해하여 선거에 임할 수 있는 유권자로 거듭난다면 우리 정치도 더욱 일신할 수 있을 것이다.

8. 정말로 부자는 보수 정당을 지지하고, 빈자는 진보 정당을 지지할까?

계급(class)이란 대규모 사회집단들의 상대적인 경제적 위치를 말한다. 부(富)와 직업, 소유한 재산, 생활양식 등과도 연관된 개념이다. 계급이 반드시 경제적 계층으로 결정되는 것은 아니다. 권력이 있거나 존경을 받는 사람들 중에서는 비록 드물지만 누릴 것은 웬만큼 누리면서 실제 경제력은 부족한 경우도 존재한다. 무엇보다 지위(status)라는 타인의 인식에 의해 결정되는 사회적 위치 역시 계급만큼이나 계층의 관점에서 중요하게 작용한다. 하지만 국가를 범위로 크기가 천만 단위인 집단을 분석할 때는 경제적 능력이 가장 기초적인 동시에 비례성과 선명성을 가진 기준인 것은 부정할 수 없다. 즉, 현대 자본주의 사회에서 한 사람의 사회적 형편을 판단하기 위한 가장 적실한 기준은 단연 '경제력'이다. 그렇다면, 누가 부자이고, 누가 빈자일까? 부자도 빈자도 아닌 계층 즉, 중산층의 두께는 어느 정도일까? 이번 주제의 내용을 알아보기 위해서는 계층에 대한 정의가 확실히 되어야 할 것이다.

부자와 빈자를 나누기에 앞서 어떤 기준을 활용할 것인가를 먼저 따져봐야 할 것이다. 가장 많이 활용되는 지표는 '소득'과 '자산'이다. 간단하게 전자는 월급이나 연봉이 얼마냐에 관한 것이고, 후자는 얼마나 저금했는가 혹은 부동산은 있는가, 보험이나 연금은 충분하게 확보했는가 등에 관한 것이다. 이와 관련하여서는 이론 역시 존재한다. Downs의 연구[35]에 따르면, 소득 수준이 높은 유권자일수록 우파정당을 지지하고, Lewis-Beck과 Nadeau의 연구[36]에 따르면, 보유 자산이 많을수록 우파정당을 지지한다. 둘은 양립 가능하다.

다음으로, 단위 역시 중요하다. 경제적 계층을 다룰 때는 통상적으로 개인보다는 '가구'를 단위로 잡는 경우가 많다. 한 개인의 생계는 가구를 단위로 형성되는 것이기 때문이다. 이때의 가구에는 당연히 '1인 가구'도 포함된다. 가구'소득'을 기준으로 하는 연구에서는 계급 배반 투표가 여러 차례 확인된다. 즉, 부자가 진보 정당을 지지하고, 빈자가 보수 정당에 투표하는 경우가 발생했다. 반면, 가구'자산'을 기준으로 하는 연구에서는 비록 상관성 혹은 통계적 유의성이 낮기는 하지만 계급에 부합하는 투표가 이루어진다는 것이 일관되게 확인된다.

끝으로, 우리의 주제가 정치란 점에서 객관보다는 '주관'이 중요하다. 정치는 실제가 아닌 인식이 결과를 결정하는 영역이기 때문이다. 억대 연봉 소득자 혹은 서울 중심지 소유자도 자신이 생각하기에 스스로가 부자가 아니라고 여기면, 다른 투표 행태를 보일 것이기 때문이다. 겸손하려고 하는 소리겠지 설마 그런 사람이 있겠나 싶겠지만, 진지하게 그렇게 생각하는 '객관적 부자, 주관적 중산층'이 의외로 많다. 관련한 통계 자료를 잠깐 살펴보자. KB 경영연구소의 보고서[37]에 따르면, 부자가 생각하는 부자의 주관적 기준은 총자산 '100억

원'[38]이다. 하지만 객관적 기준을 살펴보자면, 통계청의 「2022 한국의 사회지표」에 따르면, 한국의 가구당 평균 자산은 5.5억 원(부채 제외時 4.6억 원)이다. 가구 연평균 소득은 6,414만 원이다. 즉, 순자산이 5억인 어떤 맞벌이 부부가 각각 3~4천만 원(합 7천만 원)의 연 소득을 올린다면, 해당 가구는 확실하게 잘사는 축에 속한다고 봐야 할 것이다. 자산과 소득이 동시에 평균을 상회하기 때문이다. 이제 본격적으로 '소득'과 '자산'에 따른 정치적 성향을 살펴보도록 하자.

서울대학교 한국정치연구소에서 발행된 최신의 계급 투표에 관한 연구[39]를 살펴보자. 해당 연구는 '자산'과 '소득'을 모두 고려하여, 아래의 표와 같이 4개 그룹으로 나누었다. 재밌는 사실은 셋 중 하나가 소득과 자산이 일치하지 않는다는 점이다. 그리고 소득이 낮으면 자산이 적을 가능성이 소득이 높으면 자산이 클 가능성보다 크다는 것이다. 둘 사이의 직선적인 상관성을 확인하는 상관계수 역시 0.45에 불과하다[40]. 이는 벌이가 자산을 결정하던 20세기의 관념이 건국 이후 70여 년의 세월이 누적되어 당시만큼 유효하지 않게 되었다는 것을 의미한다. 자산은 벌이가 아닌 기존 자산이 결정하는 것이기 때문이다.

소득과 자산에 따른 분포와 둘 사이의 상관성

	저소득	고소득	총합
저자산	43.98 %	15.22 %	59.2 %
고자산	16.90 %	23.90 %	40.8 %
총합	60.88 %	39.12 %	100 %

주 : 소득과 자산은 각각의 중위값인 '가구 소득 500만 원'과 '가구 자산 3억 원'을 활용하여 고저를 구분함. 평균은 초고자산가가 포함되는 경우 왜곡의 위험이 있기 때문임.
출처 : 이지은·강원택(2020) 자료를 바탕으로 저자 작성

우리의 관심사는 결국 네 집단의 정치 성향 및 견해, 투표 향방에 있다. 그를 확인하기 위해서는 '주관적 계층의식'과 '주관적 이념성'을 고려할 필요가 있다. 모든 정치와 투표는 '주관'의 산물이기 때문이다. 각각의 집단 성향은 어떻게 확인될까? 제시된 연구는 2017년 대통령 선거에 관한 자료를 활용했다. 당시 한국이 탄핵이란 큰 사건을 겪어 일부의 치우침이 있을 수는 있지만, 특정 계층에만 적용되는 정치적 사건이 아닐뿐더러 다당제 환경이었다는 점 등을 고려하여 본 주제를 설명하기에 적절한 사례가 될 수 있다고 판단했다. 대선의 투표 결과의 경우, 인물의 영향을 받을 수 있기 때문에 네 집단의 지지 '정당'을 바탕으로 내용을 소개하도록 하겠다.

다음 쪽의 표가 알려주는 첫째의 흥미로운 사실은 사람들은 자신의 계층을 실제보다 낮게 생각한다는 것이다. 사람들은 자신이 자산이나 소득 중 어느 하나라도 저층에 해당하는 경우, 웬만하면 자신을 상층이라고 여기지 않는다. 심지어 그들 중 과반이 자신을 하층이라 생각한다. 설상가상으로 고자산-고소득 계층에서도 자신의 계층이 하층이라 믿는 사람이 무려 20%에 달한다. 이는 9등급제인 수능에서 평균 3등급을 받으면 공부를 꽤나 하는 편임에도 좋은 성적으로 보지 않고, 키가 175cm를 넘으면 상위 30%에 해당하지만 그닥 큰 키로 보지 않는 것과 비슷한 현상일 수 있다. 즉, 기대나 바람이 위

를 향하고 있으면, 현실을 실제보다 나쁘게 본다는 것이다.

자산 · 소득별 주관적 계층의식과 주관적 이념성, 지지 정당

		저자산 저소득	저자산 고소득	고자산 저소득	고자산 고소득	전체
종합 비교		약 진보	강 진보	강 보수	약 보수	
계층의식 (%)	하층	72.49	46.01	45.86	17.19	50.70
	중층	24.95	48.47	48.62	53.13	39.29
	상층	2.56	5.52	5.52	26.69	10.01
주관적 이념성		4.75	4.40	5.29	4.69	4.77
가장 좋아하는 대통령	박정희	20.78	8.44	33.72	17.87	20.42
	노무현	55.25	72.73	37.79	57.02	55.36
	기타	23.97	18.83	28.49	25.11	24.22
지지 정당	더불어 민주당	50.33	61.15	32.18	47.41	48.21
	자유 한국당	13.13	5.73	23.56	8.76	12.70
	국민의당	11.38	6.37	12.07	9.96	10.39
	바른정당	5.03	4.46	7.47	8.37	6.16
	정의당	9.63	12.10	10.92	10.36	10.39
	없음	10.50	10.19	13.79	15.14	12.13
평균 연령		48세	40세	54세	45세	47세
학력 : 대재 이상(%)		58.81	84.66	60.22	87.50	69.72

주1 : 내용별로 두드러지는 값들은 회색 배경(세로) 혹은 굵은 글씨(가로)로 표시함.
주2 : 주관적 이념성은 숫자가 작을수록 진보, 클수록 보수에 해당함.
출처 : 상동

이상의 내용의 두 가지 시사점은 정책을 생산하고 선거운동을 할 때, 개별 국민의 사정에 나타나는 악재는 절대 얕잡아 봐서는 안 된다는 것이고, 호재는 그보다 약하게 해석할 필요가 있다는 것이다. 즉, 선거 운영 측면에서는 보수적 관점을 반드시 견지해야 한다는 것이다. 결국 국민들이 정치인에게 우선적으로 바라는 것은 자신의 호재를 더욱 호재가 되게 해주는 것보다 자신의 문제를 해결해주는 것이기 때문이다.

　　둘째, 자산 수준에 따라 굵직하게 진보와 보수가 구분되는 것은 맞지만, 자산 수준이 유사한 집단 내에서는 소득 수준에 따른 정치 성향은 오히려 낮을수록 보수화, 높을수록 진보화되는 경향성을 보인다는 것이다. 먼저, 가장 진보적인 집단은 저자산-고소득 집단이다. 주관적 이념성이 가장 진보적인 집단, 더불어민주당을 가장 열성적으로 지지하는 집단, 노무현 대통령을 가장 좋아하는 집단 셋 모두가 해당 집단이다[41]. 반면, 고자산-저소득은 가장 보수적인 집단으로 확인되었다. 주관적 이념, 지지정당, 선호 대통령의 기준에서 모두 가장 보수적인 결과를 보여준다. 다음으로, 저자산-저소득이 고자산-고소득보다 조금 더 진보적이긴 하지만 그닥 차이가 나지 않는다는 점이 특징적이다.

　　어떤 이유에서 이러한 결과가 나타나는 것일까? 학계의 분석에 따르면, 저소득층의 경우 비록 자신이 저소득층에 해당하더라도 자신의 노력으로 경제적 지위를 상승시킬 수 있다고 믿음[42]이나 재분배 정책이 오히려 자신의 실업 위험을 증가시킬 수 있다는 판단[43]에 의해, 그리고 고소득층의 경우 계급에 기반한 사회적 불만을 억제하기 위한 즉, 부정적 외부효과를 선제적으로 차단하기 위해 진보 정당의 친서민 정책을 지지[44]하는 등의 계급에 위배되는 투표가 이루어질 수도 있다고 본다. 모두 가능한 시나리오고 그런 생각을 하는 사람들이 없지는 않겠지만, 한국적 상황에는 부합하지 않는 설명들일 것이다.

필자들의 생각으로는 대중이 좌우를 구분할 때 진보 정당은 증세를 그리고 보수 정당은 감세를 추구한다고 기대하는데, 모든 집단이 증세를 싫어하기는 매한가지겠지만 캐쉬플로우가 약한 반면 자산 탓에 세금 부담이 가장 큰 고자산–저소득 계층이 증세를 가장 싫어하는 즉, 가장 보수적인 것은 어찌 보면 당연한 일이다. 특히, 선거는 4년 혹은 5년 길이의 게임이고 중간에 여타 선거도 존재하기 때문에, 신호를 보내는 유권자 입장에서는 경제의 차원에서는 중단기적 관점에서 접근을 시도할 공산이 크다. 즉, 당장에 급한 이슈가 있는 경우에는 계급에 위배되는 투표를 할 수도 있는 것이다. 반대로, 저자산–고소득 집단의 경우에는 스스로가 능력도 있고 노력은 했지만 사회가 문제인 탓에 자신의 형편이 나아지지 않는다고 생각할 수 있을 것이다. 즉, 코리안 드림이 통하지 않는 것에 대해 개탄스러워 하고 있는 것이고, 진보 정당을 지지하며 개혁 성향을 견지하는 것이다.

셋째, 정치성향과 가장 유의미한 상관성을 보이는 것은 오히려 '연령'이다. 사실 이것이 가장 합리적인 해석일 것이다. 즉, 소득과 자산이 일부 영향을 미치지만 연령과 그와 결부된 연령 요인이 더욱 강한 영향을 미치는 탓에 정치 성향이 엇갈리게 결정된다는 것이다. 예를 들어, 고자산 계층은 자산가이기에 앞서 고령층일 확률이 크다는 것이다. 해당 연구에서도 '연령'은 통제변수를 어떻게 설정하든 가장 강력한 통계적 유의성을 보인다. 지역보다 강력한 요인이다. 유독 강력한 편향을 보이는 TK와 호남의 인구를 합쳐도 인구 전체에서 20%에 불과하지만, 연령과 세대 이슈는 인구 전체에 영향을 미치는 요인이기 때문이다.

이상의 내용을 정리하자면, 고소득이거나 고자산이라고 하여 즉, 부자라고 하여 반드시 보수 정당을 지지하는 것은 아니지만, 소득과 자산은 투표 향방에 분명한 함의가 있다. 그리고 한국인들의 자신의 경제 계층에 대한 주관적 관념은 '자산'에 더욱 유의미한 상관성을 갖는다. 즉, 자신이 부자인가에 대한 판단은 주로 '자산'을 통해 이루어진다는 것이고, 계급의식도 자산을 위주로 결정된다. 단적으로 '강남 자가 백수'와 '경기도 전세 대기업 사원' 중에 누가 더 부자라고 여겨지는가? 당연히 모두가 같은 대답을 할 것이다.

자산과 관련하여 가장 중요한 것은 다름 아닌 '부동산'이다. 한국 선거에 부동산 이슈가 항상 결정타를 날리는 이유가 여기에 있다. 금융투자협회에서 발표한 주요국 가계자산 구성을 보면, 한국은 비금융자산이 무려 64.4%에 달한다. 미국은 28.5% 일본은 37.0%다. 계다가 상기 연구의 주관적 계층의식 영향 요인을 살펴보면, 자산, 소득뿐만 아니라, '보유주택 수'가 가장 강력한 상관성을 보인다. 오히려 자신의 교육 수준이나 직업은 상관성이 낮을 뿐만 아니라 통계적으로도 유의미하지 않다. 즉, 한국에서는 결국 부동산이 계급을 결정하고, 나아가 부동산 정책이 계급투표의 향방에 아주 강력한 영향을 미치는 것이다.

9. 심판론 : 심판일까? 답정너일까?

*답정너 : 답은 정해져 있고, 너는 대답만 하면 돼

선거의 의미는 두 가지다. 하나는 권력을 위임할 대상을 결정하는 것이고, 다른 하나는 정치적 책임을 추궁하는 것이다. 전자는 앞으로의 예상을 담은 전망적 기대를 바탕으로 이루어지고, 후자는 지나간 일을 돌이켜 생각하는 회고적 평가에 기반해 이루어진다[45]. 경영이나 교육 등의 영역에서도 '평가'라는 행위는 일반적으로 투표를 포함한 모든 의사결정의 기본이다. 우리 모두는 평가를 바탕으로 긍정적·부정적 기대를 형성하고 그에 부합하는 장래의 의사 및 행위를 결정한다. 정치와 선거 역시 예외일 수 없다[46]. 즉, 회고적 평가는 선거의 시발점이자 과학적 판단에 있어서 가장 핵심적인 준거점이다. 한편, 한국의 지난 대통령사를 돌이켜보면 박수를 받고 퇴임한 대통령은 없었다. 이 말인즉, 회고적 평가가 적실하게 선거로 이어졌다면, 정권은 매번의 대통령 선거마다 교체되었어야 한다. 하지만 그렇지 않았다. 왜 그랬을까?

절대다수의 전문가들은 적어도 최근의 한국 선거에 있어서는 '정당일체감'이나 '특정 정당 및 후보에 대한 비대칭적 호감도' 등의 이미 기울어져 있는 선호와 신뢰 체계에서 그 이유를 찾는다. 그리고 이러한 요인은 '편향'과 불가분하다. 그것이 이념적 차원이든 당파적 차원이든 말이다. 편향은 정말로 회고적 평가에 의한 투표를 방해하는 요인일까? 만약 그렇다면, 당파적 편향이 어떤 방식으로 그를 방해하는 것일까? 다섯 가지 시나리오를 생각해볼 수 있고, 핵심은 정보를 다룸에 있어 정당 및 후보에 대한 개별적 평가와 종합적 판단인 투표의 향방은 얼마든지 달라질 수 있다는 것에 있다.

첫째, 원천적으로 정보의 방향성과 전혀 반대로 평가할 가능성이다. 즉, 어떤 정당이나 후보에 긍·부정적 정보를 접했을 때 그를 정보의 방향성에 맞게 평가를 해야 하는데, 그와 같은 생각을 하지 않거나 못하는 경우다. 특정 이슈에 대한 극성 지지자들의 반응이 일반적인 민심과 극단적으로 배치되는 상황이 최근 많이 등장했는데, 그런 탓에 반대 진영 혹은 중도적 입장을 가진 유권자들은 그들이 평가 자체를 이상하게 하는 것으로 보는 경우가 많았다. 하지만 실험 설문[47]에 따르면, 당파적 편향이 긍·부정 평가의 방향성 자체를 바꾸지는 않는다고 한다. 즉, 극성 지지자들 역시 잘못된 것은 잘못되었다고 평가를 한다는 것이다. 일반적 수준의 사리판단 능력이 있다는 전제는 필요하겠지만 주어진 개별 정보 혹은 사실 자체에 대해 아무 근거도 반론도 없이 유별난 판단을 내리는 사람들인 것은 아니란 것이다.

둘째, 정보 자체를 자신의 성향과 필요에 따라 양적·질적으로 다르게 습득할 가능성이다. 즉, 눈앞에 선명한 정보를 갖다줬을 때는 유권자들은 긍·부정의 판단을 제대로 하기는 하지만, 그런 판단을 하기 위해서는 '정보가 입력되었거나, 최소한 노출되었다'는 전제가 있어야 한다. 최근 한국 상황에서는 정보를 획득할 수 있는 환경이 점점 상실되고 있다. SESSION Ⅰ에서 언급한 뉴 미디어에서의 SNS의 알고리즘으로 인한 에코챔버 효과 등의 문제뿐만 아니라, 레거시 미디어에 관해서도 종편이 등장한 이후 유권자들이 선제적으로 신문사 및 TV 채널을 진영에 따라 분류한 후에 정보를 습득하기 때문이다. 게다가 골고루 정보를 획득할 수 있는 환경이 마련되어 있다고 해도 유권자 자체의 문제로 정보의 양적·질적 문제가 발생할 수 있다.

유권자의 자체적인 정보 편향은 합리'화' 성향과 관련성이 큰데, 해당 성향은 동기화된 사고(motivated reasoning)를 통해 지탱된다. 이는 유권자의 이념이나 선입견 등이 정보처리 과정에 개입함으로써 객관적이고 투명한 정보처리를 방해하는 경향성을 의미한다. 동기화된 사고는 크게 확증편향(confimation bias)과 비확증편향(disconfirmation bias)으로 나누어진다. 전자는 자유롭게 정보를 취득할 수 있는 상황에서도 자신의 성향과 일치하는 정보만을 취사선택하는 무의식적 경향성을 말하고, 후자는 자신의 이념 성향과 일치하는 논리는 무비판적으로 받아들이는 반면, 그에 반하는 정보에 대해서는 즉각적으로 반론을 제시하는 등 받아들이기를 거부하는 경향성을 말한다[48].

이상의 합리화 성향은 정치 관심도가 높을수록 전문가의 의견을 믿지 않는다는 사실[49]과 정치지식이 높을수록 가짜뉴스에 대한 방어기제가 약하다는 사실[50]을 고려하였을 때, 그 문제성이 더욱 심각하게 다가온다. 이는 유권자가 상시적으로 '편향' 자체를 의식하여 적극적인 노력을 기하지 않는 이상 그것이 해소되기는 어렵다는 말이 되기 때문이다. 한편, 이러한 경향성은 '감정'의 차원까지 번져 정서적 양극화(affective polarization)로 고착화됐다[51]. 이것이 더욱 큰 문제가 되는 이유는 경향은 즉각적으로 '토론' 등의 과정을 통해 교정할 수 있지만, 감정은 시간이 축적되지 않는 한 여간해서는 해소되기가 쉽지 않다는 것에 있다. 미운 사람이 하는 이야기는 아무리 정확하고 옳은 이야기라 하더라도, 귀에 잘 들어오지 않는 것처럼 말이다. 오히려 미운 사람이 정확한 이야기를 하면 화를 내는 사람도 더러 존재한다.

셋째, 정보에 대한 평가의 강도가 다를 가능성이다. 잘못되었다고 생각하기는 하지만, '좋은 모습은 아니지만, 그럴 수도 있지', '그렇게 큰 잘못은 아니지' 생각한다는 것이다. 정치인의 자녀 입시 비리 문제와 관련하여 '다들 그러고 살잖아'라고 여긴다든지, 특활비 문제와 관련하여 '큰일을 하다 보면 그럴 수도 있어'라고 여기는 경우가 대표적인 예시다. 관련하여 중요한 키워드가 바로 '신뢰'다. 우리는 흔히 신뢰하는 대상의 행동은 조금 모난 부분이 있어도 크게 문제 삼지 않거나, 새로운 기회를 부여한다. 그에 반해, 불신하는 대상에는 애초에 부정적 기대가 존재하기 때문에 하나의 잘못만 등장해도 예민하게 반응한다.

정부 신뢰에 대한 연구[52]에 따르면, 유권자는 자신과 정부의 이념 성향이 일치하는지 여부에 따라 서로 다른 신뢰를 갖는 것으로 확인된다. 즉, 보수·진보 유권자는 각각 보수·진보 정부를 신뢰하고, 진보·보수 정부를 불신하는 것이다. 게다가 유권자는 '정치 관심도'가 높은 경우에 신뢰의 편향이 더욱 강해진다. 유권자의 진영에 따라 달라지는 신뢰는 긍·부정 평가의 정도 차원에서의 적실성을 오염시킬 가능성이 충분히 존재할 수 있음을 시사한다.

넷째, 사안과 전혀 상관없는 정보를 섞을 가능성이다. 정당이든 후보든 단 하나의 정보만으로 그에 대한 평가가 완결될 수는 없다. 물론 살인과 같은 충격적인 사건이 발생하고, 그에 대한 녹화 자료가 있는 등의 경우에는 그럴 수 있겠지만, 웬만하면 그런 일은 발생하지 않는다. 이는 폭력 조직이 등장하는 느와르 영화에나 나올 법한 시나리오다. 하지만 단일한 정보로 판단을 끝내는 경우 즉, 이미 결론이 정해진 답정너(답은 정해져있고 너는 대답만 하면 돼)의 판단을 하는 유권자도 상당수 존재한다. 좋아하는 후보 혹은 정당이 이미 정해져 있는데, 정치적 차원에서 그를 지지할 명분이 없을 때는 아주 강력한 정치 외부의 명분을 끌어들이면 되는데, 이것은 답정너 투표자의 상징적인 행태다.

정당 및 후보에 대한 정상적인 평가는 누적적이고 종합적일 수밖에 없다. 그렇기 때문에 둘째와 셋째의 내용이 성립할 수 있는 것이기도 하다. 누적 평가의 문제점은 다른 정보를 마구잡이로 엮어서 합리화를 시도할 위험성이 있다는 것이다. 한 인물의 수십 년 전 과거의 행적이나 사생활이 해당 엮음의 좋은 재료가 된다. 물론 정치인과 정당을 평가함에 있어 필요 없는 정보는 없다. 하지만 현재 주어진 정책이나 법안, 공약을 평가하는 것은 또 다른 일이다. 결국 '객관식'인 표의 어느 칸에 표기하느냐가 핵심이기 때문에 온갖 외생적이고 부차적인 정보들이 난무하는 것은 별 수 없는 일이나, 후보는 부정하되, 정책을 부정하는 일까지 이르러서는 안 되는데, 정당과 후보에 대한 마타도어를 위해서 정책 자체를 부정하는 경우가 허다하다. 유권자는 둘을 명확히 분별할 수 있어야 한다. 그래야 정당과 후보에 종속되지 않고, 진정한 의미의 정치적 독립성을 영위할 수 있다.

한편, 통상 부동산 정책과 세금 문제에서 민심을 이반한 정당이 정권을 유지했던 경우는 없었다. 물론, 문재인 정부의 부동산 실책에도 불구하고, 지난 20대 대선(2022)의 결과가 0.7%p 차에 불과했던 것에도 이상의 내용과 무관하지 않다. 비록 해당 선거에서도 여당이 정권을 놓치기는 했지만, 후보자가 아닌 후보자의 '부인' 이슈까지 들먹이는 마타도어로 정보를 뒤섞은 것이 유효했을 것이다. 그리고 그런 마타도어가 작동할 수 있었던 근원에는 '정당 일체감'과 '양극화된 정파성' 등이 자리하고 있다[53].

다섯째, 전망적 기대가 회고적 평가를 압도할 수 있다. 즉, 회고적으로 부정적인 평가를 하더라도, 동시에 전망적 기대가 더욱 큰 경우에는 선거에서 승리할 수 있다는 것이다. 직전 사례와 달리, 부정적 평가에도 불구하고 정권을 유지한 대통령 역시 존재한다. 민주화 이후 정권을 유지한 대통령은 DJ와 MB뿐인데, 부정적인 평가가 더욱 두드러졌던 MB를 예시로 하여, 본 주제의 마지막 내용을 살펴보자.

　중앙집권적인 국가인 한국에서는 모든 선거 중에 대통령 선거가 가장 중요하다. 대통령의 임기를 기준으로, 후반기에 치러진 선거에서는 당시 정부에 대한 회고적 평가의 의미가 크기 마련이다. 평가할 수 있는 정보가 누적되었고 국정을 마무리하는 시점이란 점에서 책임 소재가 분명하기 때문이다. 하지만 MB 집권 말기인 2012년의 총선에서는 당시의 여당이 승리했다. 이것이 가능했던 이유에도 물론 '정당일체감'과 '정파성'이 있을 것이다.

　하지만 그보다 '박근혜'라는 걸출한 차기 후보의 존재가 유의미했을 것이다. 박근혜 후보의 경우에는 이명박 대통령과 17대 대선(2007)에서 각을 세웠을 뿐만 아니라, 이후에 공천 파동을 겪는 등 계파적 노선이 분명히 구분되는 인물이었는데, 보수 진영의 사람들이 MB에 대한 비판을 하는 동시에 보수에 대한 지지를 이어갈 명분이 되었던 것이다. 즉, MB에 실망했더라도 박근혜라는 대안이 존재했기 때문에 소위 말하는 집토끼들이 집을 떠나지 않았을 수 있다는 것이다.

　종합하자면, 회고적 평가는 '정당일체감', '당파성', '진영논리' 등에 강력한 영향을 받고, 이는 '신뢰'라는 매개변수에 핵심적인 요인이 된다. 유권자는 비록 부정확한 판단을 하지는 않지만 신뢰성에 따라 서로 다른 판단을 하기 마련인데, 정보 역시도 양과 질의 두 차원 모두에서 서로 다른 수준으로 노출되고 습득한다. 무엇보다 투표는 개별 사안에 대한 평가가 누적되어 형성된 종합적인 판단이다. 추가적으로 제아무리 완벽한 회고적 평가가 이루어진다고 하더라도, 그것이 전망적 기대에 압도되는 경우에는 평가와 투표의 향방은 달라질수 있다. 그리고 전망적 기대가 긍정적으로 형성되는 동시에 합리화의 재료로 활용될 수 있도록 하는 데 가장 핵심적인 요인은 걸출한'후임자'의 존재다.

10. 경제실적은 정말로 선거에서 결정적인 영향력을 가질까?

선거의 승패는 사실상 현재 정권의 경제실적이 결정한다는 말은 매번의 선거마다 등장한다. 정치인, 원로, 평론가 모두 경제실적을 강조한다. 유권자들이 현재 정부의 경제실적에 반응하여 투표의 향방을 결정하는 것을 경제투표라고 부른다. 이는 비단 한국뿐만 아니라 만국 공통으로 중요하게 다루어지는 선거 결정요인이다. 과연 '경제가 투표 결과를 결정한다'는 경제투표 명제가 사실일까? 이에 대해 알아보기 위해서는 우선적으로 무엇이 좋은 경제인지에 대해 알아봐야 할 것이다. 사실 기준이 모호하다. 경제가 좋은 상태라는 평가를 받으려면, KOSPI나 GDP가 상승해야 하는가? 1인당 가처분소득이 상승해야 하는가? 아니면, 실업률과 물가가 낮아야 하는가? 경제학자들조차 개별 상황마다 필요한 처방을 낼 수는 있어도, 어떤 경제가 좋은 상태에 있는지에 대한 단일한 기준을 말하기 어려워할 것이다. 결국 '경제가 좋은 상태에 있다'라는 표현은 종합적 판단의 발로라고 보는 것이 정확할 것이다. 다만, 그것이 효율과 균형이 달성된 상태라는 점은 대체적으로 합의가 되어있다.

이번 주제에서도 역시 '주관'이 중요하다. 객관적 경제지표의 영향을 무시할 수는 없겠지만, 모든 유권자들이 모두 케이스 바이 케이스로 경제학적 판단을 할 수 있는 능력이 있다고 볼 수 없고, 자신의 경제적 상황이나 입장에 따라 서로 다른 솔루션을 선호할 것이기 때문이다. 높은 실업 상황에 대해 세율을 높여야 하는지 낮춰야 하는지 의견이 나뉠 것이고, 보조금을 지원해야 하는지, 지원한다면 실업자에게 해야 하는지 고용자에게 해야 하는지에 대해서 생각이 모두 다를 것이다. 무엇보다 이에 따라 선택하게 되는 정당이 달라지게 될 것이다. 설상가상 정당일체감이 유별난 유권자는 지지 정당의 득세를 위해 판단을 달리 하기도 한다. 즉, 유권자들이 하는 투표는 필연적으로 자신의 주관에 의한 것이다. 심지어 경제학자들조차 주관적 판단에 얽매이는 경우가 많다. 소득주도성장은 포퓰리스트 정치인들이 만든 것이 아니라, 가방끈 정말 긴 경제학자들이 만든 것이다.

최신의 연구 결과는 경제투표를 어떻게 평가하고 있을까. 노태우 대통령이 당선된 14대 대통령 선거(1992) 이후로 실시된 모든 선거를 분석한 연구에서는 한국 유권자들의 투표 결정은 객관적 지표인 단기와 장기의 소득증가 모두에 반응하지 않았고[54], 18대 대선(2012) 기간의 유권자를 분석한 연구에서는 가정/국가 경제에 대한 주관적 차원에서의 회고적 평가와 전망적 기대 모두가 실제 후보 선택과 각 후보 선호도에 상관성을 갖지 않는다는 결론을 내놓았다[55]. 즉, 한국은 경제투표가 객관적으로나 주관적으로나 작동하고 있다고 보기 어려운 나라다. 미국 역시 경제투표가 후보의 당선에 결정적이지는 않다. 하지만 1952~2012년의 16번의 대통령 선거를 분석한 결과, 소득이 1%p 증가할 때 여당 후보의 득표율을 1.5%p 증가시키는 것으로 즉,

일정한 규칙성이 있는 것으로 확인되었다. 이는 미국은 비록 경제 요인이 결정적이지는 않더라도, 경제투표가 작동은 하고 있음을 의미한다[56].

한국에서는 왜 경제투표가 작동하지 않는 것일까? 포괄적으로는 경제 요인이 정치, 사회, 안보 등의 여타 요인에 비해 부차적인 영향력을 갖기 때문에 발생하는 현상이라 볼 수 있다. 즉, 한국인들의 투표 결정에는 경제보다 중요한 게 존재한다는 것이다. 하지만 이만큼만 살펴보면 다소 시시한 감이 있다. 어떤 요인들이 경제투표를 방해하는 것일까? 혹은 어떤 조건이 충족되면 경제투표를 하게 될까? 그에 대해 알아보도록 하자.

첫째, 유권자의 경제이해도다. 정치에서 유권자를 탓하는 것은 금기시되는 일이지만, 이를 제외하고 본 주제에 대한 논의를 전개하는 일은 불가능하다. 이것은 유권자들에게도 귀책이 분명 존재할 수 있지만, 한국 사회의 구조적인 문제 역시 존재한다. 한국경제의 보도[57]에 따르면, 2023년 기준으로 수능에서 경제를 선택하는 학생은 전체 응시자의 1%에 불과하다. 이는 서울대의 지원 조건인 과학 탐구 Ⅱ 과목을 고르는 비중인 4%에도 한참 못 미치며, 물화생지 Ⅰ,Ⅱ의 여덟 과목 중 가장 어렵다는 물리학 Ⅱ를 고르는 비율인 0.8%와 비슷한 수준이다. 한국에서는 교육이란 학사 학위라는 문화자본을 획책하는 수단에 불과하다고 여겨지고, 좋은 대학을 가는 것이 초중고 과정에서 경제를 배우는 것보다 중요하기 때문에 이러한 상황이 발생하는 것이다. 반면, 대학에서 최고 인기학과는 단연 경영학과와 경제학과다. 공교육이 자멸하며 발생한 전형적인 모순이다.

　문제의 원인은 당연히 학교에도 존재한다. 공교육 수요자만을 탓할 수는 없다. 경제 문맹 해소에 공교육이 이토록 적극적이지 못할 것이라면, 학교 교육은 왜 존재하는 것이며, 교육부에 매년 소요되는 혈세가 무려 현대자동차와 하이닉스의 시가총액을 합친 것보다 큰, 104조 원(2023년 기준)이어야 하는 것인지에 대해 국민 그 누구도 납득할 수 없을 것이다. 차라리 그 돈을 아껴서 현대차 수준의 해외의 글로벌 기업을 인수하는 게 낫지 않겠는가. 한국에는 공교육에 대한 신뢰 또는 기대를 저버린 일이 너무 고착화돼서, 국가 교육과정을 따르지 않으면 대학 입학을 원천적으로 할 수 없는 구조인데도 학생의 학습 성과가 부족한 이유가 학교에 있다는 생각을 웬만해서는 하지 않는 경향이 있다. 문해력 문제가 전면화됐을 때도 스마트폰을 탓하지, 결코 학교를 탓하지는 않았던 기억이 나실 것이다.

　2019년 기준, 고등학교에서 경제 과목을 개설한 고등학교는 27.4%에 불과하다. 공통 교과목인 통합사회에서도 '경제 및 금융' 분량이 얇은 한 단원에 불과할 정도로 턱없이 부족하다. '비변사'와 'ETF' 중 어떤 낱말이 현대 사회에서 현실적으로 '더욱' 중요한지는 너무도 자명하다. 하지만 한국사는 수능에서 필수 응시 과목인 반면, 경제는 1%만 응시하는 과목인 것이 현실이다. 한국에서 사회교육이란 주로 역사나 윤리, 넓게 보면 지리의 관점에서만 다루어진다는 걸 우리 모두 알고 있다.

이것이 행정적으로 확인되는 부분은 서울시의 사회과 임용시험 채용공고다. 해당 공고를 보면, 사회과 교원을 일반사회, 역사, 지리, 도덕·윤리의 네 계열로만 선발한다. 경제의 입지는 일반사회의 한 부분에 불과하다. 설상가상 공교육 현장에서 경제 수업을 하는 교사가 대학 및 대학원에서 이수한 경제학 과목 수는 평균 3~4과목에 불과하고, 그들 중 1/3이 1~2과목에 불과하다. 해외에서는 '최소' 6과목 이수를 경제 수업이 가능한지를 판단하는 기준으로 삼는다.[58] 학교 선생님이 '경제'를 알아야 돼? 생각하실 수도 있지만, 한국의 교육 시스템은 노벨경제학상 수상자조차 교원 자격증이 없다는 이유로 일선 학교에서 수업을 할 수 없는 교·사대 독점체제란 것에도 주목해야 한다. 달리 말해, 공교육 교사들이 경제를 모르면, 학생들은 학교에서 경제를 배울 수가 없는 것이다.

학교는 그냥 출석하고 마는 곳이 아니다. 학교는 그 학생들이 공교육이 표방하는 커리큘럼만 이수한다면 사회인으로 정상적인 기능을 할 수 있도록 기여해야 한다. 그런데 우리 학생들 중에 고등학교를 졸업한 이후에 곧장 사회인으로 역할을 할 수 있는 학생은 거의 없다. 기껏해야 알바를 하거나 공부를 꽤나 한 학생들이 과외만 할 수 있을 뿐이다. 기술적으로야 높은 인문계 고교 진학률이 원천적인 문제겠지만, 그조차도 국가와 공교육의 책임이다. 그래야 세금값을 하는 것이고, 국가 교육과정을 절대 유일의 교육과정으로 강요하고

학생들을 공립학교에 강제로 등교시킬 명분이 생기는 것이다.

둘째, 한국 유권자들은 '가계'가 아닌 '국가'를 경제 평가의 준거로 삼는다. 즉, 국민들 상당수가, 직접성이 높은 세금 이슈나 국민의 관심이 높은 부동산 이슈 정도가 아닌 이상, '경제 이슈'를 나의 형편과는 간접적인 이슈로 여기는 것이다. 이는 지지 정당이 존재하는 집단이나 무당층 집단이나 동일하게 적용되는 사실이다. 중앙에서 다루는 거시 경제와 자신의 살림살이를 따로 판단하는 시각은 자신의 가계 사정이 어려운 이유를 자기귀책하는 악순환으로도 연결될 수 있다. 한국의 경우, 실제로 회사가 휘청이지 않는 이상 자신의 경제생활을 걱정할 필요가 없는 봉급 생활자들이 다수이고, 비정규직은 자신의 능력이 부족하기 때문에 자신의 삶이 팍팍하다고 여기는 경우가 대부분이기 때문으로 생각된다. 한국에서 인건비는 '고정비용'이기 때문에, 직원들이 '쥐꼬리'만한 월급을 걱정할 뿐, 월급을 못 받을까 봐 걱정하는 경우는 퍽 드물기 때문이다.

국가 주도 경제발전의 남은 흔적이란 추측 등은 존재하지만 이러한 현상이 발생하는 개인 요인에 대한 유의미한 연구는 아직 존재하지 않는다. 그러한 점에서 조금은 편하게 추측을 해보자면, 필자들은 첫째의 이유가 가장 크다고 판단한다. 특히, 금융 교육이 너무 약하다. 공부를 안 해도 되는 것을 정의로 삼는 집단최면에서 탈피할 필요가 있다. 의외로 기본도 하지 않는 학생들도 더러 존재하는데, 이러한 친구들에게 최소한의 소양을 갖출 수 있도록 해야 한다. 도덕 교육, 공동체 교육이 중요한 것만큼이나 경제 교육도 중요하다. 이와 같은 교육의 부재는 정치를 넘어 민생 차원에서도 자본소득도 근로소득만큼이나, 어쩌면 그 이상으로 중요한 현재 한국의 성장 레벨에서 양극화를 더욱 부추기는 사회악에 해당한다고 봐야 한다.

셋째, 한국 유권자의 경제투표는 회고적 평가와 전망적 기대 둘 중 어디에 준거점을 둘 것인지가 편의적으로 달라진다. 지지 정당이 있는 경우, 경제 상황에 만족할수록 집권당에 투표할 확률이 높아지고, 무당파는 만족할수록 해당 확률이 낮아진다.[59] 무당층은 오히려 상식과는 반대로 투표를 하는 것인데, 한국은 무당층 비율이 1/3에서 높은 경우 절반에 육박할 정도로 아주 높다는 점에서 이는 꽤나 유의미한 사실이다. 게다가 이러한 현상은 지지 정당이 여야 혹은 좌우 중 어디인지에 따라 달라질 수 있을 것이다. 관련하여 가장 두드러지는 현상은 보수 정당이 경제에 유능하다는 관성적인 기대다. 한국 현대사의 가장 큰 경제적 충격이었던 IMF 사태 직후의 대통령 선거에서 여당인 보수당의 이회창 후보는 제3 후보 이인제가 보수표를 잠식하지 않았다면 충분히 당선될 수 있을 정도로 높은 지지를 얻었던 것이 경제투표의 대표적인 반례다.

넷째, 인물로 정당을 합리화할 수 있다. 이러한 경향은 대통령 선거에서 더욱 두드러진다. 이는 중앙집권적인 구조와 대통령이 바뀌면 천하가 바뀔 것이라는 인식의 결과물일 수 있다. 즉, 인물이 정당위에 존재하기 때문에, 경제적 과오의 책임은 정당이 삼키는 것이고,

새로운 인물은 연대책임의 면죄부를 얻는 것이다. 최근 20대 대선에서도 아주 많은 유권자들이 경제인으로 판단하기에는 애매한 이재명 후보를 '유능한 경제인'이라 믿었던 것이 대표적이다. 이는 인식에서 멈추지 않고, 나아가 집권 기간 경제에 관해서는 같은 진영 내에서도 강력한 혹평을 받은 민주당의 후보에 대한 재지지 투표로까지 이어졌다.

이상의 내용을 종합하자면, 한국에서 경제투표는 작동한다고 보기 어렵다. 매 주제마다 반복되는 탓에 구체적으로 다루지는 않았지만, 지역주의나 정당일체감을 비롯한 정치·사회적 요인이 더욱 우월한 영향을 갖는 것이 역시 가장 큰 이유일 것이다[6061]. 경제투표 역시 투표란 점에서 주관이 강조되는데, 한국은 유권자가 주체적으로 경제를 이해하기 어려운 교육 환경을 갖고 있다. 이는 '가계'가 아닌 '국가'를 기준으로 경제를 판단하는 경향이 강한 한편, 정당과 인물에 따라 편의적으로 객관적 회고보다는 주관적 전망에 기댄 투표를 하는 경향이 짙은 정치·사회적 환경과 앙상블되며 유권자의 경제투표가 작동하지 못하도록 기능한다.

11. 재난의 정치학 : 국가적 재난은
   여당의 선거에 유리할까? 불리할까?

*재난을 호재 혹은 악재로 다루는 것은 올바르지 못할 수 있다. 하지만 최근 재난을 악용하는 정치인들이 다수 등장하였고, 그들이 정치의 건전성을 무너뜨리고 있다. 바람직한 정치 참여를 위해 필요한 '정확한 내용'을 전달하기 위해 본 주제를 포함하였다. 추후 언급되는 유불리는 건조한 사실 차원에서만 다룬 것으로, 재난에 대한 가치 판단은 전혀 포함하지 않았다.

국가 존립의 제일 명분은 '국민의 생명과 재산을 보호'하는 것에 있다. 정의, 평등, 성장, 후생 등의 목표가 해당 명분과 무관하지 않고 딱 잘라서 구별하기 어렵지만, 우선순위가 어떠한지에 대해서는 모두가 동의할 것이다. 국가에는 국민 한 사람 혹은 다른 집단이 할 수 없는 고유한 임무가 있다. '안보'가 대표적이다. 아이언맨이나 람보와 같은 존재가 아닌 이상, 외세의 국가 단위의 침략에 대응하는 것은 불가능하다. 즉, 안보라는 과업을 해낼 수 있는 존재는 국가가 유일하다. 귀류법적으로 보자면, 만약 국가가 해당 미션을 부정한다면, 민간에 PMC를 포함한 사병을 허용하든 최소한 총기를 허용해야 하지 않겠는가.

어디 이뿐일까. 경제위기, 팬데믹, 대형 참사, 자연재해 등과 같은 재난들도 국가의 임무다. 전쟁 상황에서 돌을 들고 싸우는 의병이 있었듯 민간 혹은 개인이 어느 정도 대응할 수는 있겠지만, 기본적으로 국가가 책무를 다하지 않는 이상 최종적 문제 해결이 사실상 불가능하기 때문이다. 2023년 여름 발생한 신림동 칼부림 사건과 같은 '묻지마' 혹은 '외로운 늑대(lone wolf)형' 범죄와 같은 테러도 역시 국가의 책무다. 즉, 재난 정국은 통치 권력과 제반 정치 세력에게 있어 가장 매서운 평가가 기다리고 있는 '스테이지'다.

한국에서 재난은 정부 여당에 '불리한' 이슈라고 여겨진다. 하지만 반드시 그런 것만은 아니다. 최근 우크라이나 전쟁 발발 당시 젤렌스키 대통령의 지지율과 9.11사태 당시 부시 대통령의 지지율은 90%를 넘겼다. 즉, 재난도 재난 나름인 것이다. 사후 평가 기준으로 '대응 성과'가 고려됨으로써 평가가 달라지는 것은 물론이고, 발발의 원인에 따라서도 차이가 존재한다. 정부의 잘못으로 인한 재난인 경우에는 당연히 여당에 악재로 작용하겠지만, 외세에 의한 침략이나 자연재해 등의 정부의 과실과 무관한 재난인 경우에는 때로는 국민들이 단결하는 정치적 소재로 작용하여 선거 차원에서는 일종의 호재가 될 수도 있다.

최근 30년 한국에서는 어떤 재난들이 존재했을까? 시간순으로 보자면, IMF 사태, 연평해전, 천안함 피격 및 연평도 포격, 세월호 참사, COVID-19 대유행, 이태원 참사 등이 대표적이다. 삼풍백화점 붕괴 등의 참사, 리먼 브러더스 사태 등의 경제위기, 사스, 메르스 등의 역병이나 태풍 루사, 매미 등의 재난이 있었지만, 정치적으로 강력하게 비화되지는 않았다. IMF 사태를 비롯한 경제 재난과 관련하여서는 앞서의 '경제실적' 파트에서 다루었다. 이번 꼭지에서는 COVD-19의 (1) 보건 재난, 세월호 참사와 이태원 참사의 (2) 안전 재난, 천안함 피격의 (3) 안보 재난에 대해 알아보도록 하자.

(1) 보건 재난 : COVID-19 대유행

COVID-19와 함께 치러진 21대 총선(2012)은 한국 정치사에 길이 남을 선거일 것이다. 180석이라는 민주화 이후의 최대 승리 때문이다. 준연동형 비례대표제로 인해 의석 격차가 증폭된 경향은 있지만, 특정 정당이 그토록 대단한 승리를 할 수 있었는지에 대한 구체적인 이유를 밝혀볼 필요성 역시 분명 존재할 것이다. 관련된 내용을 바로 살펴보도록 하자.

이번 주제에서도 역시 '정당일체감'을 가장 먼저 고려해야 한다. 한국의 선거는 선당후사(事)이기 때문이다. 사건에 대한 유권자의 평가에는 '당파적 편향'이 영향을 미친다. 지지하는 정당이 분명한 즉, 정당일체감이 높은 유권자는 역시 '방역 대응에 대한 평가'와 무관한 투표를 했다[626364].

수치로 확인해보자. 당시 여당인 더불어민주당에 호의적인 결과라고 할 수 있는 '방역에 긍정적 평가를 한 미래통합당 지지층'의 〈83%〉가 여전히 미래통합당 후보를 지지했다[65]. 그리고 반대로 '방역에 부정적 평가를 한 더불어민주당 지지층'은 무려 〈90%〉가 그대로 더불어민주당 후보를 지지했다. 양당의 지지층의 절대다수가 '방역 대응에 대한 평가'와 무관하게 자신이 정당일체감을 가진 정당을 지속적으로 지지한 것이다. 즉, '양당 지지층'에게는 문재인 정부의 'COVID-19 방역 대응에 대한 평가'는 별다른 의미가 없었다. 반면, 무당층에 대해서는 정부의 방역 대응의 의미가 컸다. 무당층은 긍정적으로 평가할수록 여당인 더불어민주당을 선명하게 지지했던 것이다.

방역 평가 수준에 따른 '더불어민주당' 후보 지지 비율

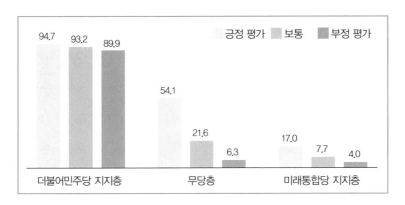

출처 : 강명세(2022)의 자료를 바탕으로 저자 작성

　　제시된 표[6667]는 21대 총선(2020)에서 COVID−19에 대한 방역 평가가 무려 180석을 획득한 더불어민주당으로의 투표로 어떻게 연결되었는지를 보여준다. 괄목할 만한 점은 세 가지다. 첫째, 방역 평가를 따져볼 것도 없이, 원천적으로 지지율이 기울어져 있었다. 더불어민주당의 지지율이 미래통합당의 그것에 거의 더블 스코어를 기록했다. 심지어 무당층의 지지율이 미래통합당의 지지율보다 높았다. 이는 적어도 '승패'의 관점에서는 COVID−19와 무관하게 더불어민주당이 승리했을 것임을 의미한다. 하지만 이것만으로는 더불어민주당 계열이 무려 도합 180석을 획득할 수 있었던, 충분한 설명이 되지는 않을 것이다.

COVID-19 방역 평가에 따른 더불어민주당 득표 비율

	더불어민주당 지지			무당층			미래통합당 지지		
지지율	38.1%			27.2%			22.0%		
지지정당별 방역 대응 평가 분포	긍정	보통	부정	긍정	보통	부정	긍정	보통	부정
	96%	1%	2%	61%	7%	26%	40%	9%	48%
평가별 민주당 후보 지지 비율	긍정	보통	부정	긍정	보통	부정	긍정	보통	부정
	94.7%	93.2%	89.9%	54.1%	21.6%	6.3%	17.0%	7.7%	4.0%
(세로 곱) 단위 : %p	긍정	보통	부정	긍정	보통	부정	긍정	보통	부정
	34.6	0.3	0.6	8	0.4	0.4	1.4	0.1	0.4
COVID-19 방역 대응 평가에 따른 더불어민주당 득표율 총합	46.2%p … (세로 곱)의 가로합 실제 득표율 : 지역구(49.91%), 비례 (38.77%)								

주1 : 더불어민주당의 비례 득표율은 더불어시민당과 열린민주당의 합계임.

주2 : 〈실제 득표율〉 미래 통합당 : 지역구(41.46%), 비례(33.84%), 정의당 : 지역구(1.71%), 비례 (9.67%)

출처 : 한국갤럽(2020)과 강명세(2022)의 자료를 바탕으로 저자 작성

둘째, 더불어민주당이 지지율보다 높은 득표율을 획득했다는 점에 주목해야 한다. 물론 미래통합당 역시 지지율에 비해 높은 득표율을 획득했다는 점에서 COVID-19의 효과가 아니라, 양당의 당파적 경쟁이 과열되었다는 점과 지역구 선거에 제3 이하 정당에서 출마한 후보가 부족했다는 점, 유권자에게는 사표 방지 심리가 언제나 작동한다는 점에서 단순한 '결집 효과'에 불과할 수도 있다. 하지만 〈더불어민주당 지지층〉이 방역 정책에 대해 압도적인 비율로 긍정적 평가

를 내렸다는 점, 〈미래통합당 지지층〉 내에서도 긍·부정 평가 비율이 큰 차이가 없었다는 점, 유권자 내에서 미래통합당 지지층보다 더욱 높은 비중을 차지하고 있던 〈중도층〉의 '높은 긍정 평가 비율'과 '더불어민주당으로 쏠린 지지'를 고려한다면, COVID-19 방역 대응은 더불어민주당 득표율 상승에 강력한 영향을 미쳤다는 것을 부정하기는 어렵다.

셋째, 'COVID-19 방역 대응에 대한 평가에 따른 더불어민주당 지지율 총합(표 하단 회색 음영)'과 '실제 득표율'이 거의 유사하다는 것이다. 위 표에는 정의당과 국민의당 지지층이 더불어민주당을 지지한 비율은 가독성을 위해 제외했는데, 이를 포함하는 경우에 두 값은 오차범위 내로 수렴한다. 다른 요인을 통한 득표율 추적에서는 이와 같은 일치를 발견하기가 어렵다. 예를 들어, BTS의 소속사인 HYBE의 매출을 분석할 때, 가장 설명력이 강한 요인은 단연 BTS일 것이다. BTS의 매출 비중이 가장 클 것이기 때문이다. 예를 들자면, 다른 아티스트의 매출은 2~3배로 증가해도, BTS 매출의 고작 10% 변화보다도 미미할 것이기 때문에 HYBE 전체 매출 변화를 설명할 때 큰 의미가 없기 때문이다. 21대 총선(2020)을 HYBE에 비유하자면, 'COVID-19 대응'이 BTS의 영향력을 그리고 '조국 사태'가 뉴진스 정도의 영향력을 가졌다고 볼 수 있다.

결론적으로, COVID-19 재난의 선거에 대한 영향력을 평가하자면, 그것이 결정적인 영향력을 가졌음이 분명하다. 여기서 주목할 수 있어야 하는 것은 '재난 그 자체'가 유권자의 평가를 결정하지 못한 다는 것이다. 평가의 관건은 그에 대한 '정부의 대응'에 있다. 만약 재 난의 발생 자체가 정부 여당에 악재로 작용한다면, 더불어민주당은 180석은커녕 선거에서 패배했어야 한다. 그리고 해당 평가의 키 플레 이어는 〈중도층〉이다. 즉, 대부분의 이슈가 그러하지만, 재난에 있어 서도 〈중도층〉이 결정적인 역할을 한다는 것이다. 이상의 내용은 여 당이 잘한 경우가 아닌 못한 경우에도 적용되며, 인종과 종교가 더 욱 다양한 해외에서도 적용된다[68].

(2) 안전 재난 : 세월호 참사와 이태원 참사

안전 재난에도 위의 결론의 내용이 그대로 적용된다. 해당 내용을 반복할 필요는 없다. 하지만 안전 재난에는 다른 재난과 구별되는 두 가지 특징이 있다. 지금부터 그것들을 살펴보려고 한다. 하나는 '발생 자체에 존재하는 여당의 책임'이다. 전염병이나 전쟁의 경우, 발생의 책임이 주로 외부에 있는 반면, 안전 재난은 발생의 책임이 내부에 있다. 안전 재난에는 그러한 이유로 ─ 역시 대응까지를 포함 한 종합적 평가가 이루어질 것이지만 ─ 여타 재난과는 평가의 초기 값이 다르다는 차이가 있다.

보통의 재난은 그에 대한 국민의 평가가 정부에 기대를 거는 긍정 적 상황에서부터 시작되거나, 최소한 제로(ZERO) 혹은 무(無)에서부 터 시작된다. 하지만 안전 재난에는 '예방'할 책임이 존재하기 때문에,

재난이 발생함과 동시에 여당에 일종의 과실책임이 주어진다. 즉, 부정적 평가가 재난의 발생과 동시에 즉각적으로 이루어지기 때문에, 안전 재난은 평가의 초기값이 부정적(−)일 수밖에 없다. 그러한 점에서 안전 재난은 여당 입장에서 가장 두려운 재난이 된다. 제로에서 시작해도 힘든 일을 부정적 상황에서 시작해야 하기 때문이다.

세월호 참사는 분명한 인재(人災)다. 그 인(人)이 청해진 해운이냐 박근혜 대통령이냐 일선 공무원들이냐에 대한 의견은 갈리겠지만 말이다. 세월호 참사는 단연코 21C 한국에서 발생한 모든 참사 중에서 가장 충격적인 사건이었다. 실제 피해자의 수도 가장 많다. 하지만 놀랍게도 당시 새누리당은 세월호 참사 단 두 달 뒤에 치러진 제6회 지방선거(2014)에서 승리했다. 왜 그랬을까? 그 이유는 크게 세 가지로 분석된다.

첫째, 박근혜 정권에 우위이거나 최소한 그의 대안이 될 야당 후보가 없었다는 것이다[69]. 즉, 정권을 교체해봐야, 박근혜 정권보다 못한 정권이 들어설 것이라 생각하거나, 최소한 속된 말로 '도긴개긴'일 것이라 판단한 것이다. 우리 필자들이 여기서 정말 강조하고 싶은 점은 '재난 이슈'가 발생하였을 때, 유권자들이 특정 정당 일방에 대해서만 평가를 한다는 것이 아니라는 것이다. 시험에 비유하자면, 재난 이슈는 여야에 따른 선택 과목이 아니라 '공통 과목'이란 것이다. 반영 비율의 차이는 있을 수도 있겠지만, 국민들은 어김없이 양당을 동시에 평가한다. 즉, '쟤는 실력이 부족해요'만 열심히 비판을 하더라도 야당이 '대안'으로서의 면모를 보이지 못한다면 같이 욕만 먹거나, 오히려 여당이 문제를 잘 해결해버리면 야당 입장에서는 여당과의 격차만 더 벌어지는 악재만 된다는 것이다. 문제 해결을 위한 여야의 협업은 정치적·윤리적으로 올바른 방향성일 뿐만 아니라, 선거 및 정치 전략적 차원에서도 확실히 합리적인 선택이다.

세월호 참사 당시 유권자의 관련 행위자에 대한 분노지수

지지 정당	대통령	새누리	새정연	안행부	해경	해운업계
새누리당	4.47	5.34	6.31	7.89	8.27	8.80
무당층	7.09	7.26	7.02	8.20	8.30	8.58
새정연	8.62	8.63	7.35	8.93	9.13	9.02
전체 평균	7.07	7.35	7.01	8.41	8.58	8.80

주 : 새정연은 새정치민주연합(現 더불어민주당)의 약칭이고, 안행부는 안전행정부(現 행정안전부)의 약칭임.

출처 : 박원호·신화용(2014) 자료를 바탕으로 저자 작성

이상의 내용은 '세월호 참사에 관한' 당시 유권자들의 분노, 좌절감 실망감, 불안감 등을 종합적으로 측정한 분노지수[70]를 통해서 확인할 수 있다. '전체 평균'을 기준으로 보았을 때, 대통령, 새누리당, 새정치민주연합(이하 새정연)에 대한 분노지수가 큰 차이를 보이지 않는다. 현재의 관념으로 보자면, 분노지수가 새누리당과 그 대통령에 일방적으로 높게 나왔어야 할 텐데 말이다. 재난을 당파적 이익에 따라 재단하는 현재뿐만 아니라 '당시에도' 무당층의 입장은 아주 중요

정치인들은 알려주지 않는 정치이야기

했는데, 해당 계층에서도 정치권에 대한 분노지수의 차이를 확인할 수 없다.

둘째, 당시 국민들은 책임의 소재가 정치권이 아니라, 행정부처에 있다고 판단한 것이다. 위의 표에서 '전체 평균' 행을 보면, 안행부, 해경, 해운업계에 대한 분노가 더 큰 것으로 드러난다. 세월호 참사의 문책 일환으로 이루어진 박근혜 정부의 '해경 해체' 결정이 당시나 지금이나 비판을 받고 있는데, 해당 결정으로 감정적 비판이 쏠리게 된 것인지, 결정 이전부터 부정적 감정을 갖고 있었던 것인지는 알 수 없다. 그럼에도 첫째의 '도긴개긴'의 관점에서 보자면, 새정연이 세월호란 안전 재난에 대해 선거 차원에서 득을 보았으리라 추정하기는 어렵다. 최근 들어, '모든 재난의 컨트롤타워는 청와대(대통령실)'라는 문장이 모든 재난에서 등장하고 있는데, 이는 세월호 당시에 비판의 화살이 정치권력으로 향하지 않아 선거에서 야당이 득을 보지 못한 데에 대한 반작용일 것이다. 그리고 양당 모두 해당 문장을 재난의 시기마다 적극 활용했다는 점에서 어느 한쪽을 탓할 문제는 아닐 것이다.

셋째, 재난에 내포된 선거 악재로서의 위험성을 여당 지지자가 더욱 강력하게 느꼈을 가능성[71]이다. 이는 정보 차원에서는 원천적으로 정보를 강한 필터링을 통해 수용할 가능성, 선거 차원에서는 여당이 야당에 비해 강하게 결집할 가능성으로 이어진다. 이런 가능성은 두 가지 효과를 통해 살펴볼 수 있다. '적대적 미디어 지각'과 '제3자 효과'

다. 전자는 뉴스 보도가 본인 의견보다는 반대 의견에 더욱 우호적이라고 인식하는 경향[72]이고, 후자는 미디어의 영향이 본인보다는 타인들에게 더욱 클 것이라 인식하는 현상[73]을 가리킨다. 둘 모두 입장이 뚜렷하거나 정파적인 치우침이 강한 사람일수록 뚜렷하게 확인된다.

둘을 합쳐서 보자면, 양당에 대해 편향을 가진 사람들이 언론 환경이 기울어져 있다고 인식하며, 조선일보에 휘둘리고, 손석희 앵커 혹은 김어준 씨에게 휘둘린다며 상대 진영 지지층과 중도층을 한심하게 생각하는 현상도 이와 무관하지 않을 것이다. 비록 예외는 있겠지만 대체적으로 공영 방송의 좌편향이나 종편의 우편향 등의 문제가 워낙 두드러지는 탓에 각 언론사들이 다소 기울어져 있는 것을 부정하기는 어렵지만, 그들이 어디로 편향되었냐는, '결과 혹은 외관'보다는 왜 그렇게 기울어지게 되었느냐라는 '원인'에 대해 논할 필요가 있을 것이다. 언론사 역시 최우선적 목표를 자신의 생존과 이익에 두지, 진영 그 자체에 두지는 않을 것이기 때문이다.

안전 재난의 다른 하나의 특징은 '명확한 피해자의 존재'다. 그리고 정치적으로 비화되는 사건은 거의 항상 '죽음'이 포함된다. 그래서 '감정'에 대한 고려가 어떤 의제 혹은 이슈에서보다 중요하다. 한편, 유교 문화권인 한국에서는 망자가 현세에 존재할 수 있다는 인식을 갖고 있다. 게다가 현세에 남은 망자는 십중팔구 한(限)이 남았다고 생각한다. 이는 망자가 반드시 천국과 지옥 둘 중 하나로 향하기에 현세에 존재할 수 없고, 신의 심부름에 의해서만 현세에 잠시 존재한다고 믿는 기독교적 세계관과는 가장 큰 차이점이다. 물론, 21C 들어 한국에서도 과학적 사고의 중요성이 충분한 수준으로 올라와서 머리로는 그러한 생각을 하지는 않겠지만, 문화적·감정적 차원에서는 즉, 마음으로는 여전히 '죽음'을 아주 중요하게 생각한다. 매개변수가 '혼백'이 아닌 '명예'라는 관념으로 옮겨졌다는 점에서 차이는 있지만 말이다.

유권자가 항상 이성적으로 판단하는 것은 아니다. 본 장에서 자주 언급되는 '정당일체감'을 따르는 이유에도 이성의 기술인 '합리화'뿐만 아니라, 감정적 동조 역시 존재한다. 즉, 정당일체감의 근원 중에는 '감정'도 강력하게 작용한다. 그렇다면, 그것의 정체가 무엇이냐를 살펴볼 필요가 있을 것이다. 가장 최근에 발생한 '안전 재난'이었던 '이태원 참사'를 통해 그를 살펴보도록 할 것인데, 다음의 내용은 발생한 지 얼마 되지 않았고 그 이후에 선거가 실시된 적이 없는 탓에 연구 자료가 충분하지 않다. 따라서, 아래의 내용은 단순히 필자들의 추측에 불과함을 미리 밝혀둔다. 이태원 참사의 '안전 재난'의 일반적 성격과 일치하지 않는 특징은 크게 세 가지다.

첫째, '안전 재난'이지만, 정부의 귀책이 재난 발생과 동시에 이루어지기가 어려웠다는 점이다. 세월호 참사와 같은 해상 침몰 사고는 상대적으로 어렵지 않게 볼 수 있는 사고이지만, 압사 사고는 2023년의 국민의 관점에서는 해외 토픽에서나 볼 법한 생소한 사건이었기 때문이다. 즉, 예측이 어려운 한편 우발적인 일이었다는 점에서 책임을 물어도 되는가 하는 의문이 있었을 것이다. 이는 이태원 참사가 '예방 책임'이 크지 않은 사건이었음을 의미하기도 한다.

모든 책임은 대통령을 비롯한 집권 세력에게 집중된다는 점에서, 유권자가 맹목적으로 대통령을 탓하는 방향의 회고적 평가를 할 때도 물론 많다. 가령 1916년 뉴저지 해안에서 상어로 인한 사고가 자주 발생했는데, 해당 이슈가 당시 윌슨 대통령의 득표에 부정적인 영향을 끼친 것으로 확인된다[74]. 그러나 이태원 참사 직후, 여야의 지지율은 동시에 하락했으며(각 1%p), 대통령과 여당의 지지율에는 '급락'이 있지는 않았다. 지지율이 7%p 급락한 세월호 참사와는 달리, 이태원 사고에 대해서는 많은 유권자들이, 진영논리가 강한 사람들이 아닌 이상, 정부·여당에 큰 책임이 없었다고 판단했을 것이다. 오히려 그들이 비극을 정치적으로 비화하는 모습에 실망했을 수는 있지만 말이다. 물론 대통령과 여당의 기존 지지율이 너무 낮은 탓 즉, 기저 효과로 하락이 드러나지 않은 측면도 분명 존재할 것이다.

둘째, '대응'의 기대를 걸 여지가 없었다. 달리 말해, 실망할 여지가 없었다. 사고가 발생한 물리적 범위가 크지 않았으며, 정말 안타까운 이야기지만 희망을 걸 여지도 없이 골든타임이 너무 짧은 사고였다. 즉, 정부가 '수습'을 할 수는 있지만, '구조'를 하기에는 어려운 일이었다. 세월호 참사는 '구조'의 여지가 컸다는 인식이 있었지만, 이태원 참사에는 그런 인식이 없었다. 전 국민이 비극이 삽시간에 확정되는 것을 보았다는 점에서 구조에 대한 기대를 걸 여지도 없었고,

심지어 구조 기간이 한밤중이었던 탓에 미디어 효과마저 없었다. 무엇보다 이태원 참사의 윤석열 정부는 세월호 참사의 박근혜 정부와 달리 대통령의 동선을 분초 단위로 공개했다. 즉, 최선을 다했음을 내용적으로는 국민들에게 보여준 것이다.

셋째, '감정'의 본질이다. 감정의 해소는 궁극적으로 '사과'와 '용서'에 달려있다. 우리 사회에는 '무한한 사과'를 당연시하는 사람들이 정말 많다. 하지만 사과는 잘못한 만큼만 해야 한다. 즉, 어느 사안까지, 얼마나 그리고 무엇보다 '누구에게' 사과를 해야 하느냐에는 범위와 한계가 존재한다. 그를 명확화하는 행동 자체가 사과하는 자세가 아니라고 볼 수도 있지만, 사과할 필요가 없는 내용과 정도까지 사과를 해야 하는 것도 아님이 분명하다. 이태원 참사는 어떤 내용과 성격의 사과가 필요했을까?

둘째의 내용을 감안하자면, 정부가 해야 할 사과가 '자신의 잘못을 인정하고 용서를 빌다'라는 그것의 사전적 정의에는 부합하지 않을 수 있다. 통상 사용되는 포괄적 차원에서의 '사과'라는 낱말의 쓰임에 비추어 사실적 내용을 제외하고 '감정'에만 초점을 맞추어 보자면, 정부는 재난의 피해자에게는 '애도'를, 유족에게는 '위로'를, 국민에게는 '안심'을 전할 수 있어야 하는데, 이태원 참사에서 정부가 각각의 감정적 행위에 대해서는 성심과 성의가 부족했다고 보기는 어렵다. 대통령은 국가 애도기간 내내 하루도 빠짐없이 분향소를 찾고 수습과 후속 조치를 최우선 국무로 삼아 집중했다. 그리고 현재 시점에서 국민들 대부분이 길을 가다 압사 사고를 당할 것을 걱정하지는 않는다.

다만, 유족에게는 감정적 위로가 부족했을 것이고, 많은 국민들이 그렇게 생각했던 것으로 확인된다. 그에 반해, 감정적 위로에 관한 정부의 명시적인 대응은 확인되지 않는다. 이에 대해서는 정확히 지적을 하려는 국민적 여론이 분명 존재했다. 그런데 너무나 아쉽게도 야당이 행안부 장관 탄핵을 무리하게 추진하며 정부의 감정적으로는 부족했던 대응이 '탄핵'이란 웬만하면 인용되기 어려운 극단적 기준으로 합리화가 되어버렸다. 어찌 보면, 야당 정치인들이 '유족에 대한 대응 부족'이란 〈감정적 차원〉에 '탄핵 사유'라는 〈사실적 차원〉을 뒤섞어서 유족들에게 꼭 필요했던 감정적 위로의 기회를 써버린 것이다. 그러한 탓인지 실제로 이태원 참사 이슈와 관련하여 야당의 지지율도 하락했다.

종합하자면, 사실적 사과인 '잘못했다'와 감정적 사과인 '미안하다'는 구별되어야 한다는 것이다. 잘못하지 않아도, 미안할 수 있어야 한다. 그리고 미안하더라도 잘못한 게 아닐 수 있다. 하지만 재난이, 그것도 생사에 관한 재난이 그것의 자극성으로 인해 정략적으로 활용되는 경우에는 둘의 구분이 어려워진다. 재난의 해결은 구조에서 끝나지 않는다. 수습과 사후 대책까지가 대응의 완결이다. 해당 과정에서 사실과 감정을 섞는 시도는 둘 모두를 잃는 결과를 낳을 수 있다. 지금이라도 정부가 이태원 참사 유족들에게 감정적 위로를 전하길 바란다.

(3) 안보 재난 : 천안함 피격

안보 재난은 소위 말하는 북풍(北風)이라 불리며 여당에게 유리한 이슈로 여겨져 왔다. 정확하게는 '보수'에게 유리하다는 표현이 맞을 것이다. 20C까지 북풍으로 인한 보수 정당의 승리는 사실상 선거 필승 공식이었다. 하지만 천안함 피격 사건을 계기로 그러한 경향성은 사라졌다. 아래의 내용은 천안함 피격 사건이 3개월 직후의 선거인 제5회 지방선거(2010)에 어떤 영향을 미쳤는지에 대한 리포트[75]의 자료와 분석을 종합한 것이다.

천안함 사건이 투표에 직후 선거에 미친 영향

	천안함 사건으로 인한 투표 행태의 변화 양상				
지지 후보 유지	한 → 민	민 → 한	부동 → 한	부동 → 민	
70.0%	12.7%	2.4%	4.0%	4.1%	
투표 정당	투표 時 '천안함' 이슈		천안함 이슈에 정치적 의도		
	고려 ○	고려 X	있다	없다	
한나라당	40.1%	59.6%	41.2%	58.1%	
민주당	48.2%	51.8%	90.9%	7.7%	
전체			69.3%	29.8%	

주 : 한은 한나라당, 민은 민주당을 의미함.
출처 : 강원택(2010) 자료를 바탕으로 저자 작성

제시된 표의 시사점은 안보 이슈에 '정치적 의도'가 포함되어 있다고 보는 국민이 69.3%라는 것이다. 물론 이때의 정치적 의도란 과거의 총풍 사건[76]에서 추측·묘사된 것처럼 사전적으로 모의되었다는 것은 아니고, 의도와 무관하게 발생한 사건을 적극적으로 활용하여 정국을 안보 일변도로 몰아가려는 의도를 말하는 것이다. 이는 당시 유권자들은 민생 이슈를 안보 이슈로 덮으려는 의도를 단호히 거부했던 근거로 이해할 수 있다. 이러한 결론은 (1) 한나라당 지지자 중에서도 거의 절반에 해당하는 유권자가 그와 같은 의도를 의심하였다는 점과 (2) 전체 투표자들 중에서 한나라당을 지지하다가 민주당을 지지하는 것으로 돌아선 사람이 12.7%나 된다는 점을 통해 지지된다. 후자의 12.7%p는 TK와 호남이 아닌 이상 선거 결과를 뒤집을 정도로 큰 수치다.

이후에는 정국을 뒤흔들 만한 '안보 위협 이슈'가 발생하지는 않은 탓에 10년이 지난 최근의 경향이 어떠한지는 확신할 수는 없지만, 대단히 충격적인 사건이 발생하지 않는 이상 국민의 이슈 태도는 퇴행하지는 않는다는 점에서 현재도 큰 차이가 나지는 않을 것이다.

한편, 최근 〈新 북풍〉이란 표현이 등장하였다. 제7회 지방선거(2018) 단 하루 전날에 트럼프 대통령과 김정은 국무위원장의 싱가폴 회담(2018)이 실시되었다. 당시의 상황은 기존의 북풍과는 공포가 아닌 평화의 관점에서 북한 이슈가 선거에 영향을 미쳤다는 점에서 차이점은 있다. 하지만 통하기만 한다면, 온 국민이 단결할 수 있는 이슈라는 점에서는 공통점을 갖는다. 해당 선거에서는 민주당이 압승을 하였는데, 그것의 원인에는 대통령 취임 초기였다는 점과 공포보다는 평화를 위시한 접근이었다는 점이 두드러지겠지만, 여전히 후자의 관점에서 정말 유용한 이슈이었던 것만은 분명할 것이다. 가령 할리우드의 영화도 미국을 지키는 '람보'류의 영화보다 세계를 지키는 '어벤저스'류의 영화가 더욱 흥행한다. 이유는 몰입하는 계층의 범위가 미국을 넘어 지구로 확장되기 때문이다. 즉, 안보 이슈는 반드시 재난적 차원이 아니더라도 의제 자체가 온 국민의 관심사란 점에서 선거에 가장 영향력과 파급력이 큰 이슈로 기능한다.

이상의 내용을 종합하자면, 안보 재난은 국가 단위로 단결할 수 있는 이슈이기에 선거에서 아주 유효한 이슈일 수 있지만, 노골적으로 선거에서 활용되는 경우에는 국민들은 그에 대한 단호한 거부 의사를 투표를 통해 표현한다. 유권자들은 생각보다 훨씬 섬세하고, 설령 개별 유권자가 투박한 판단을 하더라도 그들의 판단을 합치고 나면 언제나 섬세한 결론이 도출된다는 것을 잊어서는 안 된다. 따라서, 선거를 앞둔 여당에게 가장 전략적인 태도는 정권의 정당성에 있어 최우선 과제인 '안보'에 만전을 기하되, 그것으로 다른 이슈에서의 정당성까지 공짜로 확보하려고 하는 모습을 보이지 않는 정직한 태도일 것이다.

재난과 선거의 승패

세 가지 재난이 알려주는 결론은 간명하다. 유권자의 판단이 재난 그 자체로 완결되는 일은 결코 없다는 것이다. 유권자는 언제나 그에 대한 대응인 구조, 수습, 사과, 예방 등의 정부의 행위들을 모두 디테일하게 관찰한다. 사실적 내용을 넘어 감정적 내용에 대해서도 중점을 둔다는 것이다. 그리고 합리적인 유권자는 정부에게 무한한 사과도 무한한 미안함도 요구하지 않는다. 국민의 인식과 공감대에 맞는 사과를 하면 충분하다. 무엇보다 중요한 점은 재난을 선거에 활용하려는 모습을 보이는 순간 아주 유의미한 비율의 유권자가 돌아서고, 그로 인해 선거의 결과가 뒤집어질 수도 있다는 것이다. 이는 여당에만 해당하는 이야기가 아니라, 야당에게도 해당되는 이야기이다.

12. 투표율 상승은 어느 정당에 유리하게 작용할까? : 좌우, 여야

지금까지 알아본 주제들은 모집단인 '전체 유권자' 혹은 이미 확정된 표본 집단인 '투표한 유권자'에 대한 이야기다. 하지만 선거 국면에서 더욱 중요한 존재는 '투표할 유권자'다. 제아무리 어떤 후보를 혹은 정당을 지지하는 유권자가 많다 한들, 그들이 선거에 참여하지 않는다면 말짱 도루묵이기 때문이다. 투표율은 민의가 수렴된 정도를 판단함에 있어 가장 중요한 정량 지표다. 어떤 선거의 투표율이 높다는 것은 해당 선거에 더욱 많은 유권자의 의사가 담겼다는 의미이기 때문이다.

하지만 투표율이 높다고 하여 '좋은 선거'가 이루어졌다고 볼 수는 없다. 한국의 20대 대선이나 2020년의 미국 대선처럼 네거티브로 점철된 비호감 선거의 경우에는 상대 후보의 당선을 결사 저지하기 위해 투표율이 상승하기도 한다. 하지만 높은 투표율은 대부분의 경우 최소한 유권자의 정치 관심도 상승을 의미하며, 어찌 되었든 더욱 많은 주권자의 의사 표명이 이루어졌다는 점에서 항상 권장되고 격려되어야 할 민주주의의 핵심 목표다.

21C 한국의 전국 단위 선거의 투표율은 다음의 표와 같다. 전반적으로 대통령 선거의 투표율이 가장 높으며, 큰 차이는 없지만 국회의원 선거, 지방선거 순으로 투표율이 높다. 아래의 표를 살펴보자면,

대선 직후의 선거의 경우, 허니문 기간인 탓에 여당의 승리가 확실시되어 대부분 투표율이 낮다는 걸 알 수 있으며, 노무현 대통령 탄핵 정국 직후의 선거였던 04년 국회의원 선거, 좌우 갈등이 극에 달했던 18년 지방선거, 20년 국회의원 선거의 투표율이 높다. 이는 갈등과 투표율은 서로 비례 관계에 있음을 의미한다. 투표율은 중요한 선거일수록 그리고 갈등 수준이 높을수록 상승하는 것이다.

21C 한국의 전국 단위 선거 투표율

대통령선거	국회의원선거	지방선거
80.7% (1997년, 김대중)	57.2% (2000년, 보수 +1석)	48.8% (2002년, 보수)
70.8% (2002년, 노무현)	60.6% (2004년, 진보 과반)	51.6% (2006년, 보수)
63.0% (2007년, 이명박)	46.1% (2008년, 보수 과반)	54.5% (2010년, 진보)
63.0% (2007년, 이명박)	54.2% (2012년, 보수 과반)	54.5% (2010년, 진보)
75.8% (2012년, 박근혜)	58.0% (2016년, 진보 +1석)	56.8% (2014년, 진보)
77.2% (2017년, 문재인)	66.2% (2020년, 진보 180석)	60.2% (2018년, 진보)
77.1% (2022년, 윤석열)	2024년 실시 예정	50.9% (2022년, 보수)

주 : 괄호는 (시행연도, 승자)를 의미함.
출처 : 중앙선거관리위원회의 자료를 바탕으로 저자 작성

정치인들은 알려주지 않는 정치이야기

누가 투표하는가?

갈등이 높은 것은 지양되어야 할 모습이다. 그리고 갈등은 투표율 견인의 강력한 원인일 수는 있어도 그 자체로 단독 요인일 수는 없을 것이다. 투표율을 결정하는 요인으로는 어떤 것들이 있는지 살펴볼 필요가 있을 것이다. 다음의 내용들은 '집단' 수준에서 확인된 사실들이고, 수천만의 인구에게 모두 직접 묻는 것은 사실상 불가능하다. 즉, 대체적으로 성립하는 사실인 것은 맞지만, 집단 내의 어떤 구성원에게는 적용되지 않는 생태학적 오류에는 주의할 필요가 있다. 그리고 언급된 주요 요인 외에도 다른 요인들도 충분히 여럿 존재할 것이다.

첫째, 연령과 성별이란 아주 기초적인 개인 요인에 따라서도 투표율은 달라질 수 있다. 고령일수록 투표에 열심히 참여하는 것은 주지의 사실이다. 이러한 현상이 발생하는 가장 유력한 이유는 '비교적 시간 여유가 많기 때문'인데, 이에 대해서는 이견이 갈리지 않는다. 하지만 성별과 관련해서는 여전히 많은 논쟁이 남아있다. 전통적으로 남성 투표율이 여성 투표율에 비해 더욱 높게 나타나는 현상은 쉽게 확인할 수 있는 사실이었다[77]. 하지만 19대 대선(2017) 이후의 모든 선거에서 여성이 남성보다 높은 투표율을 보이고 있다.

투표율에서의 성차(Gender Gap)에 대해 분석한 연구[78]에 따르면, 여성의 투표율 상승을 주도한 계층은 젊은 여성층이다. 20대의 경우, 군복무 중인 남성들이 무더기로 투표한다는 특수성까지 감안하면,

최근의 젊은 여성층은 투표에 정말 적극적인 것으로 이해해도 큰 무리는 없다. 전체 여성의 투표율 역전이 뚜렷해진 것이 2017년일 뿐이지, 2010년대 들어 청년층의 투표율은 여성이 남성보다 대체적으로 높았다. 여기서 주목할 만한 사실은 그녀들의 높은 투표율이 과거의 일시적 현상에서 멈추지 않고, 현재까지 이어져왔다는 점이다. 이러한 사실은 장기적으로 연령층 내 여성들의 정치 관심도가 상대적으로 적은 노년층의 비율이 감소함에 따라, 남녀의 투표 참여율 격차가 더욱 벌어지며 선거에서 여성이 더욱 중요한 계층으로 떠오를 수 있음을 시사한다. 투표하는 남성은 대부분 고령이고 투표하는 여성은 대부분 젊은 층이기 때문이다. 성별 간 적극 투표층의 격차가 누적되면, 더욱 큰 격차를 만들어낼 것이다.

이러한 현상이 발생한 이유를 살펴보자면, 우선적으로 현재의 한국은 생물학적으로 여초 국가다. 즉, 사회적 능력을 가진 여성의 수가 과거보다 증가했을 뿐만 아니라, 여성의 수 자체가 남성의 수보다 더욱 많아졌다. 2015년 12월을 기점으로 여성인구가 남성인구를 넘어섰다. 심지어 서울의 경우에는 여성인구가 남성인구보다 10% 정도 많다. 이와 같은 현상은 서울뿐만 아니라, 대부분의 광역시에서도 확인된다. 반면, 경북, 전남, 강원 등의 도(道) 지역에서는 남성인구가 많다.

게다가 최근 들어 선거에서 '젠더'가 아주 유효한 변수로 떠올랐다. 이러한 현상을 가부장제 극복이나 페미니즘의 차원에서만 해석하기에는 부족한 면이 있다. 여성들이 주로 이용하는 온라인 공간을 보면, 일반적인 정치 이슈도 아주 많이 다루어지고 있을 뿐만 아니라, 한국에서 가장 큰 사회과학 조사인 한국종합사회조사 16개년의 누적자료를 바탕으로 보았을 때도 여성들은 젠더 외의 여러 가지 의견을 표명하고 있다[79]. 이는 여성들이 젠더라는 관심사에 속박되어 진보를 지지하는 것이 아니라, 진보적이기 때문에 젠더 이슈에 관심이 높을 수도 있다는 주장의 근거가 될 수 있다.

투표율을 상승시키는 둘째의 내용으로 정당일체감과 정치관심도를 살펴볼 수 있을 것이다. 정당일체감이 높은 유권자가 투표에 적극적이란 것은 만국 공통의 사실이다. 하지만 우리는 한국과 같은 양당제인 동시에 상호 혐오가 심한 환경에서 정당일체감은 투표율 상승에 있어 가장 중요한 요인으로 격상된다는 점에 추가적인 관심을 둘 수 있어야 한다. 내가 투표를 하지 않으면, 내가 스스로와 동일시하고 있는 정당이 패배하는 일뿐만 아니라, 내가 너무나도 싫어하는 반대 진영의 정당이 득세하게 되는 일이 발생하기 때문이다. 정치관심도 증가로 인한 투표율 상승도 역시 당연한 이야기다. 물론 축구를 보는 것은 좋아하지만, 축구를 하는 것을 싫어하는 것처럼 관심은 높되 투표를 하지 않는 계층이 존재하기는 한다. 바로 20대 남성이다. 20대 남성은 높은 정치관심도를 보이지만 비선거적 정치 활동에 주력하는 경향이 있다[80].

셋째, 사회경제적 특성도 투표율과 상관성이 높다. 먼저, 교육 수준이 높을수록 투표율은 상승한다. 선거마다 차이가 있을 수는 있지만, 가령 06년과 10년의 지방선거에서 선거구의 대졸 이상의 인구 비율이 1% 증가할 경우, 약 0.3%의 투표율 증가가 확인되었다. 이러한 현상이 발생하는 이유는 교육 수준이 유권자의 시민의식 형성에 긍정적 방향으로 영향을 미쳤기 때문으로 추정[81]된다. 직업 수준의 경우에는 화이트 칼라일수록 투표 참여에 긍정적인 것은 약하게 확인되지만, 여러 연구에서 통계적으로 유의미하지 않다고 보고되고 있다.

소득 수준 역시 높을수록 기권층이 적다는 즉, 적극적으로 표를 한다는 통계가 확인된다[82]. 주거 지역에 따라서도 투표율이 달라진다. 도시와 농촌의 투표율은 서로 다르게 나타난다. 40대 이상의 경우에는 농촌지역에서 높은 투표율을 보이지만, 청년층의 경우, 오히려 도시에서 높은 투표율을 보인다[83]. 이는 교육 수준이나 직업의 영향이 있을 것으로 추측된다. 자가의 유무도 투표율에 유효한 변수다. 자가의 유무가 사회경제적 지위라고 보기는 다소 애매한 감이 있지만, 투표율 증가에 있어 고령보다 더욱 강력한 영향력을 미치는 요인이다[84]. 이는 주택소유자가 자산에 대한 위험을 막기 위해 정치에 대한 관심을 더욱 크게 가지게 되고 그것이 투표에 대한 적극성으로 이어졌기 때문인 것으로 추정[85]된다.

누가 기권하는가?

유권자의 투표 기권은 민주주의의 가장 큰 재앙이요, 슬픔이다. 국가의 기반과 정권의 정통성을 약화시키는 전형적인 문제이기 때문이다. 호주의 경우, 해당 문제를 해결하기 위해 투표 불참자에게 벌금을 물릴 정도로 이는 민주주의에서 중요한 이슈다[86]. 물론 벌금이 20호주달러(약 17,000원)로 그렇게 부담스러운 수준은 아니다. 벌금 덕분인지는 몰라도, 호주의 투표율은 90%에 육박한다. 하지만 이러한 조치는, 투표장에 들어가서 아무 번호나 찍고 나오는 '당나귀 투표'라는 부작용이 발생하기도 한다는 점에서, 투표율의 건전한 증진에는 도움이 되지 않는다고 보는 게 타당하다. 게다가 불참 역시 일종의 의사표시로 볼 수 있는데 이를 막을 수는 없다. 즉, 투표율 상승의 대책을 마련하기 위해서는 어떤 유권자가 투표하고 어떤 유권자가 기권하는지를 정확하게 분석해볼 필요가 있을 것이다. 투표율만 높다고 선거가 성숙되고 확장되었다고 보기는 어렵기 때문이다.

기권자의 정체는 다층적이고 복잡하다. 한국적 환경에서 중요한 특징들만 짚어보자. 먼저, 현재의 정치 전반 혹은 모든 정당에 불만을 가지고 있는 유권자가 가장 대표적인 기권자다[87]. 쉽게 말해, 투표장에 가서도 찍어줄 사람 혹은 정당이 없다고 생각하는 유권자들이다. 이는 특정 정당에만 불만을 가지고 있는 유권자와는 구별된다. 만약 한쪽에만 불만을 가지고 있다면, 반대 혹은 그 외 정당에 투표하면 될 것이기 때문이다. 대표적인 예시가 한국의 20대 대선(2022)의 젊은 여성층이다. 이들은 민주당을 주로 지지해온 계층이었는데, 젠더 이슈 관련해서 악재가 너무 많았던 이재명 후보에게는 도저히 표를 줄 수가 없어 이준석 국민의힘 대표가 그녀들의 심기를 건드리기 전까지는 투표 의사가 대단히 낮았었다. 이와 같은 기권층은 대안 정당이 등장하게 되면 참여를 하게 될 수도 있지만, 현재 한국의 경우에는 다당제에 대한 회의감이 높은 상태이기 때문에 그러한 기대를 하기는 어렵다.

다음으로, 정치 참여의 효용을 낮게 느끼거나 나아가 무력감을 느끼는 유권자가 기권자가 된다[88]. 즉, 내가 투표를 한다 한들, 나한테 떨어지는 이익이 없을 뿐만 아니라, 사회적으로도 큰 가치가 없다고 여기는 유권자들은 투표에 불참한다. 이들은 의지는 있지만 옵션이 없어 투표를 하지 않는 먼저의 기권자들과는 의지가 상실된 혹은 원천적으로 없는 유권자란 점에서 구별된다. 한편, 투표라는 일의 효용은 크게 두 가지로 구분된다[89].

하나는 Downs의 도구적 효용(instrumental utility)이다[90]. 즉, 투표라는 행동을 통해 얻을 것으로 기대되는 '효용'과 발생하리라 예상되는 '비용'을 서로 비교해봤을 때, 효용이 더욱 크다면 투표를 참여하게 된다는 아주 직관적인 경제학적 논리이다. 하지만 해당 효용은, 투표 결과가 극히 적은 표차로 결정되리라 예측되지 않는 이상, 유권자들은 대부분 자신 한 명의 표만으로는 결과를 바꿀 수는 없을 것이라 판단한다는 점에서, 그들 각각은 항상 비용을 효용보다 더 크게 느끼지 않겠냐는 비판을 받는다. 다른 하나는 해당 비판을 수용하여 마련된 보다 입체적인 효용 개념으로, Riker와 Ordeshook이 제시한 표현적 효용(expressive utility)이다[91]. 해당 효용에는 투표에 참여한 일 자체에서 오는 뿌듯함, 지지 정당에 선호를 표현했다는 만족스러움, 민주사회의 일원으로서 역할을 해냈다는 보람 등이 포함된다.

지난 문재인 정부의 인기가 90%에 육박했던 이유도 '표현적 효용'에 있다. 문재인 정부는 나열된 건조한 보람뿐만 아니라, 민족주의와 역사 투쟁, 정의라는 뜨거운 효용을 선거에 녹였다. 기실 녹인 수준을 넘어, 유권자들로 하여금 선거 승패와 정의의 실현을 동일시 하도록 만들었다. 이는 이미 통일, 반일, 적폐청산 구호에 동기화가 되어있는 유권자들뿐만 아니라, 정치 무관심층도 쉽게 소화할 수 있는 정치적 소재를 준 것이란 점에서 더욱 유효했다. 반면, 보수 정당은 경제나 사법 같은 어려운 이야기에만 매진했으니, 국민들의 정당 선호가 달랐던 건 어찌 보면 당연하다. 문재인 정부에서 정치 행사의 연출을 담당했던 탁현민 의전비서관(1급)이 장·차관보다 주목을 받고, 사표를 내고 또 내도 청와대에 다시 호출된 이유가 여기에 있다.

현재의 민주당은 당시와 같은 국회의원 구성을 유지하고 있지만 고전을 면치 못하고 있다. 언론에서 주로 언급하는 당대표 리스크도 무관하지는 않겠지만, 이는 원천적으로 마케팅의 실패와 정치라는 플랫폼에서 사용자 경험을 고취하는 데 실패한 것에 있을 것이다. 결국 정치에서는 내실도 내실이지만, 그것의 홍보 수준도 득표에 있어 정말 관건적이라는 것이다. 최근 윤석열 정부 역시 마케팅에 열을 올리고 있다. 관료들의 국정 홍보 실적을 S, A~D 등급으로 세분화하여 적극적으로 평가하기로 했는데, D등급을 받는 경우, 대통령실 면담이 이루어진다고 한다. 게다가 주요 부처의 대변인직을 1급으로 격상시키기도 했다. 선거보다는 정책의 차원이라는 점에서 차이는 있다. 하지만 정책 홍보가 선거와 무관할 리는 만무할 것이다.

투표율과 선거의 승패

투표율이 상승하면, 어느 정당에 유리할가? 투표율과 선거의 승패는 전혀 상관성이 없을까? 지금은 잊혀졌지만, 투표율이 상승하면 민주당 즉, 진보 진영에게 유리하다는 속설이 있었다. 해당 속설은 한국뿐만 아니라, 미국에도 존재했다. 하지만 해당 속설은 그것의 잊혀짐에서 추측할 수 있듯, 머피의 법칙처럼 그야말로 속설에 불과하게 됐다. 왜 그런 속설이 생겼고 때때로 맞아들었던 것일까?

해당 속설이 존재했던 가장 큰 이유는 '청년층의 낮은 투표율' 때문이었다. 장·노년층의 투표율은 항상 일정 수준 이상의 높았지만, 청년층의 투표율은 대부분 저조했기 때문이다. 즉, 투표를 할 사람은 이미 다 하고 있는 장·노년층의 투표율은 상수인 것이고, 투표율 상승은 언제나 청년층에서 비롯됐던 탓에 '전체 투표율 상승 = 청년층 투표율 상승'이란 등식이 성립했던 것이다. 그런 한편으로, 청년층은 주로 진보 정당을 지지했기 때문에, 진보 정당이 획득하는 현상이 발생했고 이것이 속설로 굳어진 것이다. 하지만 이전 장에서도 언급했듯, 최근에는 20대가 보수화되기 시작했고, 이들이 전체 유권자 중 상당한 수적 비율을 차지하게 되면서 속설은 옛말이 되었다. 그럼에도 불구하고, 하나의 전략은 여전히 유의미할 것이다. '투표율이 낮은 계층'의 지지를 받는 '정당'은 투표율이 높을수록 좋은 결과를 낼 수 있을 것이란 점이다. 해당 계층과 정당이 각각 굳이 청년층과 민주당이 아니더라도 말이다.

[부록]

사전투표제는 민주주의를 성숙시켰을까?

앞서의 이야기를 뒤집어 보자면, 낮은 투표율이 어떤 정당에게는 유리할 수도 있다. 하지만 투표율을 일부러 낮게 만든다는 것은 민주사회에서 있을 수 없는 일이고, 선거 전략 차원에서도 불확실성이 너무 크다. 그런데 모든 투표율 상승이 항상 민주적으로 바람직한 것일까? 사전투표제와 함께 그에 대해 알아보도록 하자.

2014년 지방선거부터 본격적으로 실시된 사전투표제는 과연 투표율을 상승시켰을까? 사전투표제는 선거인이 별도의 신고 없이 사전투표 기간 동안에 전국의 사전투표소 어디에서나 투표를 할 수 있도록 하는 제도를 말한다. 즉, 사전투표제는 그것의 명칭에서도 확인할 수 있듯 시간의 차원에서뿐만 아니라, '공간'의 차원에서도 선거인의 투표참여 기회를 확대시켜주는 제도이다. 후자는 다수의 외국의 사전투표제와 구분되는 한국만의 특징이다. 해당 제도는 선거에 시공간적 여유를 확보했다는 점에서 투표를 할 의사가 충분하였으나 불의의 혹은 불가항력적인 이유로 투표에 참여하지 못했던 사람들의 불편을 해소해주었다는 점은 부정할 수 없다.

하지만 조삼모사의 문제[92]가 남는다. 사전투표제가 실시될 경우, 본선거일의 투표 참여자는 하락할 수밖에 없다. 즉, 비록 사전/당일 투표율의 총합이 소폭 증가하더라도, 그것이 선거의 제일 목적인 민의를 수렴한 정도를 증가시켰다고 보기 어렵다는 것이다. 이는 '사전투표'에 참여한 유권자가 정치 고관심층이거나 정당일체감이 강한 한편, 고소득층 혹은 고령의 유권자라는 연구 결과[93]가 뒷받침한다. 이말인즉, 어차피 당일에도 선거를 할 사람들이 미리 했을 뿐이란 것이다.

당연한 이야기지만, 제도적 차원에서의 투표율 상승의 진정한 의의는 투표에 참여할 의사가 없었던 유권자가 투표장으로 향하게 하는 것에 있다. 해당 효과를 발생시키지 못한다면, 사전투표제란 제도가 진정한 의미의 투표율 제고에는 도움이 되지 않는 제도라고 보기는 어려울 것이다. 한국 역시 이러한 비판의 예외가 아니다. 최근 국민의 전반적인 정치적 관심도가 상승했고 양극화가 심해져 진영의 승리를 위해 투표율이 전반적으로 상승하고 있다. 즉, 사전투표제가 투표율을 끌어올린 것인지 양극화 등으로 인한 정치 환경의 변화로 인해 투표율이 상승한 것인지 밝히는 것은 퍽 어려운 일이기는 하다.

관련한 연구는 그럼에도 불구하고 분주히 이루어지고 있다[94]. 절대다수의 관련 연구는 안타깝게도 기권자의 속성과 사전투표자의 속성이 분명하게 구별된다고 보고한다. 즉, 어차피 투표할 사람에 대한 분산 효과만 있을 뿐, 투표 의사가 없는 사람 즉, 기권자를 투표하게끔 하는 동원 효과는 미미하다는 것이다. 20대 총선(2016) 자료를 바탕으로 하는 사전투표에 대한 연구[95]에 따르면, 사전투표가 투표율을 제고하는 '순효과'는 지극히 제한적이다. 즉, 해당 제도가 있을 때의 투표율과 없을 때의 투표율이 크게 다르지 않았다는 것이다. 부정선거 이슈로 인해, 사전투표 편향이 발생하기 이전의 최후의 선거였던 21대 총선(2020)에 대한 연구[96]에서도 비슷한 결과가 확인된다.

이러한 현상은 총선이 아닌 대선과 지선에서도 발생한다. 2014-18년의 네 번의 전국선거에서의 사전투표 유권자의 특징 변화에 대한 연구[97]에 따르면, 한국의 사전투표자 역시 공식 선거일 투표자에 비해 높은 정치관심도와 강한 정당일체감을 가지며, 투표에 꼭 참여해온 히스토리가 있거나 투표할 후보자를 일찍이 결정한 사람들이다. 다만, 한국은 젊은 사람일수록 사전투표에 적극적이란 차이점은 있었다. 그렇다고 하여, 이러한 점이 청년층의 낮은 투표율을 제고한 것과 등치될 수는 없다.

사전투표제는 이상 언급한 바와 같이 투표율에 대해 약한 수준의 양적 제고 효과를 갖지만, 질적으로 개선하는 데에는 한계를 갖는다. 즉, 민주주의를 성숙시켰다고 보기는 어렵다. 추가적으로 사전투표제의 부작용을 짚어보자. 어디까지나 주의가 필요하다는 것이지, 제도의 존재 자체를 부정해야 할 정도의 문제는 아니란 것을 미리 밝혀둔다. 그리고 생각보다 막대하게 추가되는 비용의 문제는 논하지 않겠다.

첫째, 사전투표제는 공식 선거일의 중요성을 하락시킨다. 이는 유권자들의 인식 및 의무감을 약화시키는 요인으로 작용함으로써 투표율이 전반적으로 낮아지는 현상으로 연결될 수 있다[98]. 즉, 선거 열기의 집중도가 떨어짐으로 인해서, 선거 의사가 그닥 없었지만 민주시민으로서의 의무감을 느껴 선거 당일에 투표에 참여하던 사람들에 대한 동기부여가 약화될 수 있다는 것이다. 이는 투표층의 질적 구성을 긍정적인 방향으로 증진시키는 것에는 오히려 해가 될 수 있다.

둘째, 낙장불입의 문제다. 사전투표일에 던져진 표는 사전투표일과 본 선거일 사이에 발생한 뉴스 혹은 사건에 대한 정보를 포함하지 못한다. 즉, 완전한 정보를 바탕으로 던져진 표가 아니다. 지난 20대 대선 당시, 국민의힘 이준석 대표가 '각종 조사에서 여성의 투표 의향이 남성보다 떨어지는 것으로 나오고 있는데, 온라인에서 보이는 조직적인 움직임이 투표로 이어지지 않는 것으로 보인다'라는 발언을 하였는데, 이는 사전투표 이후의 발언이었다. 물론 해당 발언이 여성 비하라고 보기는 어렵지만, 당시 2030 여성들은 상당히 예민하게 받아들였다. 만약 사전투표 이전에 해당 발언이 나왔다면, 0.7%p 차이의 선거 결과는 충분히 달랐을 수 있다.

셋째, 아전인수의 문제다. 사전투표가 양적으로 투표율을 상승시킬 수는 있어도 던져진 표들의 질적 개선을 확신할 수는 없는데, 단순히 투표율이 높다고 민의를 대표했다고 보아서는 안 된다는 것이다. 유권자는 최대한의 정보를 바탕으로 투표를 하려고 하는 것은 당연한데, 만약 유권자가 이를 고려한다고 가정해보면, 사전투표일과 본 선거일 사이 기간의 정보가 중요하지 않은 즉, 이러나 저러나 특정 정당의 후보에 표를 줄 사람들만 사전투표에 참여한 것이다.

달리 말해, 높은 투표율이라고 하여 폭넓은 지지를 받은 당선자가 되는 것은 아닐 것이다. 사전투표제도가 있음에도 원천적으로 투표권이라는 자신의 권리를 행사하지 않는 것은 유권자 자신의 책임이라 봐야 하는 것은 맞지만, 그렇다고 하여 정치인들이 자신에게 던져진 표에 그들의 민의가 담겼다고 '간주'해서도 안 된다.

13. 당선되는 후보는 어떤 후보일까?
: 직업, 학벌, 경력, 여야, 지역, 경제

선거는 '사람'을 뽑는 일[99]이다. 누가 당선되고, 누가 낙선하는가? 우리가 결국 알고 싶은 내용은 여기에 있다. 어떤 후보가 당선될까? 서울대를 나오면 유리할까? 법조인이면 당선에 유리할까? 어떤 경력을 가진 사람이 주로 당선될까? 여당 소속으로 출마하면 유리할까? 아무래도 현직 후보가 유리할까? 등의 궁금증들은 모두 '누구'라는 의문대명사를 향해 있다. 이번 주제에서는 '당선인'이란 존재에 대해 파헤쳐볼 것이다. 다음의 표[100]는 13대(1987)부터 21대(2020) 총선까지의 당선자(1위)와 낙선자(2위 이하) 전체 데이터에서 1~2위 후보만을 취합한 데이터셋을 바탕으로 당선에 영향을 미치는 요인을 분석[101]한 것이다. 빈칸의 경우, 영향력이 없음을 의미한다.

제시된 표는 상식에 반하는 결과가 나타났다는 점에서 흥미롭다. 생물학적 요인을 살펴보자면, 남자라고 당선되고 여자라고 낙선되는 현상은 없고, 어릴수록 당선될 확률이 증가한다는 것이다. 이는 유권자가 젊은 후보를 선호하는 것이 첫째의 이유일 것이고, 공천 단계에서 나이가 어린 후보의 경우에는 전략적으로 영입된 후보일 확률이 크고 그런 후보는 안전한 지역구를 배정해주기 때문일 가능성도 존재한다. 정치 경력 요인을 살펴보자면, 현직 국회의원이거나 당선 횟수가 많은 국회의원은 당선 확률이 높다. 그리고 보수 정당 소속 후보는 약간의 핸디캡이 존재한다. 무엇보다 역시나 '텃밭' 출마가 가장 강력한 영향력을 가졌다. 다른 모든 유의미한 요인의 영향력을 합친 것보다 텃밭 요인이 더욱 강력했다.

후보자의 당선에 영향을 미치는 '개인' 요인

변수(요인)	영향력	변수(요인)	영향력
성별		출신 배경	
나이	−	정치인	
텃밭 지역구	+ + +	중앙정부 관료	+ +
현직 국회의원	+ +	지방정부 관료	+ +
당선 횟수	+ + +	법조인	+
보수 정당 소속	−	언론인	+ +
교육		군인	+ +
학벌		기업가, 노동계 인사	
(SKY 출신 · 유학파)		교수, 의료인, 등	
학력(무학~대학원)			

출처 : 문우진(2022) 자료를 바탕으로 저자 작성

　'교육'과 '출신 배경' 요인을 살펴보자면, 놀랍게도 학력·학벌이 당선과는 무관하고, 법조계 경력이 당선에 그다지 긍정적인 영향을 미치지 못한다. 21대 총선(2020) 당선자의 40%가 SKY 출신이고, 16대(2004)와 18대(2012) 총선은 각각 48%와 40%가 서울대 출신인데, 어떻게 상식에 반하는 결과가 나타난 것일까? 이유는 간명하다. 서울대 출신 후보자들이 많이 당선되기도 했지만, '낙선'도 많이 했기 때문이다.

당선된 국회의원을 성공한 중국집에 비유해보자면, 국회의원의 학력·학벌이 당선에 결정적인 영향을 끼칠 것이라 오해하는 것은 중국집의 성공 비결이 대부분 '짜장면'에 있다고 믿는 것과 같은 오류다. 성공한 중국집의 절대다수는 '짜장면'을 판매할 것이다. 하지만 중국집의 성공이 '짜장면'으로 결정되는 즉, 여러 음식점 중 하필이면 해당 중국집을 찾는 이유가 '짜장면'에 있는 경우는 드물다. 무엇보다 짜장면을 판매하는 중국집 중에 실패한 가게가 성공한 가게보다 훨씬 많을 것이다.

19~21대 국회의원의 출신 배경의 약 15%를 차지하는 법조인도 비슷한 관점에서 이해할 수 있다. 출마 자체는 여타 직군에 비해 법조계에서 압도적으로 많이 하지만, 그만큼 떨어지는 법조인 후보도 많다는 것이다. 물론 서울대 출신이거나 법조인 출신이란 개인적 배경이 국회의원 당선에 방해가 될 리는 만무하고 당연히 도움이 될 것이다. 다만, '결정력'이 없다는 것을 이야기하는 것이고, 이는 유권자가 변호사라고 서울대 나왔다고 무턱대고 뽑아주는 것은 절대 아니라는 의미가 된다.

반면, 관료, 언론인, 군인의 세 출신 배경은 당선에 상당한 영향을 미쳤다. 이들이 타 직군에 비해 당선될 확률이 컸던 이유는 무엇일까? 먼저, 인지도 혹은 노출 빈도상의 우위가 작용했을 가능성이 크다[102]. 사회적 영향력 자체로는 크게 뒤지지 않을 기업가, 교수, 노동계 및 의약계 인사의 경우에는 당선되지 못했기 때문이다. 다음으로,

'될 사람'이 '될 곳'에 출마했을 수 있다. 즉, 앞서의 서울대 출신이나 법조인 출신은 워낙 많이 출마하는 탓에 낙선자도 많았지만, 해당 직군 출신의 후보자의 경우에는 꽤나 정돈된 상황 혹은 당선 확률이 높은 시기나 지역에서만 출마를 해서 낙선자가 적었던 것이다. 한편, 관료의 경우, 지방 관료의 당선 확률이 중앙 관료의 그것보다 더욱 높았는데, 이는 지역구 선거의 속성 자체가 전자에 더욱 유리하기 때문일 것이다.

여야에 따라 당선에 대한 '영향력'이 달라진 '개인' 요인

	여당	야당
지방정부 관료	++	+
법조인	유의미한 영향력 없음	++
언론인	+	++
기업가	+	유의미한 영향력 없음
의료인	+	유의미한 영향력 없음
군인	+	유의미한 영향력 없음

출처 : 상동

여야에 따라 각각의 직업적 배경의 영향력이 달라지는 이유는 무엇일까? 다음의 내용은 연구 차원에서 합의가 된 부분은 아니며, 필자들의 추론이다. 먼저, '여당 후보'로 출마하면 당선 가능성이 더욱 높다. 그러한 점에서 지방정부 관료나 군인과 같이 퇴임 직후에 즉, 아직 사회적 영향력이 생생할 때 출마하는 경우가 많은 직군은 여당

후보로 출마하는 것이 당선 확률이 더욱 높았을 것이다.

다음으로, 87체제 이후, 보수가 4회, 진보가 3회로, 보수가 여당이 된 경우가 더 많기 때문일 것이다. 기업가, 의료인, 군인 출신의 경우에는 보수적 성향을 가진 경우가 많다. 즉, 이들은 보통 보수 정당의 후보로 출마할 것인데, 보수가 더욱 자주 여당 효과를 가졌으니, 당선 확률이 상승했을 것이다. 반면, 법조인 당선자는 진보에 더욱 많다. 21대 총선(2020)에서도 46명의 법조인이 당선되었는데, 이들 중에서 31명이 진보 정당인 더불어민주당 소속이다. 언론인의 경우, 진영 차원에서는 뚜렷한 이유를 확인하기 어렵다. 민주화 이후로는 소속 정당이나 출신 지역에서 두드러지는 편향이 확인되지는 않는다[103].

후보자의 당선에 영향을 미치는 환경 요인

변수(요인) 변수(요인)	영향력		
	여당	야당	종합
경제 성장률	장·단기 경제성장률 모두 영향력 없음		
정당 지지율	+(*)		+
대통령 지지율		−	
여당 후보 출마			+
여당 집권기간	− −	+ +	+
경쟁 후보 수			

주 : (*)의 비례 관계는 장기경제가 긍정적인 경우에 한정됨.
출처 : 상동

환경 요인도 정말 중요하다. 대부분의 환경 요인은 앞서의 주제들로 다루었지만, 마지막으로 디테일을 더할 필요가 있을 것이다. 특히나, 위의 내용들은, 누울 자리를 보고 다리를 뻗으라는 말이 있듯, 출마를 고민하는 사람들에게는 '당선 가능성'이 높은 환경인가는 시기 즉, '때'를 가시적으로 판단할 수 있는 요소란 점에서 정말 중요한 내용이다.

위의 표는 앞의 '경제투표' 투표 주제의 결론을 다시 한번 확인해 준다. 한국 유권자는 정치에서 경제를 중시하지만, 막상의 투표에서는 그를 반영하지 않는다. 대통령 지지율의 상승이 여당 후보의 당선 확률을 높이지는 못하지만, 야당의 당선 확률은 약간 떨어뜨린다. 그리고 자당의 높은 정당 지지율은 여당 후보에 한정하여, 대통령 임기 동안의 경제 성장률을 고려하는 경우에만 긍정적 영향이 있는 것으로 확인된다[104]. 여당 후보로 출마하는 것이 대체적으로 유리한 선택인 것은 맞지만, 여당의 집권 후반기에 출마하는 경우에는 오히려 불리한 것으로 확인된다. 반면, 야당 후보는 유리하다. 그리고 경쟁 후보의 수는 당선에 영향을 미치지 못했다. 이는 양당 구도가 강고하기 때문에, 기타 후보가 웬만한 후보가 아닌 이상 당선될 일이 없기 때문인 것으로 판단된다.

초선 의원

한국은 여타 선진국에 비해 초선의원의 비중이 높은 편에 속한다. OECD 회원국 중에서 가장 높은 수준이다. 한 칼럼[105]에 따르면, 매번의 총선마다 '물갈이'를 금과옥조로 삼아서인지 절반 정도가 초선의원으로 당선된다. 우리 국회의 짬 지상주의 문화 탓에 육군 대장 출신 '초선'이 병장 출신 '3선'보다 국방위에서 맥을 못 추는 것이 어쩔 수 없는 현실이지만, 그래도 '물갈이'가 전혀 의미가 없다고 볼 수는 없다.

앞서의 자료에서 '텃밭' 요인을 제외하면, 당선 확률을 가장 높이는 요인은 '현직'과 '당선 횟수'였다. 해당 자료는 많은 변인들을 상정하고 통제한 분석이었다는 점에서 물론 정말 좋은 자료이지만, 초선만의 특징도 한 번 살펴볼 필요가 있을 것이다. 민주화 이후 초선의원의 사회경제적 배경에 관한 연구[106]는 여러 가지 읽을거리를 제공한다. 해당 자료는 민주화 이후 첫 총선이었던 13대 총선(1988) 이후 20대 총선(2016)까지의 내용을 바탕으로 하고 있으며, 21대 총선의 정보의 경우에는 필자들이 별도로 보충한 것이다.

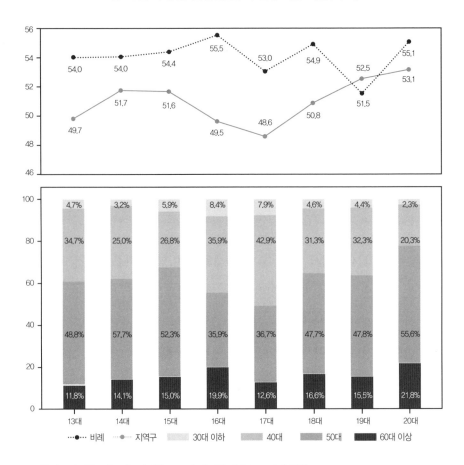

'초선 의원'의 평균 연령(상단)과 연령대별 비율(하단)

출처 : 김기동·차보경·이재묵(2018)의 자료를 바탕으로 저자 작성

[연령] 지역구 의원보다 비례대표 의원의 연령이 높은 경향이 확인된다. 지역구 초선 의원의 연령은 대체적으로 50세 안팎으로 형성되었는데, 최근 들어서는 증가되는 추세를 보이는 반면, 비례대표의 경우에는 대체적으로 일정한 모습을 보인다. 21대 국회의 경우, 20대 국회의원 2명이 등장한 덕에 '평균' 연령은 약소하게 내려갔지만,

5060 국회의원 비율은 75.7%로 요지부동이었다. 지난 30년 동안의 대한민국 국회의 초선 의원의 표준 연령은 '50대 초반'이었다.

[성별] '지역구 초선' 의원 중에서 여성의 비율이 10%를 넘은 경우는 없다. 5%를 넘은 경우조차 '19대 국회(2012, 8.74%)'와 '21대 국회(2020, 9.03%)'의 두 번에 불과하다. 여전히 지역구 선거에서 여성의 국회 데뷔는 대단히 어렵다. 우리가 매스컴에서 접하는 여성 국회의원의 절대다수는, 강제로 절반을 여성으로 배정하여야 하는 '비례대표' 의원이거나 이미 국회에 진입한 후 재선에 성공한 의원이다.

[직업] 제시된 표에서는 (1) 비율, (2) 직업별 지역-비례 차이, (3) 시기별 비율의 변화의 세 가지에 주목하여 시사점을 얻을 수 있다. 관련된 흥미로운 내용들을 살펴보도록 하자. 먼저, (1) 비율이다. 가장 많은 비중을 차지하는 것은 역시 '정당인'이다. 초선 국회의원 자료라는 점에서 이때의 정당인에는 당연히 '국회의원'이 포함되지 않는다. 우리가 정치 뉴스를 국회의원이 생산하는 정보 위주로 접하고, '인재 영입' 혹은 '기존 관료'를 위주로 정치인의 등장을 보는 탓에 2선에서 정치에 일조하는 정당인이란 존재를 인식하지 못하는 경우가 많은데, 한국뿐만 아니라 만국 공통으로 정당인 활동은 국회의원이 되는 가장 대표적인 코스다. 보좌관일 수도 있고 당직자일 수도 있다. 다음으로 많은 비중을 차지하는 것은 법조인을 비롯한 전문직과 교수이고, 이어서 언론인, 기업인, 시민단체·이익집단도 많은 비율을 차지하는데, 이는 초선이 아닌 앞서의 '전체' 국회의원 당선자의 자료와 큰 차이를 보이지 않는 부분이다.

정당인	지역	17.5%	시·도 의원	지역	5.9%
	비례	15.1%		비례	3.8%
	전체	16.7%		전체	5.2%
지방자치 단체장	지역	7.3%	시민단 체· 이익집단	지역	4.5%
	비례	1.4%		비례	16.3%
	전체	5.3%		전체	8.4%
정무직 공무원	지역	9.8%	일반 공무원	지역	2.5%
	비례	4.3%		비례	1.2%
	전체	8.0%		전체	2.1%
법조인	지역	16.1%	교수·의 사· 전문직	지역	12.7%
	비례	6.0%		비례	25.4%
	전체	12.7%		전체	17.0%
언론인	지역	9.1%	기업인	지역	9.5%
	비례	6.7%		비례	10.6%
	전체	8.3%		전체	9.9%
군인·경 찰	지역	3.6%	연예·방 송	지역	0.9%
	비례	7.0%		비례	1.2%
	전체	4.7%		전체	1.0%
교사· 교육인	지역	0.7%	총합	지역	100%
	비례	1.0%		비례	100%
	전체	0.8%		전체	100%

출처 : 김기동·차보경·이재묵(2018)의 자료를 바탕으로 저자 작성

다음으로, (2) 직업별 지역-비례 차이다. 최근 한국에서 비례대표 의원은 사실상 '초선'만의 전유물이란 점에서, 우리가 주목할 필요가 있는 부분으로 볼 수 있다. 둘의 차이가 확연히 드러나는 직업군은 '시민단체·이익집단'과 '교수·의사·전문직'이다. 두 직업군은 비례 대표 당선자가 압도적으로 많다. 이러한 현상이 발생하는 이유는 비 례대표 제도에 대한 정당의 선거공학적 태도에서 찾을 수 있다. 전자 는 직능단체나 노동조합, 소수자 단체 등의 대표자를 입당시켜 정당

의 외연을 넓히기 위해 그리고 후자는 지역구 기반이 없는 전문가를 국회에 입성시켜 정당의 내실을 강화하기 위해 정당이 비례대표 제도를 활용한 결과다.

반면, '지방자치단체장', '정무직 공무원', '법조인'은 지역구 당선자 비율이 확연히 높다. 지역을 관할하는 지자체장은 당연히 지역구 당선이 용이하기 때문에 지역구 당선 비율이 높은 것인데, '정무직 공무원'과 '법조인'의 경우 지역구 당선자 비율이 높아야 하는 뚜렷한 이유를 밝힌 연구는 존재하지 않는다. 단순한 공직 및 법조 경력으로는 비례대표라는 제도의 '다양성 증진'이란 취지에 부합하는 캐릭터를 가지기 어렵고, 여타 직업군에 비해 선거에 많이 출마하고 당선확률도 비교적 높기 때문에 결과적으로 해당 차이가 확인되는 것이라 추측된다.

끝으로, (3) 시기별 비율이다. 지면상 표에는 시기별 정보가 제시되지 않았지만, 출처의 연구 등을 통해 해당 내용을 확인할 수 있다. '기업인'과 '군인·경찰', '연예·방송', '교사·교육인'의 경우, 제시된 수치의 상당 비율이 노태우-김영삼 정부 시기에 분포한다. 네 직업군은 이후 시기에 급감하였다. 이는 해당 직업군의 사회적 지위의 변화가 있었거나, 정치권과 해당 직업군이 멀어졌기 때문에 발생한 일이라 추측된다. 지방자치단체장은 오히려 점점 그 비율이 증가하였다. 이는 21C부터 지방선거가 활성화되며 정치적 외연을 확장하고 지역의 표심을 확보하기가 용이해졌기 때문이리라 판단된다. 나머지 직업군의 경우에는 민주화 이후 거의 일정한 비율을 보였다.

　[출신지] 민주화 이후의 전체 '초선 의원' 통계에서 호남이 21%로 가장 높고, 다음이 PK와 TK, 대전·충청이 거의 비슷하다. 수도권 출신 인물은 오히려 서울·인천·경기를 합쳐도 21.8%로 그들의 인구의 1/5에 불과한 인구를 가진 호남과 비슷하다. 강원(5.5%)와 제주(1%)가 가장 낮았다.

　토크빌이 '새로운 귀족정(;미국적 귀족정)'이란 지적을 했던 것처럼
국회의원의 출신 배경 중에서 가장 높은 비율(최근 3대 국회 15% 안팎)
을 차지하는 것은 단연 '법조인'이다. 대의기관인 국회가 주권자인 국
민들의 다양한 배경을 수렴하는 것이 가장 바람직하지만, 현실적으
로 그러기에는 어려움이 존재한다. 기본적으로 '경쟁'을 통한 당선이
기 때문에, 더욱 '실력 있는' — 정확하게는 실력의 존재 여부를 따지
기 이전에 '실력이 있어 보이는' — 후보자가 당선되기 때문이다. 그
리고 특히 한국에서는 '국회의원'이란 자리는 전 국민을 대표해야 하
는 역할이 부여되어 있음에도 불구하고, 주로 커리어의 끝자락에서
일생의 노력 끝에 획득할 수 있는 혹은 보상적으로 쟁취하는 감투라
는 인식이 있기 때문에, 법조인 정도의 사회적 존중을 받는 그리고
'법적 일가견'이 있다고 인정되는 구성원이 아니라면 대표자를 자임
하기가 쉽지 않다.

　그렇다면, 법조인 국회의원은 정말로 국회의원으로서 일을 잘할
까? 당연히 궁금해지는 질문일 것이다. 국회의원이 일을 잘한다는 기
준은 재단하기가 어렵다. 그래도 하나의 기준을 잡아보자면, '입법실
적'이 대표적일 것이다. 입법실적이 법안을 단순히 많이 통과시켰다는
것만으로 평가될 수는 없다. 법안이 양적으로 많이 만들어졌다고 의미

가 있는 것은 아니기 때문이다. 게다가 질적으로 우수하냐에 대한 평가는 평가자의 정치적 사견이 들어갈 수 있기도 하다. 그럼에도 입법 실적은 우리가 참고할 수 있는 가장 괜찮은 양적 기준이 될 것이다.

'법잘알'의 측면에서 입법실적을 평가하는 데 적합한 기준은 (1) 입법 성공률과 (2) 입법 기간일 것이다. 법잘알이라면, 기존 법률과의 정합성을 잘 이해하고 애초에 법안 자체가 완성도가 높을 것이기 때문에 입법 과정을 정확하고 빠르게 통과시킬 것이란 기대를 바탕으로 보자면, 입법 성공률이 높고 입법 기간이 짧을 것이다. 제19대 국회(2012-16)에서의 의원발의 법안에 대해 분석한 연구[107]에 따르면, 법조인은 '입법 성공률'과 '입법 기간' 모두에 있어 非 법조인에 대한 유의미한 우위를 전혀 보이지 않았다. 먼저, '입법 성공률'을 살펴보자면, 전체 법안에 대해서는 법조인 출신 국회의원이 아주 약소한 우위를 보였다. 하지만 이는 법조인이 특유적으로 전문성을 가진 사법시험 관련 법안에서 우위를 보였기 때문[108]이다.

평균 기준 단위 : %	법안 가결률	
	非 법조인	법조인
전체 법안	7.32%	7.53%
사법시험 법안	2.93%	7.12%
그외 법안	7.70%	7.61%

자료 출처 : 전진영·김인균(2021) 바탕으로 저자 재구성

대단히 흥미로운 사실은 오히려 법조 이외의 법안에 있어서는 非법조인의 법안 가결률이 높았다는 것이다. 비록 유의미하게 높지는 않았지만, 이상의 사실은 법률 전문가가 입법 전문가라고 단정하는 것에는 무리가 있다는 예상을 뒷받침한다. 전직 프로축구 선수 동호회와 조기축구 동호회가 경기를 했다고 생각해보라. 둘 사이에서 동점이 나올 수 있을까? 없다. 이러한 사실은 프로구단 운영 실력과 축구 실력의 차이만큼 입법 실력과 사법 실력은 결이 다른 문제임을 의미하고, 법조 실력이 다른 실력에 비해 유의미하게 중요한 스탯이 아닐 수도 있음을 시사한다.

다음으로, '입법 기간'의 경우에도 유사한 결과가 확인됐다. 법조인 출신이라고 하여 법안을 일찍 통과시키는 것도 아니었다는 것이다. 오히려 입법 기간을 단축시키는 요인은 '상임위 지도부 소속', '상임위 일치', '공동발의자 수가 많을수록', '잔여임기가 적을수록'과 같은 요인이었다. 앞서의 '입법 성공률'도 거의 비슷한 결과를 보이는데, 다만 차이가 있는 것은 '지방의회 경험'과 '여당 소속'이란 요인이 입법 성공률을 상승시켰다는 것이다.

이상의 사실이 의미하는 것은 '입법'을 잘하기 위해 우선적으로 중요한 것은 '정치적 능력'이지 '법률적 능력'이 아니란 것이다. 물론 입법 실력에 법조 경력이 도움이 되는 것은 사실이겠지만, 그것이 꼭 법조인에게 표를 줘야 할 만큼 유의미한 요인이 되지 않는다는 것만은 분명하다. 차라리 정치적 수완을 훈련할 수 있는 지방의회 경력이 더욱 입법 성공률을 상승시켰기 때문이다. 물론 사정(司政)이 정치의 제일 이슈가 된 최근의 세태에서는 법조인이 마치 정치 전쟁의 전투원처럼 필요하게 되었을 수는 있다. 하지만 국회의원 본연의 업무는 국민들의 니즈를 해결하는 것이지, 사법 투쟁에 있지 않다.

국회에는 원천적으로 사무처가 있을 뿐만 아니라 입법조사처, 국회예산정책처의 박사 인력이 즐비한 연구기관도 있다. 게다가 정당에도 엄청난 세금이 투입되는 싱크탱크가 존재하고, 차관 대우에 비서관이 9명인 국회의원은 경우에 따라 변호사를 비서관으로 고용할 수도 있을 것이다. 국회의원의 정책 능력과 정치적 수완이 법조 능력으로 합리화될 수는 없다. 정치는 완결된 사안을 평가하고 합리화하는 것이 아니라, 미래를 설계하는 것에 그 업의 본질이 있기 때문이다.

[부록 II]

시민의회 : 추첨제로 구성된 대의기관은 정상적으로 기능할
수 있을까?

'시민의회'라는 시스템이 이슈다. 이는 아테네의 민주제를 현대에
부활시킨 것이다. 아테네 민주제의 두 가지 특징은 '직접성'과 '추첨
제'란 것이다. '직접 민주제'에 대해서는 인구의 대규모성으로 인한
물리적 한계로 부정되는 등 국민들이 고민해본 바가 있지만, '추첨제'
에 대해서는 그닥 고민해본 바가 없다. 군부 통치의 대척점에 존재하
는 '선거'의 고결함만을 강조해온 탓일까. 한국은 군부 부정 이상의
민주성에 대한 논의를 심도 높게 혹은 제로 베이스에서부터 전개해
본 적이 없다. 무엇보다 선거를 강조하는 것이 현재 기득권의 헤게모
니에도 적절히 부합한다. 선거로 당선된 사람들에게 선거는 자신이
존재할 수 있는 절대적인 명분이기 때문이다.

필자들 역시 추첨제가 선거제보다 우월할 수 없다고 믿는다. 일차
적으로 경쟁을 긍정하기 때문이고, 현대 사회는 아무나 대표자가 되
기에는 너무나 복잡다난하기 때문이다. 하지만 모든 상황과 의제에
서 선거제가 우월할까? 이 질문에 대해서는 명확하게 대답하기가 어
렵다. 경제성, 합법성, 역사성을 넘어서는 현대의 특정 국가의 시민만
이 가진 니즈란 것이 분명히 존재할 것이다. 예를 들어, 상속세 문제,
존엄사 문제, 동성애·대리모 문제, 종이 빨대 등의 환경 규제, 주권
의 문제인 선거 제도에 있어서도 엘리트의 역할이 핵심적일까? 열거

된 사안들에서는 엘리트의 이성보다 차라리 민의의 일반이 더욱 중요하다. 각각은 경제학적, 법학적, 행정학적 판단보다 관념과 인식이 더욱 중요한 문제이기 때문이다.

2023년 대한민국에서 국회의원이 민의를 대표하는 존재라고 할 수 있을까? 모두가 코웃음을 칠 것이다. 그들이 명목적으로 민의를 대표한다고 해서, 그들이 진정한 민(民)이라 믿는 사람이 몇이나 되겠는가. 국회의원들은 매일 같이 민의를 대표한다고 외치지만, 민의의 실체는 블랙박스에 갇혀있어 무엇이 민의인지 그 누구도 모르는 상황에서 그것을 대표한다고 주장하는 것은 사실상 다단계 사기이다. 단적으로, 독자 여러분 중에서 여태껏 살아오면서 국회의원과 일대일로 10분 이상 대화해본 분이 몇이나 되는가?

프랑스, 네덜란드, 벨기에, 아일랜드, 캐나다 등에서는 이상의 이유로 '시민의회'가 도입됐다. 시민의회의 특징은 국가마다 약간의 차이가 있지만, 공통된 내용은 다음과 같다.

반드시 '추첨제'[109]로 구성되어야 한다. 이는 본 제도의 근본적인 원칙이다. 추첨제와 관련하여 결코 부정할 수 없는 사실은 그것이 '평등하다'는 것이다. 게다가 비용이 절약되고, 누가 당선될 것인지 사전 예측이 어렵다는 점에서 뇌물이나 포획의 문제도 적다.

임기와 연·중임이 제한되어야 한다. 무엇보다 민의를 최대한 폭넓게 수렴하기 위해서 필요한 규칙이고, 非 엘리트·선출자의 권한

독점은 엘리트의 그것보다 더욱 폐해가 클 수 있고, 선출자의 그것보다 정당성이 떨어진다.

전문가의 도움을 받을 수 있다. 교수나 관료, 전문직 종사자들로부터 컨설팅을 받을 수 있으며, 다양한 데이터에 대한 접근 권한이 허용된다.

시민의회에 최종적 의사결정권을 주는 경우는 거의 없다. 그래서 '요식적인 시스템'에 불과하다고 생각할 수도 있다. 법원의 배심원제처럼 말이다. 실제로 법원의 국민참여재판 결과 인용률은 30%를 하회한다(2017–21년 기준). 하지만 관에서 대놓고 추진하기 부담되는 정책의 경우에는 위원회에 위탁하는 경우가 더러 존재한다. 원자력 위원회가 대표적이다. 그런데 해당 구성원들을 보면 언제나 정권 친화적인 인물들 일색이다. 그들이 어떻게 선발되었는지도 알 수 없다. 시민의회가 관제 위원회보다 민주주의의 대의에 훨씬 부합할 뿐만 아니라, 인원이 최소 백 단위에서 과거 아테네의 제도처럼 6,000명에 달한다면 집단지성이 발휘될 가능성은 충분하다. 적어도 앞서 열거한 관념과 인식이 중요한 이슈에 대해서는 말이다.

이 생소한 개념의 쓰임을 비교를 통해 짚어보자. 어떤 세력이 선거가 아닌 쿠데타로 정권을 쟁취했다. 하지만 그들은 엄청난 경제 성장을 이룩하고 임기를 마무리했다. 해당 세력은 정당한 권력일까? 목적은 달성했지만, 수단 혹은 과정이 부정하다는 점에서 긍정되기는 어려울 것이다. 거꾸로 어떤 세력이 선거로 개헌도 가능한 수준의 민주적 신임을 얻었지만, 경제와 민주주의를 파탄냈다. 이 세력은 정당한 권력일까? 반대의 이유로 긍정되기 어려울 것이다.

현대의 인식에서는 후자가 더욱 긍정된다. 먹고사니즘이 해결된 현대에서는 과정이 결과보다 중요해졌기 때문이다. 옛날처럼 헝그리 정신에 천착할 필요가 없어진 상황에서는 쟁취하는 것보다는 소외·배제되지 않고, 못나지지 않는 것이 더욱 중요하기 때문이다. 상위 10%만 살아남는 세상과 하위 10%만 아니면 살아지는 세상에서 구성원의 사고방식은 다를 수밖에 없다. 최근 들어 거버넌스가 혁신되며 관료가 일방적으로 결정을 내리지 않고 웬만하면 여론을 열심히 수렴하려고 하는 이유가 여기에 있다.

여론조사가 중요시되는 이슈에서는 시민의회의 의견도 얼마든지 중요시될 수 있을 것이다. 오히려 숙의적 과정을 거친 의견이란 점에서 시민의회의 의견은 여론조사의 그것보다 더욱 유의미한 의견일 것이다. 국회가 제 기능을 상실한 탓에 국민이 거리에서 정치를 하기 시작한 최근의 상황에서 시민의회도 얼마든지 대안이 될 수 있을 것이다.

무투표 당선 : 선거 없이 당선되는 의원님들

정치적 양극화는 양당 체제를 공고화한다. 극한의 이항대립에서 제3의 옵션은 방해 요인에 불과하기 때문이다. 이것이 제도적 차원에서 현현한 문제가 바로 '무투표 당선'이다. 2022년 지방선거에서 선출 인원 4,125명 중 519명 즉, 13명 중 1명이 투표 없이 당선되었다. 지방선거가 본격화된 2002년 이후 최대 규모였다. 이들이 우리의 아파트 재건축과 도로, 도서관, 공원 정비, 우리 아이들의 급식과 학교 폭력에 영향을 미친다.

다음의 내용을 살펴보면 꽤나 놀라운 내용이 확인되는데, 무려 서울에서 30%에 달하는 구의원들이 무투표로 당선됐다. 우스갯소리지만, 구의원 임기 동안 2억에 가까운 금액을 합법적으로 수령할 수도 있고 무려 '겸직'이 가능해 생업을 유지할 수 있는데도, 해당 공직에 대해 국민적 관심이 낮은 것은 아이러니한 한편으로 안타까운 일이 아닐 수가 없다. 지방의원에 대한 관심이 아주 낮든지 혹은 당협위원장의 입김이 너무 세서 아무나 할 수가 없든지, 국민에게 정치란 그렇게 돈을 줘도 하기 싫은 일이란 말이기 때문이다.

역대 지방선거의 무투표당선 상황

단위 : 수(명), 비율(%)		제4회 (06)	제5회 (10)	제6회 (14)	제7회 (18)	제8회 (22)
광역 단체장	정수	17	17	17	17	17
	무투표당선 수	0	0	0	0	0
	무투표당선 비율	0	0	0	0	0
광역의원 지역구	정수	655	680	705	737	779
	무투표당선 수	13	44	53	24	108
	무투표당선 비율	1.9	6.4	7.5	3.2	13.9
광역의원 비례대표	정수	78	81	84	87	93
	무투표당선 수	0	0	0	0	0
	무투표당선 비율	0	0	0	0	0
기초 단체장	정수	230	228	226	226	226
	무투표당선 수	0	8	4	0	6
	무투표당선 비율	0	3.5	1.7	0	2.7
기초의원 지역구	정수	2,513	2,512	2,519	2,541	2,601
	무투표당선 수	4	16	66	30	292
	무투표당선 비율	0.1	0.6	2.6	1.1	11.2
기초의원 비례대표	정수	375	376	379	386	386
	무투표당선 수	31	56	72	30	81
	무투표당선 비율	8.2	14.8	18.9	7.7	21.0

출처 : 하세헌(2022)[110]의 자료를 바탕으로 재구성

지방선거에서 시의원, 도의원 등을 선출하는 지역구 선거는 '소선거구제'를 따른다. 즉, 가장 많은 표를 얻은 1인의 후보자만이 공직자로 선출된다. 이러한 경우, TK에서는 국민의힘 후보가 그리고 호

남에서는 더불어민주당 후보가 절대적인 우위를 갖는다. 즉, 패권 정당(hegemonic party)의 후보자가 아닌 경우에는 당선될 확률이 제로에 수렴한다. 아래의 표는 그러한 현상이 선명하게 확인된다. 서울, 경기, 부산과 같은 경합지역은 무투표 당선이 거의 발생하지 않았지만, 정당 지지의 편향이 강한 TK와 호남에서는 무더기로 발생했다. 이와 같은 현상은 공천이 선거보다 중요해지게 만들어, 지방선거 후보자 공천에 절대적인 영향력을 발휘하는 당협위원장 혹은 지역위원장의 권한이 강화되도록 기능한다.

2022 지방선거 〈광역의원 지역구 선거(소선거구제)〉의 지역별 무투표당선

시도		서울	경기	부산	경남	대구	경북	광주	전남	전북
정수		101	141	42	58	29	55	20	55	36
무투표 당선	수(명)	2	0	0	6	20	17	11	26	22
	비율(%)	2.0	0	0	10.3	69.0	30.9	55.0	47.3	61.1

주 : 다른 지역은 인천(2.8%), 울산(5.3%), 제주(6.3%) 외에 모두 0%였음.
출처 : 상동

반면, 지방선거에서 구의원 등을 선출하는 기초의원 지역구 선거는 '중대선거구제'를 따른다. 즉, 각 지역구에서 2명 이상이 당선된다. 이는 양당에는 절대적으로 유리하지만, 제3정당 이하의 정당에게는 불리하다. 따라서, 서울, 부산과 같은 양당의 경합지역일수록 양당 모두가 이미 의원정수를 채워 출마를 시켜 무투표 당선 비율이 높

고, 패권 정당이 존재하는 경우에는 해당 정당만 의원정수를 꽉 채워 출마를 시킨 탓에 표가 갈릴 것을 노리고 즉, 한 정당에 몰표를 주지 않으려는 유권자의 심리를 노리고 비지배정당이나 무소속 후보들이 많이 출마했다. 의원정수 3인 지역에서는 3등, 4인 지역에서는 4등을 할 수도 있기 때문이다.

2022 지방선거 〈기초의원 지역구 선거(중대선거구제)〉의 지역별 무투표당선

시도		서울	경기	부산	경남	대구	경북	광주	전남	전북
정수		373	406	157	234	105	251	60	215	172
무투표 당선 무투표 당선	수(명)	107	50	30	8	3	8	0	7	33
	비율(%)	28.7	12.3	19.1	3.4	2.9	3.2	0	3.3	19.2

주 : 다른 지역은 인천(18.5%), 대전(10.9%), 충남(6.6%) 외에 모두 5% 미만이었음.
출처 : 상동

한국에서도 남미의 지도자와 같은 포퓰리스트가 등장할 수 있을까?

포퓰리즘(Populism, 대중주의)은 '정치가 순수한 대중(pure people)과 부패한 엘리트(corrupt elite)라는 적대적인 구분 아래 대중의 일반의지의 표현이 되어야 한다고 보는 담론, 전략, 이데올로기 또는 스타일'이다[111]. '일반의지'의 개념은 복잡미묘해서 선뜻 다가오지 않을 수 있지만, 해당 개념은 선거 차원에서는 대중의 필요와 이익 정도로 볼 수 있다. 쉽게 말해, 포퓰리즘은 나쁜 엘리트가 아닌 대중의 뜻에 따라 그들의 필요와 이익에 부합하는 정치가 이루어져야 한다고 보는 관점인 것이다. 물론 포퓰리즘을 표방하는 정치인 역시도 엘리트라는 게 아이러니지만 말이다. 미국의 트럼프 전 대통령이 대표적인 포퓰리스트다. 트럼프는 지속적으로 워싱턴 정가와 월 스트리트의 금융 권력의 유착을 폭로하고 그들의 카르텔을 자신이 무너뜨려 미국을 다시 위대하게 만들겠다는 구호를 외치며 자신이 대중의 대변인임을 자처했는데, 이는 전형적인 포퓰리스트의 언어다.

포퓰리즘을 '대중 인기영합주의'로 보는 경우도 더러 존재한다. 즉, 정치인들이 중요한 자리에서 현명한 선택을 하지 못하고 인기를 얻으려고 입에 발린 소리만 한다는 것이다. 관련하여 주의해야 하는 것은 포퓰리즘이 '돈을 뿌리는 일'과 동일시되어서는 안 된다는 것이다. 막상 돈을 준다고 했을 때 싫어할 국민은 없을 것이라 둘을 동일시하는 경향이 있는데, 포퓰리즘은 더욱 넓은 개념이다. 그리고 포퓰리즘은 반드시 나쁜 개념이라고 볼 수는 없다. 기본적으로 민주주의란 대중을 위한 시스템이기 때문이다. 포퓰리즘이 절대적으로 나쁘다고 보는 것은 대중이 절대적으로 나쁜 선택만 한다고 볼 때나 할 수 있는 이야기다. 즉, 포퓰리즘은 대중과 친구인 동시에 적이다[112].

포퓰리즘 태도에 관한 최신 연구[113]에 따르면, 대중중심주의, 반엘리트주의, 반다원주의의 세 가지 성격이 포퓰리즘 성향과 중요한 관계가 있다. 반다원주의는 다원성 혹은 다양성을 인정하지 않는 태도를 말하는데, 현실 정치 차원에서는 정치를 선과 악의 대결로 간주하거나 타협을 신념의 포기로 이해하는 것이 대표적인 반다원주의적 태도다. 물론 불만족이 존재하는지와 상관없이 원래 포퓰리즘적인 사람도 존재할 수는 있다. 포퓰리즘 태도를 불러일으키는 가장 주요한 원인은 정치와 경제에 대한 불만족이다.

여태껏의 내용들을 읽어온 독자 여러분은 한국은 정치·사회 요인이 경제 요인의 우위에 있음을 기억하실 것이다. 포퓰리즘 태도 역시 후자보다 전자에 강력하게 반응했다. 정치적 만족도는 성별, 소득, 교육 수준 등의 다른 변수를 어떻게 통제하든지와 상관없이 항상 반비례 관계에 있었다. 즉, 정치적으로 불만족할수록 포퓰리즘 성향이 강해진다는 것이다. 반면, 경제 요인은 약한 상관성을 가졌고, 역시 개인, 가계 차원의 경제보다 국가 수준의 경제와 여전히 낮은 상관성이지만 더욱 높은 상관성을 가졌다.

다만, 다른 연구[114]에 의해 경제적 불평등이 심각하다고 인식할수록 포퓰리즘 성향이 강해지는 것은 보고되고 있다. 즉, 경제 상황이 좋지 않은 점에서 발생하는 불만족보다는 불평등과 관련하여 포퓰리즘 성향이 형성된다는 것이다. 해당 연구에서 추가적으로 주목할 만한 사실은 5~60대가 포퓰리즘 성향이 강하다는 것이다. 그리고 정치에 대한 관심이 클수록, 정치효능감이 낮을수록 포퓰리즘 성향이 강해진다. 그리고 좌우를 불문하고 이념 강도가 강할수록 반다원주의적인 성격을 갖는다. 이는 앞서의 연구에서 매우 진보-매우 보수-다소 진보-중도-다소 보수순으로 포퓰리즘 성향이 강하다고 나타난 것과 일맥상통한다.

이상의 내용을 종합하자면, 포퓰리즘 그 자체가 나쁘다고 할 수는 없다. 하지만 대중이 잘못된 선택을 하는 선택은 얼마든지 발생할 수 있다. 20C 초반 세계에서 가장 교육 수준이 높았던 독일에서 히틀러를 총통으로 선출했던 것처럼 말이다. 한국에서 만약 포퓰리즘 정권이 등장한다면, 해당 정권은 국가 경제가 나쁜 동시에 불평등한 정도가 높은 상황에서 정치효능감이 낮은 집단에 소구력 있는 좌우 극단의 이슈를 주도하며 등장하게 될 가능성이 높다. 그러한 정권이 10년 내에 등장한다면, 5060의 지지층인 보수 진영에서 등장할 확률이 크다. 그리고 그는 아마도 당시 기득권에 해당하지 않은 새로운 인물일 것이다.

SESSION II NOTE

1_ 류재성. (2019). 정치이념의 구성 요인에 대한 분석: 한국 유권자는 왜 자신을 보수 혹은 진보라고 생각하는가?. *정치정보연구*, 22(2), 91-120.

2_ 이갑윤, 이현우. (2008). 이념투표의 영향력 분석. *현대정치연구*, 1(1), 137-166.

3_ 이때, 주의할 점은 이와 같은 주관적 판단에는 유권자 스스로가 보여지고 싶어하는 모습도 포함되어 있다는 점이다. 그리고 유권자가 애초에 스스로에 대해 오해하고 있을 수도 있다. 보수/진보이지만, '나 정도면 중도지!'하고 있을 수도 있다는 것이다. 그런 한편, 단순히 표현'만' 실제와 다른 것에 불과한 것이거나 뭘 잘 몰라서 그런 것이 아닐 수도 있다. 중도로 보이고 싶은 사람은 자기실현적 동기부여 아래 정말로 중도적인 정책을 표방하기 때문이다. 즉, 진정한 내심이 실제 선거 결과와 같이 반드시 좌우로 갈려 있는 것이 아닐 수도 있고, 정말 중도인 사람들의 비율이 위의 그래프처럼 '실제로' 많지만 투표만 좌우 정당에 하고 있는 것일 수도 있다는 것이다.

4_ 류재성. (2019). 정치이념의 구성 요인에 대한 분석: 한국 유권자는 왜 자신을 보수 혹은 진보라고 생각하는가?. *정치정보연구*, 22(2), 91-120.

5_ 장승진. (2020). 보수적이지 않은 보수주의자와 진보적이지 않은 진보주의자: 이념성향, 정책선호, 그리고 가치 정향. *한국정당학회보*, 19(1), 129-156.

6_ Downs, A. (1957). An Economic Theory of Political Action in a Democracy. *The Journal of Political Economy*, 65(2), 135-150.

7_ Rabinowitz, G., & Macdonald, S. (1989). A Directional Theory of Issue Voting. *The American Political Science Review*, 83(1), 93-121.

8_ Macdonald, S., Listhaug, O., & Rabinowitz, G. (1991). Issues and Party Support in Multiparty Systems. *The American Political Science Review*, 85(4), 1107-1131.

9_ Campbell, Angus, Philip E. Converse, Warren E. Miller & Donald E. Stokes. (1960). *The American Voter*. New York: Wiley.

10_ 이내영, 허석재.(2010). 합리적인 유권자인가, 합리화하는 유권자인가?. *한국정치학회보*, 44(2), 45-67.

11_ 이내영. (2011). 한국사회 이념갈등의 원인: 국민들의 양극화인가,
　　　정치엘리트들의 양극화인가? 한국정당학회보, 10(2), 251-287.

12_ 한정훈.(2022).한국 청년층의 보수화?: 2012년부터
　　　2022년 대통령 선거의 이념적, 정책적 태도와 투표행태를
　　　중심으로.국제·지역연구,31(2),285-318.

13_ 노성종, 최지향, 민영.(2017). '가짜뉴스효과'의 조건.
　　　사이버커뮤니케이션학보,34(4),99-149.

14_ 이지호.(2020).민주화 이후 한국 정당경쟁의 이념적 차원 연구 선거공약에
　　　나타난 정책강조의 요인분석을 중심으로.현대정치연구,13(1),5-39.

15_ 조성대.(2013). 부동층에 관한 연구:19대 총선에서 정당선호, 선거쟁점과
　　　투표 결정 시기. 한국정치학회보, 47(3), 109-129.

16_ 유재성.(2022). 부동층과 이동 투표자의 특성과 투표 선택.
　　　미래정치연구,12(1),5-27.

17_ Converse, P.(1962). INFORMATION FLOW AND THE STABILITY OF
　　　PARTISAN ATTITUDES. Public Opinion Quarterly, 26(4), 578-599.

18_ 류재성.(2014). 부동층은 누구인가? : 2012년 총선 및 대선, 2014년
　　　지방선거 비교 분석. 평화연구, 22(2), 113-144.

19_ 문은영.(2017).한국 부동층의 특성에 관한
　　　연구.한국정당학회보,16(2),35-71.

20_ Nir, L., & Druckman, J. (2008). Campaign Mixed-Message Flows
　　　and Timing of Vote Decision. International Journal of Public Opinion
　　　Research, 20(3), 326-346.

21_ 구본상, 최준영, 김준석.(2023).정서적 양극화, 사회적 압력, 그리고 지지
　　　후보 변경: 제20대 대선 패널데이터 분석.한국정치학회보,57(2),87-109.

22_ Bishop, Bill. (2008). The Big Sort: Why the Clustering of Like-
　　　Minded America is Tearing Us Apart. New York: Mariner Books.

23_ 이내영. (2011). 한국사회 이념갈등의 원인: 국민들의 양극화인가,
　　　정치엘리트들의 양극화인가?. 한국정당학회보, 10(2), 251-287.

24_ 정동준, (2017). 한국 정치공간의 시민과 대표 간 이념적 일치: 개념화와
　　　측정. 의정연구, 51, 68.

25_ 유재성. (2022). 부동층과 이동 투표자의 특성과 투표 선택. *미래정치연구*, 12(1), 5-27.

26_ 해당 자료들은 당연히 '표본 조사'의 결과다. 즉, 실제와는 차이(95% 신뢰 수준, ±2.5%p)가 있을 수 있다. 하지만 실제 선거는 유권자가 천만 단위란 점에서 전수 조사는 사실상 불가능하며, 비밀투표 원칙 탓에 그들을 모두 조사할 수도 없다. 연구 목적 아래 일부의 유권자를 조사할 수는 있지만 말이다. 무엇보다 실제 선거 역시 일회성 표본 조사이다. 즉, 시간을 다시 선거 당일로 되돌려 대선을 다시 실시하는 일을 100번 반복한다고 하면, 100번의 결과가 모두 다를 것이다.

27_ 김성연. (2023). 정치 신인 윤석열 대통령은 어떻게 당선되었는가? 20대 대선 패널데이터 분석 결과. *한국정치연구*, 32(2), 65-89.

28_ 최슬기,이윤석,김석호.(2019). 세대별로 투표하는 정당이나 후보는 달라지는가? *한국사회*, 20(2), 103-130.

29_ 경제위기, 재난, 대학진학률 상승뿐만 아니라, 정치적 토양 그 자체도 중요한 시기별 특성이다. 사회의 다수 혹은 주류가 지지하는 정치적 방향성이 어디냐는 대중들에게 영향을 미친다. 대통령을 배출하고 국회 다수 의석을 점유하는 것에는 정책을 주도할 수 있는 권력을 갖게 된다는 기능적 차원을 넘어, 대중들에게 정치적으로 타당하거나 옳은 방향이 어디인지를 암시한다. 이는 20대 총선에서 더불어민주당(123석)이 새누리당(122석)보다 단 '한 석'만 더 획득한 승리를 거뒀음에도 국민의 선택이 전자에 있다는 시그널이 되어 대통령 탄핵까지 연결됐다는 점에서 확인할 수 있다.

30_ Jennings, M., & Niemi, R. (1981). *Generations and Politics* (Vol. 68). Princeton: Princeton University Press.

31_ Mansfield, E., & Solingen, E. (2010). Regionalism. *Annual Review of Political Science*, 13(1), 145-163.

32_ Cain, B., Ferejohn, J., & Fiorina, M. (1987). *The Personal Vote : Constituency Service and Electoral Independence*. Cambridge: Harvard University Press.

33_ 문우진. (2005). 지역본위투표와 합리적 선택이론: 공간모형 분석. *한국과국제정치*, 21(3), 151.

34_ Cox, G. (2017). Political Institutions, Economic Liberty, and the Great Divergence. *The Journal of Economic History*, 77(3), 724-755.

35_ Downs, A. (1957). *An Economic Theory of Democracy*. New York: Harper.

36_ Lewis-Beck, M., & Nadeau, R. (2011). Economic voting theory: Testing new dimensions. *Electoral Studies*, 30(2), 288-294.

37_ 황원경, 김진성, 이신애. (2022년 12월). 2022 한국 父子 보고서. *KB 금융지주 경영연구소*. https://www.kbfg.com/kbresearch/report/reportView.do?reportId=2000360

38_ 자산 규모가 그보다 커야 혹은 작아도 부자일 수 있다고 생각하는 사람들도 있었지만, 중위값과 평균값이 대략 100억 원이었다. 해당 보고서에서 확인한 부자 자각도 역시 총자산이 50억원 미만인 경우 21.6%, 50~100억원 55.9%, 100억원 이상 76.2%가 스스로를 부자라고 생각했다. 즉, 현재 대한민국에서 부자의 자기주관적 기준은 100억원으로 보는 것이 가장 합리적이다.

39_ 이지은, 강원택.(2020). 계급 투표의 재구성: 자산과 소득의 연계를 중심으로. *한국정치연구*, 29(3), 123-154.

40_ 월 가구소득과 총 재산액 간의 Pearson 상관계수는 0.45로 확인되었다. 학계에서는 보통 상관계수가 0.8 이상이면 상관성이 강하다고 0.4 미만이면 약하다고 판단한다.

41_ 조사 시기가 탄핵의 여파가 남아있는 상황이었다는 점에서 각 집단 내에서 어느 정당을 많이 지지하는지(세로)를 확인하는 것은 어느 정도의 편향이 있을 수 있다. 고자산-고소득 계층조차 더불어 민주당을 가장 많이 지지하고 있지 않은가. 하지만 각 정당을 어느 집단이 가장 많이 지지하느냐(가로)를 확인하는 것은 의미가 있을 것이다.

42_ Benabou, R., Ok, E. (2001). Social Mobility and the Demand for Redistribution: The Poum Hypothesis. *The Quarterly Journal of Economics*, 116(2), 447-487.

43_ Rehm, P. B. (2016). *Risk inequality and welfare states : social policy preferences, development, and dynamics*. New York NY : Cambridge University Press.

44_ Rueda, D., & Stegmueller, D. (2016). The Externalities of Inequality: Fear of Crime and Preferences for Redistribution in Western Europe. *American Journal of Political Science*, 60(2), 472-489.

45_ 강원택. (2012). 왜 회고적 평가가 이뤄지지 않았을까: 2012년 국회의원 선거 분석. *한국정치학회보*, 46(4), 129-147.

46_ Fiorina, M. P. (1978). Economic Retrospective Voting in American National Elections: A Micro-Analysis. *American journal of political science*, 22(2), 426-443.

47_ 장한일, 장승진.(2021).당파적 편향은 회고적 평가를 왜곡하는가?: 실험설문 분석.*한국정당학회보*,20(2),73-97.

48_ Lodge, Milton, & Charles S. Taber. (2013). The Rationalizing Voter. Cambridge: Cambridge University Press.

49_ Merkley, E. (2020). Anti-intellectualism, populism, and motivated resistance to expert consensus. *Public Opinion Quarterly*, 84(1), 24-48.

50_ 노성종, 최지향, 민영.(2017). '가짜뉴스효과'의 조건. *사이버커뮤니케이션학보*,34(4),99-149.

51_ Rogowski, Jon C. & Joseph L. Sutherland. (2016). "How Ideology Fuels Affective Polarization." *Political Behavior* 38(2): 485-508.

52_ 하상응.&길정아. (2020). 유권자의 정치 관심은 언제나 바람직한가?: 정부 신뢰의 이념 편향을 중심으로. *한국정치학회보*, 54(2), 31-57.

53_ 강원택. (2022). 2022 대통령 선거에서의 이슈: 문재인 정부 부동산 정책 평가를 중심으로. *EAI 워킹페이퍼*, 1-21.

54_ 문우진. (2018). 경제투표, 선거심판과 민주주의: 경제에 대한 객관적·주관적 평가와 전망이 여당후보 지지에 미치는 영향. *평화연구*, 26(2), 5-44.

55_ 김성연. (2016). 한국 선거에서 경제 투표의 영향. *한국정치학회보*, 50(5), 109-130.

56_ Achen, C., & Bartels, L. (2017). Musical Chairs. In *Democracy for Realists* (REV - Revised ed., Vol. 4, pp. 146-176). Princeton: Princeton University Press.

57_ 임도원, 강진규. (2023년 8월 9일). "서울대 경제학부 신입생도 대학서 경제수업 처음 들어". *한국경제*. https://www.hankyung.com/economy/article/2023080982621

58_ 신우진.(2022). 학교 및 교사 특성이 고등학생 경제이해력에 미치는 영향. *경제교육연구*, 29(2), 107-137.

59_ 박선경. (2019). 경제투표이론의 한국적 적용에 대한 고찰. *현대정치연구*, 12(1), 5-37.

60_ 김기동. (2021). 정치지식과 경제투표. *한국정당학회보*, 20(2), 5-38.

61_ 안종기. &이내영.(2018). 투표선택에 미치는 정치후보자 이미지의 효과와 역할: 한국의 2012년 제18대 대통령선거 분석. *한국정치연구*, 27(1), 281.

62_ 강명세.(2022).민주당은 제21대 국회의원선거에서 어떻게 압승할 수 있었나?.*연구방법논총*,7(2),29-62.

63_ 길정아, 강원택.(2020).제21대 국회의원선거에서의 회고적 투표: 대통령의 코로나 대응 평가와 당파적 편향.*한국정당학회보*,19(4),101-140.

64_ 박선경. (2020). 21대 총선은 코로나로 결정된 선거인가?: 코로나 대응평가와 야당심판론에 의한 투표 변경 분석. *현대정치연구*, 13(3), 85-118.

65_ 원자료에서는 17%가 민주당을 지지한 것으로 보고가 되어 있으나, 가독성을 위해서 환언했다. 물론 제3 이하의 후보가 있는 경우에는 일부 표가 분산되었을 수 있으나, 당시 선거에서 양당 외의 후보가 당선된 경우는 300석 중에 20석도 되지 않는다. 즉, 환언을 했더라도, 논점을 지지하는 근거의 설명력에 있어 큰 차이는 없을 것이다.

66_ COVID-19에 대한 평가가 정당 및 후보에 대한 지지에 미친 영향력을 확인하기 위해서는 회귀분석을 바탕으로 분리작용 및 상호작용 등을 고려해야 하는 것이 마땅하나, 대중 도서에서 요구되는 수준을 고려하여 약식으로 분석했다. 표의 결론이 여러 연구에서 보고되는 바와 크게 위배되지는 않는다.

67_ '지지율'은 한국갤럽에서 발표한 직전 10주의 정당별 지지율 값의 평균이고, '지지정당별 평가 비율'은 동 기관에서 발표한 직전 주의 값이다. '평가별 민주당 지지 비율'은 강명세(2022)의 값을 활용하였으며, (세로 곱)은 세 값을 열에 따라 곱한 값이다.

68_ 강명세.(2023).재난정치 하 양극화 정치와 유권자의 후보 선택: 미국 2020년 대선.*국제정치연구*,26(1),1-24.

69_ 이현우. (2015). 2014년 지방선거에 세월호 사건이 미친 영향 : 정부책임과

정당대응 평가를 중심으로. *한국정치학회보*, 49(1), 247-268.

70_ 박원호, & 신화용. (2014). 정당 선호의 감정적 기반: 세월호 사건과 지방선거를 중심으로. *한국정치학회보*, 48(5), 119-142.

71_ 김남두. (2018). 대통령에 대한 정치적 입장은 선거 결과 예상에 어떻게 영향을 미치는가: 세월호 재난의 대통령 책임에 대한 의견의 투사 효과, 적대적 미디어 지각 효과, 언론 영향 추론에 대한 조절 효과 탐구. *한국방송학보*, 32(2), 5-35.

72_ Gunther, A., & Schmitt, K. (2004). Mapping Boundaries of the Hostile Media Effect. *Journal of Communication*, 54(1), 55-70.

73_ Perloff, R. (1989). Ego-Involvement and the Third Person Effect of Televised News Coverage. *Communication Research*, 16(2), 236-262.

74_ Achen, C., & Bartels, L. (2017). Blind Retrospection. In *Democracy for Realists* (REV - Revised ed., Vol. 4, pp. 116-145). Princeton: Princeton University Press.

75_ 강원택. (2010). 천안함 사건은 지방선거의 변수였나? *EAI 기타간행물*, 1-9.

76_ 북풍을 대표하는 사건인 탓에 예시로 활용하였다. 이회창 15대 대선(1997) 캠프에서 지지율 상승을 위해 즉, 선거 공작 차원에서 휴전선 무력 충동을 요구한 것은 대법원 판결을 통해 사실이 아닌 것으로 밝혀졌다. 해당 사건은 캠프와 관련성이 없는 인물이 총격을 요구하였다는 것이 결론인데, 이회창 후보를 지지한 탓에 요구를 한 것이라는 등의 추측은 존재하지만 정확한 이유는 알 수 없다. 하지만 분명한 사실은 캠프에서 북풍을 이용하려고 했다고 볼 수는 없다는 것이다.

77_ Inglehart, R., & Norris, P. (2000). The Developmental Theory of the Gender Gap: Women's and Men's Voting Behavior in Global Perspective. *International Political Science Review*, 21(4), 441-463.

78_ 구본상.(2021). 여성, 간과된 변수: 투표율에서의 성차 분석. *의정연구*, 62(0), 5-40.

79_ 박선경.(2019).적극적 정치행위자로서의 20-30대 여성들의 부상 : 2003-2018년 한국종합사회조사 누적자료를 통해 본 20-30대 여성의 정치성향 변화.*한국사회학회 사회학대회 논문집*,(),86-87.

80_ 상동

81_ 정수현. (2012). 투표율과 사회경제적 지위모델: 제4회와 제5회 전국동시지방선거 투표율 분석. *한국정치연구*, 21(1), 27-54.

82_ 이재철. & 손려원.(2023). 제21대 국회의원 선거에서 선택을 망설인 유권자 : 기권층, 기결층과 비교적 관점에서 부동층 분석.*사회과학연구*,30(1),25-48.

83_ 김재한. (2011). 투표율의 연령효과 및 도농효과. *대한정치학회보*, 18(3), 183-206.

84_ 차재권. & 정호영.(2020).집합단위의 투표율 결정 요인 분석: 19대 대선을 중심으로.*연구방법논총*,5(2),1-27.

85_ Fischel, W. A. (2001). *The homevoter hypothesis : how home values influence local government taxation, school finance, and land-use policies*. Cambridge, Mass. : Harvard University Press.

86_ Simon Atkinson. (13 May 2019). Australia election: Fines, donkey votes and democracy sausages. *BBC*. https://www.bbc.com/news/av/world-australia-48210783

87_ 강원택.(2002). 투표 불참과 정치적 불만족. *한국정치학회보*, 36(2), 153-174.

88_ 효용과 효용감은 엄밀하게는 다른 개념이지만, 특별히 구별하지 않고 사용하였다.

89_ 강원택.(2008). 투표 참여, 민주주의와 정당 정치. *현대정치연구*,1(2), 75-102.

90_ Downs, A. (1957). *An Economic Theory of Democracy*. New York: Harper.

91_ Riker, W., & Ordeshook, P. (1968). A Theory of the Calculus of Voting. *The American Political Science Review*, 62(1), 25-42.

92_ Fitzgerald, M. (2005). Greater Convenience But Not Greater Turnout. *American Politics Research*, 33(6), 842-867.

93_ Burden, B., Canon, D., Mayer, K., & Moynihan, D. (2014). Election Laws, Mobilization, and Turnout: The Unanticipated Consequences of Election Reform. *American Journal of Political Science*, 58(1), 95-109.

94_ 한국의 경우에는 사전투표제가 전면화된 지가 오래되지 않았고, 2020년 정도에 이르러 표준적인 제도라는 인식과 홍보가 충분해져서 어느 정도 분석의 한계는 존재한다. 게다가 선거부정 이슈가 대두됨에 따라, 특정 세대 혹은 이념 계층이 사전투표를 집단적으로 그리고 집중적으로 거부하는 현상도 발생했기 때문에 보다 깊은 연구는 당분간은 어려울 전망이다.

95_ 강신구. (2016). 사전투표제도와 투표율: '제20대 국회의원선거 유권자 조사' 자료분석. 한국정치연구, 25(3), 225-251.

96_ 가상준.(2021). 2020년 국회의원선거에서 사전투표 유권자의 특징과 투표선택. 한국정치학회보, 55(2), 89-108.

97_ 가상준. (2018). 사전투표 유권자의 특징 변화. 한국정당학회보, 17(4), 99-120.

98_ Burden, B., Canon, D., Mayer, K., & Moynihan, D. (2014). Election Laws, Mobilization, and Turnout: The Unanticipated Consequences of Election Reform. American Journal of Political Science, 58(1), 95-109.

99_ 비례대표 선거의 경우, 투표를 사람이 아닌 정당에 한다. 하지만 한국의 경우, 비례대표 선거의 비중이 크지 않고, 무엇보다 이는 '당선 요인'가 무관하다. 중앙에서 결정하는 순서대로 국회의원에 당선되는 것이기 때문에, 유권자가 평가하는 '경쟁력'과는 딱히 관련성이 없다.

100_ 해당 표는 poolled OLS regression analysis의 결과를 정리한 것임. 부호는 B값의 부호를 활용하였고, 부호의 개수는 통계적으로 유의미한 변수 중에서 Wald 값이 100이상인 경우 3개, 10 이상인 경우 2개, 10 미만인 경우 1개로 표시함. 현직 국회의원의 Wald값은 약 95로 사실상 3개라고 볼 수 있음.

101_ 문우진. (2022). 국회의원 후보의 당선 결정 요인 분석: 경제상황, 대통령 지지율, 선거시점, 정당지지율과 후보의 개인배경. 의정연구, 28(3), 115-148.

102_ 상동

103_ 김세은. (2017). 한국 '폴리널리스트'의 특성과 변화: 언론인 출신 국회의원을 중심으로. 한국언론학보, 61(3), 7-54.

104_ 경제성장률을 고려한다는 표현의 의미는 단순히 해당 지표를 분석 모형에 해당 값을 포함한다는 것이지, 경제성장률이 높아야 정당 지지율이 후보의 당선에 긍정적인 영향을 미친다는 것을 의미하는 것은 아니다.

105_ 정장열. (2022년 9월 2일). 초선들이 사는 법. *조선일보*. http://
weekly.chosun.com/news/articleView.html?idxno=21869

106_ 김기동, 차보경, 이재묵. (2018). 민주화 이후 초선의원의 사회경제적
배경에 관한 연구. *한국정당학회보*, 17(1), 39–76.

107_ 전진영, 김인균. (2021). 법조인 출신 국회의원의 입법활동은 차이를
보이는가?. *의정논총*, 16(2), 79–99.

108_ 해당 연구에서 비록 제시되지 않았지만, 법조인 출신 의원들은
법제사법위원회 소속이 많다는 점도 그들의 법안 가결률의 평균이 상승하는
데 기여를 했을 것이라 추측할 수 있다. 법사위는 자구 등을 심사하며 법안에
태클을 걸 수 있다는 점에서 '상원' 역할을 맡는다고 인식되는데, 해당 위원회
소속이면 태클이 걸릴 확률이 적어 입법에서 수월성을 확보할 수 있기
때문이다.

109_ 추첨제의 도입 필요성과 가능성은 아리스토텔레스, 몽테스키외, 루소뿐만
아니라, 현대의 최고의 정치학자인 로버트 다알(R. A. Dahl) 역시 긍정했다.
다만, 최종적 의사결정권을 주자는 것이 아니라, 민의가 정당하게 조직될
과정을 마련하자는 취지였다.

110_ 하세헌. (2022). 지방선거의 무투표당선 실태 및 입후보자 증대
방안 – 제8회 전국동시지방선거를 중심으로. *대한정치학회보*, 30(3), 223–
247.

111_ Mudde, & Rovira Kaltwasser. (2017). *Populism : A Very Short
Introduction*. New York, NY : Oxford University Press

112_ 상동

113_ 송승호, 김남규.(2023). 한국인의 정치적 · 경제적 불만과 포퓰리즘 태도.
한국정치학회보, 57(1), 59–84.

114_ 박선경. (2022). 경제적 불평등이 불러온 한국의 포퓰리즘? 경제적 불평등
인식과 경제적 취약계층의 포퓰리즘 성향 분석. *21세기정치학회보*, 32(1),
1–24.

VOTE PEOPLE

VOTE
PEOPLE

도 입

정치 참여는 여러 가지 심도로 이루어질 수 있다. 가장 가깝게는 선거에서 투표하는 것, 집회에 참여하는 것, 정당 활동을 하는 것, 나아가 선거에 출마하는 것까지 모두 정치에 참여하는 것이다. 심지어 온라인에서 댓글을 작성하는 것도 정치 참여라고 할 수 있다. 우리 독자 여러분은 앞서의 두 세션에서 다룬 내용만으로도 대부분의 정치 참여에 필요한 정보는 상당 부분 획득할 수 있을 것이다. 남은 것은 '방법론'이다. 투표를 하는 방법, 집회에 참여하는 방법, 온라인에 댓글을 쓰는 방법은 굳이 책을 통해서 제시할 필요는 없을 것이다. 그냥 하시면 되고, 이미 많은 국민들이 잘 해내고 있다. 하지만 선거에 출마하는 방법론이 충분히 알려져 있다고 보기는 어렵다. 정치에는 어떻게 입문하는 것일까? 선거에는 어떻게 출마하는 것일까? 지금부터 그에 관한 내용들을 풀어보도록 하겠다.

지금부터의 내용은, 숫자에 기반한 표나 그래프를 적극적으로 활용한 직전 세션과 달리, 스토리 텔링의 형식을 따를 수밖에 없다. 숫자로 재단될 수 없는 내용들일 뿐만 아니라, 스토리 혹은 케이스 스터디의 형식으로 정보를 제시하는 것이 본 세션의 정보를 필요로 하는 독자들에게 더욱 직관적이고 가시적이기 때문이다. 이번 세션의 내용들 역시 모두 읽어야 하는 것은 아니고, 그렇기에 발췌독에 용이하도록 내용을 구성했다. 그리고 필자들의 혹은 자문을 구한 사람들의 사견이 많이 포함되어 있으니, 수긍되는 부분은 차용하고 탐탁지 않은 내용은 배제하며 내용을 살펴도 무방하다.

1. 등용문 : 정계에 입문하는 방법

본 세션은 크게 두 가지로 나누어진다. 하나는 CASE ①~⑧을 통해 제도적 차원의 정계 입문 방법이고, 다른 하나는 CASE ⑨~⑪의 비제도적 입문 방법이다. 절대다수의 정치지망생들은 전자를 통해 정치권에 접근하는 것이 가장 일반적이고 공식적인 접근 방식일 것이다. 다만, 예외적으로 비제도적 기회가 있는 경우에는 후자의 방식을 통할 수 있다. 하지만 정치인에게 가장 중요한 현실적 시각으로 보자면, 이러한 기회는 사회적 성취가 있는 경우에만 가능한 경우가 많고, 제도적 방식으로 정계에 입문하는 것보다 오히려 어려운 일일 수 있다.

CASE STUDY ① 정당의 인재 영입

국회의원 총선거 철이 오면, 정치 뉴스 헤드라인을 장식하는 단어가 있는데, 바로 각 정당들의 '인재 영입'이다. 주로 선거 당시 주요한 사회적 어젠다와 관련된 성취가 있거나 감동적인 스토리를 바탕으로 이름을 알린 사람들이 그 대상이 된다. 해당 캐릭터를 갖고 있다고 해서 반드시 인재 영입의 대상이 되는 것은 아니다. 실질적으로 공천권을 행사할 수 있는 정계 유력자 혹은 각 정당의 인재영입 기구의 관심을 받아야 영입 대상이 될 수 있으며, 나아가 실제로 스포트라이트와 함께 영입이 된다고 해도 직후 선거에서 공천을 받지 못할 수도 있고, 공천을 받더라도 막상 선거에서 낙선할 수도 있다. 이런 방식으로 영입된 인재는 당선 확률이 높은 곳이나 선순위의 비례대표로 공천될 보장이 없기 때문이다.

본 방법의 가장 큰 리스크는 '대중의 관심을 크게 받는 것'에 있다. 즉, 정당이 아무리 비호하려고 해도 대중의 역풍을 받으면 영입이 좌초될 수 있다. 가장 최근의 가장 대표적인 케이스는 21대 총선(2020)에서 더불어민주당의 2호 영입 인재였던 '원종건 씨'와 20대 총선(2022)의 '조동연 씨'다.

원종건 씨는 MBC의 인기 예능 느낌표의 '눈을 떠요' 코너에서 홀어머니의 각막 이식 감동스토리의 주인공이라는 사실과 그런 난관을 극복하고 서울의 4년제 대학을 졸업하고, 글로벌 기업인 이베이코리아에 재직 중이라는 사실은 뭇사람들의 감동을 자아내기 부족함이 없었다. 그가 과거에 데이트 폭력을 행한 전력이 폭로되기 전까지는 말이다. 사실 국회의원이란 무거운 자리에 비해서 부족한 이력이란 평가는 있었으나 '감동 스토리'로 의례 추진되는 인재 영입이겠거니 국민들이 적당히 수긍하려 했으나, 그가 반론할 여지도 없을 정도로 터져 나온 데이트 폭력 이슈는 민주당으로 하여금 그에 대한 영입 절차를 철회할 수밖에 없도록 만들었다.

조동연 씨도 마찬가지의 케이스다. '30대 워킹맘'임에도 '항공·우주'와 '군사' 전문가라는 그녀의 페르소나는 당시 민주당의 주요 지지층인 젊은 여성들에게 어필할 수 있는 동시에, 민주당의 약한 고리라고 할 수 있는 군사/안보 분야를 보완할 수 있는 최적의 옵션이었다는 점에서 선대위의 최고위직으로 임명함 직했다. 그러나 번듯한 학벌인 하버드 케네디스쿨에서 공부를 했기는 했지만, 공학과는 별다른 연관성이 없음에도 억지로 부여된 '항공·우주 전문가'라는 타이틀 사이의 괴리는 국민들의 의문을 낳았고, 연이어 터진 그녀의 사생활 논란은 그녀를 사퇴할 수밖에 없게 만들었다.

21대 총선(2020)의 자유한국당(現 국민의힘)도 마찬가지였다. 인재영입 1호로 이름을 올린 박찬주 전 육군 대장이 낙마했다. 논란은 그가 육군사령관이던 시절 그와 그의 아내가 자신들의 지위를 악용하여 공관병과 조리병들에게 갑질을 저질렀다는 것이 군인권센터에 의하여 폭로되며 증폭되었다. 사법 처리와는 별개로 당시 국민들의 눈높이에는 맞지 않았고, 자유한국당의 공분을 사기에 충분했다. 인재영입 실패로 안 그래도 나빴던 자유한국당과 그 대표의 이미지를 더욱 실추시켰다. 지금도 당시 황교안 대표(57년생)가 지금 윤석열 대통령(60년생)과 동년배라는 걸 아는 사람은 아무도 없다.

국민의힘에서 있었던 또 다른 인재영입 실패 사례는 윤석열 대선 캠프에서 실행한 한국여성정치네트워크의 신지예 대표다. 당시 윤석열 캠프는 대통령후보 직속위원회의 고위직으로 영입했다. 젠더 이슈에서 열위에 있던 보수 진영은 역차별 해소의 차원에서 양성평등 회복을 주창하며 2030 남성의 표심을 잡기에 바빴던 상황이었는데, 극단적인 페미니즘의 대표 격인 신지예 대표를 영입한 것은 확실한 악수였다. 논란은 일파만파 퍼졌고, 자신들의 지지층이 누구고, 어떻게 해야 지지층을 모을 수 있는지 기본적인 전략조차 못 짜는 캠프라는 조롱을 듣게 됐다. 논란 종식을 위해 신지예 씨는 자진해서 사퇴했다.

인재 영입의 대상이 되면, 다가오는 총선에서의 공천이 어느 정도 보장되어 있고, 대선의 경우, 최소한 선대위의 고위직 혹은 후보가 당선되는 경우 공직이 보장된다는 것은 정설이다. 즉, 정계 입문을 꿈꾸는 사람들에게 가장 확실성 높은 루트임은 분명하고, 기득권이 아닌 사람이 정계에 진입할 수 있는 기득권의 선물처럼 여겨지기도 한다.

그럼에도 앞서와 같은 문제가 발생하는 이유는 무엇일까? 이유는 간명하다. 해당 인재들이 어떤 절차로 영입이 되었는지를 폐쇄적인 이너써클에 있는 그들만 알 뿐, 국민들 그 누구도 알지 못하기 때문이다. 공천권자와 인재영입위원장과 인연이 있는 사람이 그 영입 대상이 되는 케이스 역시도 사후적으로 자주 확인된다. 설상가상 정계에 입문할 꽃길이 펼쳐진다면, 좌우 이념을 초월하여 정계에 입문하는 경우도 허다하다. 설령 좋은 마음으로 이루어진 것이라 하더라도, 마치 할아버지가 손주의 소개팅 복장을 골라주는 듯하다는 인상을 지우기가 어렵다. 즉, 대중친화성이 대단히 떨어진다.

CASE STUDY ② 국회보좌진 혹은 당직자

　국회보좌진의 선출직 진출 비율은 앞서의 세션에서 다룬 바처럼 생각보다 높다. 국회의원으로 한정하면 20대 국회에서는 36명에 달한다. 광역, 기초의원까지 포함한다면 그 비율은 훨씬 높을 것이다. 보좌진 출신의 국회의원으로는 국민의힘의 김병욱, 더불어민주당의 기동민 의원이, 광역의원으로는 국민의힘 서울시의원 이상욱, 김종길 의원 등이 있다. 국회보좌진은 국회법에 따라 국회의원 1명당, 9명으로 구성이 된다. 4급 보좌관이 2명(보통 정책/입법 담당 1명, 지역구 관리 1명), 5급 비서관이 2명, 6~9급 비서 1명씩에 인턴 1명이다. 국회보좌진의 채용은 국회 게시판과 같이 적어도 오픈되어 보이는 곳에 공고가 올라오면서 공개적인 형태로 진행이 되지만, 보통은 내부 네트워크를 통해서 채용되는 경우가 일반적이다. 의원실을 옮겨 다니는 경우나 국회의원과의 개인적 인연, 보좌진, 당직자들과의 인연을 통해 채용되는 경우가 많다.

　국회보좌진은 정치 최전선에서 입법과정이나 국정감사 등을 준비하는 과정에 직접적으로 그리고 가장 근접적으로 연관되어 접한다는 점에서 정치인이 되는 데 가장 많은 도움을 얻을 수 있는 직책이다. 하지만 국회보좌진 직책에는, 별정직 공무원으로 정년이 보장되지 않고 모시는 의원의 당선 여부에 따라 자신의 위치도 결정되기 때문에, 불안정하다는 단점을 갖는다. 그렇다고 해서 실직자가 되는 것은 아니고, 많은 경우 새로운 의원실로 자리를 옮기고 실력이 있는 경우에는 민간 기업의 대관 담당 직책으로 이직하는 경우도 더러 있다. 나아가 지방의원으로 출마할 수도 있다.

정당의 당직자 출신의 정치인들도 있다. 흔히 말하는 당직자는 정당에서 보통 사무직으로 정당을 고용주로 삼고, 그 정당의 직원으로서 사무를 보는 일을 하는 경우를 말한다. 정당 안에서는 국민의힘의 경우. 중앙당 사무처 소속으로 기획조정국, 홍보국, 청년국, 미디어국, 총무국, 국제국 등의 부서가 있으며, 각 부서에 맞는 각종 실무를 도맡아 한다. 각 시도당에도 사무처가 있으며, 그곳에서 일을 하는 인력들이 존재한다. 당직자 출신 정치인에는 대표적으로 과거 민주정의당의 중앙사무처 공채 5기 출신인 정양석 전 자유한국당 의원과 신한국당 사무처 공채 출신인 노용호 21대 국회의원이 있다.

당직자 루트에는 비례대표 국회의원 선거에서 그들에게 할당되는 몫이 있다는 장점이 있다. 더불어민주당의 당헌에는 다른 정당들과는 달리, 정당에서 일하는 당직자들이 선거에 출마하고자 할 때, '특별한 배려'를 해야 한다는 규정이 있고, 당규에는 당직자 남녀 1명 이상을 비례대표 당선안정권 순번에 배치하여야 한다고 적혀있다. 이를 통해 국회에 입성한 더불어민주당 당직자 출신은 진성준 의원, 유은혜 전 교육부 장관 등이 있다.

한 정당 관계자는 당직자 출신의 정치인에 대해 장점과 단점이 모두 존재하지만, 정치적 현안과 정무 감각이 있다는 점에 강점이 있다고 평가한다. 정당의 일은 생각보다 제너럴리스트적인 일이며, 특히 순환보직으로 일을 하기 때문에 국회보좌진 대비해서도 폭넓은 경험을 할 수 있고, 만나는 사람의 폭도 넓기에 당직자 출신 비례대표 순번이 있다는 건 찬성한다고 강조하였다.

CASE STUDY ③ 상설위원회 참여와 중앙당 활동

정당의 조직은 전당대회를 통해 선출되는 당대표와 최고위원회의를 중심으로 구성되어 있다. 최고위원회가 집합적으로 당의 최고 의사결정권을 행사하고, 최고위원은 보통 전·현직 국회의원 및 전당대회에서 득표를 어느 정도 할 수 있는 영향력이 있고, 당원들에게도 인지도가 있는 이름의 사람들로 구성된다. 따라서 정치 신인이 해당 조직에 입성하는 것은 '인재 영입'과 '비대위 또는 선대위 체제'가 동시에 주어지지 않는 이상 불가능하고, 오히려 정치 신인이 해당 조직에 입성이 용이함은 오히려 조직에 역사와 근본이 없다는 방증이기도 하다.

일반적으로 정치에 입문하고자 하는 사람들이 가장 진입장벽이 없이, 개인의 능력을 이용하여 인지도와 경력, 그리고 인맥을 쌓아나갈 수 있는 방법은 당의 여러 상설위원회의 위원장, 부위원장, 혹은 위원으로 참여하는 것이다. 당의 상설위원회는 보통 윤리위원회, 청년위원회, 디지털정당위원회, 노동위원회, 중소기업위원회, 소상공인위원회, 여성위원회, 인재영입위원회, 재외동포위원회 등 어떠한 조직과 가치를 대표할 수 있는 이름으로 구성된다. 그리고 중앙위원회 아래에는 또 여러 분과위원회로 나누어져 있다. 예를 들어, 당의 상설위원회로 청년을 대표하는 중앙청년위원회가 존재하지만, 또 다른 상설위원회인 중앙위원회 아래에 청년분과위원회도 존재한다.

상설위원회의 위원장은 보통 내부 네트워크 등을 이용하여 임명되고, 아래에 부위원장 등의 인선과 위원들의 임명 등은 위원장이 맡게 되는 경우가 많다. 당연히 각 상설위원회를 대표하기 위해서는 관련 영역에서 일정 수준 이상의 경력을 갖춰야 한다. 예를 들어, 재정분과위원회인 경우에는 적어도 금융·재정 관련 경력을 가져야 하는데, 현재 국민의힘 재정분과위원회 위원장은 前 한국자산관리공사 사장을 지내셨던 인물이 맡고 있다. 이 정도의 경력을 가진 분이 당의 중책을 맡는 것에 대해 '자격' 차원에서 비판할 국민은 그 누구도 없을 것이지만, 새로이 정치에 입문하고자 하는 사람들에게는 높은 벽처럼 여겨질 수 있다.

낙심할 필요는 없다. 오히려 별다른 이력 없이 중책이나 요직을 원하는 것이 욕심이다. 차근차근 정치적 커리어를 쌓아나가면 된다. 가령 위원이나 부위원장의 경우, 그 기준이 높지는 않다. 실제로 SNS를 조금만 뒤져봐도 자신과 그리 멀지 않은 이력을 가진 많은 사람들이 해당 직함으로 정치 활동을 하고 있다. 정당의 입장에서는 결국 조직에 사람을 모으고 세력을 규합하는 것이 목적이기 때문이다. 즉, 인선에 높은 기준을 설정하는 것은 자살적인 선택이며, 필터링을 강도 높게 해봐야 비용만 높일 뿐이다. 해당 직함으로 활동하는 사람들이 대충 뽑혔다는 이야기를 하려는 것은 결코 아니고, 공공기관 간부 정도의 스펙이 요구되는 것이 아니란 이야기를 하는 것이다.

상설위원회는 보통 위원장 등의 내부의 추천을 받아서 인선이 되는 경우가 대부분이나, 이상 언급한 바처럼 상설위원회의 활동에 참여하고 싶다는 의지를 가진 사람들에게는 생각보다 아주 오픈된 조직이다. 다만, 당원들이라고 해도 이런 조직이 존재한다는 것조차 잘 알지 못하는 사람이 대다수이기 때문에 인재의 풀이 아주 좁다. 또한 다소 속된 표현이지만 위원장의 세력 확보를 위한 들러리에 지나지 않을 때도 많으며, 심지어 자발적으로 들러리만 서는 경우도 상당하다. 최근 정치인 혹은 정당인의 절대다수는 페이스북을 비롯한 SNS를 소통창구로 적극 활용하고 있기 때문에, 연결시켜 줄 사람이 주위에 없는데 참여하고 싶다면, 페이스북에서 사람을 검색해서 메시지라도 보내보는 용기 정도는 발휘해 보자.

어떤 방법을 통해서든 상설위원회에 참여하게 되면, 보통 임명장 수여식 혹은 정기적으로 열리는 간담회 등에 참여하게 된다. 이런 과정에서 여러 위원회의 '위원장'이나 고문 등으로 참여하는 '국회의원', 여러 당직자 및 정당인들과 소통할 수 있는 기회가 생긴다. 그러한 인연을 쌓아나가며 외연을 더욱 넓혀나가면 많은 좋은 기회들이 주어지게 된다. 그러나 통상 당대표나 원내대표 등이 상설위원회 활동에 유의미한 관심이 적은 경우가 많고, 실질적으로 위원장의 굳은 의지가 없는 이상, 실효적인 운영이 힘든 조직이란 한계는 물론 존재한다. 그럼에도 불구하고, 이러한 루트 역시 분명한 하나의 정계 입문의 방법론이 된다는 것이다. 자신이 장차 정치적 영향력을 가지게 될 수 있는지는 순전히 개인의 능력과 매력, 의지의 영역이다.

여러 당직 중에 대중적 관심을 받을 수 있다는 점에서 가장 빨리 정치적으로 성장할 수 있는 직책이 있는데, 바로 '대변인'이다. 대변인이 각 정당에 1~2명 정도만 존재한다고 생각하는 경우가 많은데, 통상의 인식과 달리, 대변인은 아주 많이 존재한다. 우리가 뉴스에서 자주 보는 '대변인'은 보통 정당의 대표 상근대변인이다. 상근대변인 중에서도 상근 부대변인도 여럿 존재할 뿐만 아니라, 비상근대변인도 존재한다. 게다가 중앙당뿐만 아니라, 각 시·도당에도 서울시당 대변인 등의 여러 층위의 대변인이 존재한다.

대변인이란 직책은 정치적 성장 측면에서 효익이 큰 만큼 리스크가 큰 자리다. SNS가 활성화된 현대에는 개인적 단상을 그것에 업로드할 수도 있는데, 아무리 사적인 의견이라고 하더라도 대변인의 말과 글은 모두 당의 공식적인 입장으로 간주될 수 있기 때문이다. 따라서 실언을 하는 경우, 상대 당의 먹잇감이 되기도 한다. 따라서, SNS 프로필에 당직을 표시하는 경우에는 여러 기자의 상시적인 주목을 받게 되므로, 개인적 포스팅은 자제하는 것이 좋다. 기본적인 자세는 이렇듯 조심성을 가질 필요는 있겠지만, 어떤 이슈를 다루고, 그것을 어떤 방향성으로 풀어나가고, 어떤 표현을 사용할지는 철저히 본인의 역량에 달린 것이다. 특히, 언론의 관심은 긍정적인 것보다는 부정적인 것에 반응한다는 점에서 표현의 문제는 더욱 중요하다. 방향성을 부정하기는 어렵지만, 표현은 꼬투리 잡기가 너무 쉽고, 최근 한국에는 이런 쉬운 정치를 시도하는 프리라이더가 정말 많다.

　상설위원회 시스템은 사회의 여러 방면에서 각각의 전문성을 가진 당원들의 생각을 조직적으로 경청하고, 그를 반영하여 건설적인 의제를 개발하는 최적의 부트캠프이자 싱크탱크일 수 있다. 아니, 그래야만 한다. 하지만 정당의 무수한 세미나와 공청회 등에서 도대체 어떤 부분이 어디에 정리되어서 누구에게 어떤 형태로 반영이 되었는지 알 길이 없다는 평가가 팽배한다. 그냥 정기적으로 모여 인사치레로 알맹이 없는 소리만 늘어놓고 뒤풀이를 가서 인맥을 쌓는 용도 그 이상 그 이하도 아닌 경우가 많다는 것이다. 부디 좋은 인재들이 자발적으로 참여하여 이런 시스템이 혁신되고, 그러한 선순환을 바탕으로 국회의원들이 수준 높은 의정활동을 할 수 있는 기반이 되길 기원한다.

정치인들은 알려주지 않는 정치이야기

CASE STUDY ④ 선거 캠프 활동

선거 캠프는 보통 크게 대통령 후보 캠프, 대통령 후보 경선 캠프, 국회의원 및 광역/기초의원 선거 캠프, 또 정당의 대표 및 최고위원 선거가 있을 때 전당대회를 준비하는 캠프가 있다. 해당 캠프에 참여함으로써 정계 입문을 도모할 수 있다. 캠프 활동은 상설위원회 활동보다 더욱 힘들다. 짧고 굵게 임하는 일이기는 하지만 정시 출퇴근은 포기하는 것이 당연지사일 뿐만 아니라, 페이가 제대로 주어지지도 않고 설상가상 아예 없는 경우도 허다하다. 사실상 봉사직이라 봐도 큰 무리가 없다. 게다가 상설위원회의 경우, 회의가 한 달에 한 번꼴로 열리는 경우가 많아 반차를 내고 참석하는 등 생업을 유지할 수 있지만, 캠프 활동의 경우 풀 타임 근무를 넘어 밤샘 근무도 허다하기 때문에 일정 기간 생업을 포기하고 참여해야 한다.

대선 캠프를 예로 살펴보자. 대선 캠프는 규모가 아주 커서, 정당의 기존 조직보다 더 큰 조직을 형성하기도 하고, 내부적으로도 아주 많은 파트로 세분화된다. 가령 언론 대응, 공약 생성, 마케팅/홍보 등의 팀이 여러 층위로 구성된다. 각각의 팀과 그 구성원 모두가 상술했듯 선거를 준비하는 기간 내내 스스로에게 주어진 거의 모든 시간을 캠프 업무에 쏟아야 한다. 그래서 생계를 위한 다른 직업이 없는 캠프 업무에 온전히 집중할 수 있는 사람들을 핵심 구성원으로 한다. 하지만 지지했던 후보가 당선만 된다면, 그만큼 큰 베네핏이 주어진다. 물론 모두에게 주어지는 건 아니어서, 캠프 내에서도 여러 힘 싸움이 일어난다. 이런 베네핏이 큰 선거에서는 최후의 승자 편에 서는 것을 예측하기도 힘들며, 희생해야 하는 것도 많기 때문에 기회비용 또한 크다. 그래서 직업 정치인이 아니면 참여하기가 극도로 힘들다는 단점도 존재한다.

무엇보다 아무 직책이나 맡는다고 정계 입문에 유의미하게 근접할 수 있는 것은 아니다. 가령 선거에 임박하는 경우, 캠프 관련 직책의 임명장이 과장 없이 천 단위, 만 단위로 발부된다. 여담이지만, 예전에 어느 유튜버가 미성년자 여장을 하고, 성매매를 시도하려는 사람들을 동영상에 담은 적이 있는데, 어떤 나이가 지긋한 사람이 성매매를 시도한 적이 있었다. 해당 비디오에서 문재인 대통령의 선거 캠프에서 나온 임명장이 찍혀있어서 논란이 된 적이 있다. 물론 문재인 전 대통령 본인이 그 사람을 알았거나, 캠프에서 어떤 실질적인 활동을 했을 가능성은 거의 없고, 공장에서 찍힌 수천 장의 임명장 중에 하나에 지나지 않을 것이다. 이만큼 캠프 활동은 아무나 참여할 수 있고, 임명장 역시 마구잡이로 발급된다. 즉, 본 케이스에서 다루는 캠프 활동이란 상주하는 핵심 인원으로서의 참여를 의미한다.

캠프의 상주 인원은 주로 정치 카테고리에서 활동한 경험이 있는 사람들 중에서 선발되며, 당연히 공채가 아닌 선거에 나가는 후보자나 그 보좌역의 추천에 의하여 기회가 주어진다. 하지만 캠프에서 머

물면서 어떠한 역할을 부여받게 되면, 아주 높은 확률로 정계에 입문할 수 있다. 정치인은 당선 직후에 가장 힘이 강한데, 해당 시점에 그와 가장 가까운 위치에 존재할 수 있기 때문이다. 현재 대구광역시 수성구 의원으로 활동하고 있는 김경민 의원은 국민의힘 홍준표 20대 대선후보 경선캠프에서 청년 본부장을 지내고, 공천을 받아 구의원으로 당선되었다. 윤석열 대선 캠프에서 청년본부장이었던 여명 당시 서울시의원은 현재 청와대 행정관이다.

CASE STUDY ⑤ 지역 기반 활동

대한민국의 모든 지역에는 정당의 지역 조직이 존재한다. 그것을 국민의힘에서는 당원협의회라 부르고, 더불어민주당에서는 지역위원회라고 부른다. 지역 활동의 요체는 정치 현안에 참여보다는 지역 기반으로 지역 주민들, 당원들과의 교감을 하는 것에 있다. 지역의 행사에 참여하여서 인원을 동원하거나, 지역 사회 당원 교육을 지원하거나, 자원봉사 등의 활동을 한다. 또한, 각종 선거가 있을 때 그 지역구의 선거운동 지원 세력이 되기도 한다.

지역 기반 활동의 키맨은 당협위원회 또는 지역위원회의 운영위원장이란 명칭의 대표다. 일반적으로 해당 지역구의 국회의원, 아니면 차기 총선을 준비하는 사람, 지난 총선의 낙선자가 해당 직책을 맡게 된다. 그들의 지역 내 권한은 중앙의 실력자가 개입하지 않는 이상 절대적이다. 기초의원 선거 때는 사실상의 공천 결정권자라고 해도 무방해서, 당협위원장이 지역의 일에 사실상 봉건 영주처럼 영향력을 미치고 때로는 결정해 버릴 수도 있다는 점에서 강한 비판을 받기도 한다.

한편으로, 이와 같은 당협위원회 제도가 현대적 관점에서는 지방자치를 강화하는 방향성으로 평가되기도 한다. 하지만 각 당협의 위원장직이 당원협의회에서 선거를 통한 선출이 아닌 중앙당의 임명으로 부여되는 경우가 대부분이다. 따라서 지방자치라는 명분이 무색하게도 결국 지역구의 민심, 당심이 반영되지 않은 또 중앙의 결정권자들의 의중만 반영된 자리이기도 하다. 위원장직에 앉고 싶거나 지키고 싶은 사람들은 지역 민심을 챙기기보다는 중앙의 당심을 챙기게 되기 때문이다. 그럼에도 불구하고, 현실적 관점에서 자신이 국회의원 등의 전국구 정치인을 당장의 목표로 삼는 것이 아니라면, 지역 기반 활동은 당협(지역)위원장, 지역 기반의 기초의원들, 당원들과 안면을 트고, 관계를 쌓아나가는 것은 효과적인 접근방식일 수 있다.

문제는 해당 조직에 공식적인 접촉 루트가 없다는 것에 있다. 당원협의회 혹은 지역위원회는 물리적인 사무실과 '유급' 직원을 가질 수 없다. 과거 정당의 지역 조직의 코어였던 지구당이 많은 폐해로 인해 불법화되었기 때문이다. 즉, 당협 혹은 지역위는 시·도당의 하부조직이 아니라 당원들의 자발적인 모임을 표방하는 무형·무급(無給)의 임의적 조직이다. 따라서, 위원회에서 자주 활동하는 멤버나 위원장에게 개인적으로 연락을 취해보거나 당협이나 지역위 주최의 행사나 봉사 등에 참여하여, 관련자들과 교류를 시작하는 것이 접근 방법이다.

대학생을 비롯한 청년층이 강연 등을 통해 정치인에게 '정치 참여' 방법을 물을 적이면, 가장 많이 듣게 되는 조언은 지역 조직에서부터 시작하라는 것이다. 어떠한 자격 요건도 없으며, 결국 정치인은 지역에서 정치적 커리어를 천착해 나가는 것이 기본이기 때문이다. 하지만 청년들에게는 가장 허들이 낮아야 하는 지역 기반 활동이 가장 어려울 수도 있다. 각 지역에서 평생 거주해 온 덕에 아는 사람들도 많고 영향력도 있는 중장년층과 달리, 청년층은 그러한 접근을 하기가 어렵기 때문이다. 게다가 번듯하고 유능한 청년이 당협에 접근하는 걸 반기지 않는 경우도 더러 있다고 한다. 당협에서 오래 고생한 사람의 입장에서는 당연히 보상을 받고 싶을 테니 말이다.

막상 청년층이 당협 또는 지역위에 접근하더라도 문화적인 측면에서 벽을 느끼는 경우도 많다. 지난 세기의 사고방식이 현존하기도 하고, 과거의 기준으로 인정 욕구에 매몰된 사람들을 종종 만날 수도 있다. 자고로 정치에 입문하려면 어떤 의원에게 잘 보여야 하고 어떤 것을 해야만 한다고 조언을 하는 내 고향 전략 컨설턴트도 존재하고, 자신이 돈도 많고 왕년에는 얼마나 잘 나간 덕에 어떤 의원과도 친하니까 자신에게 잘 보이라며 과시하는 명망가 호소인도 존재한다. 하지만 이런 분들을 비판하고 말면, 정치인이 될 수가 없다. 문화가 혁신될 여지가 존재하는 것은 맞지만, 정치란 그런 사람들과 함께하는 것을 넘어 모두 아우르는 것이다. 유연성을 가질 필요가 있다. 다만, 정치 영역에는 나쁘게 말하면 별나고 좋게 말하면 기가 센 사람들이 많다. 소위 독종이란 이미지가 있는 기자들 중에서도 기가 빠져 정치부를 떠나는 경우도 많다.

종합하자면, 지역 활동은 가장 추천받는 정치 입문 루트다. 하지만 공식성, 공정성, 개방성 측면에서 부족함이 없지는 않다. 하지만 한국의 정치 시스템상 어떤 방식으로 정치에 입문하든 어느 순간에는 한 번은 겪어야 하는 과정이다. 대통령이나 당대표와 친한 덕에 그 아들한테도 해주기 힘든 꽃길을 밟는 것이 아니라면 말이다.

CASE STUDY ⑥ 공개 오디션

2019년 1월, 민심이 보수정당에 전대미문의 수준으로 등을 돌렸을 때였다. 당시 자유한국당은 그러한 상황을 타개하기 위해 사상 최초로 당협위원장을 선발하는 공개 오디션을 진행했다. 총 15개 지역의 당협위원장을 선발하는 자리였으며, 선발 과정은 유튜브 생방송이라는 형식을 택했다. 당협위원장 희망자들이 한데 모여 정치 현안에 관한 토론 및 평가단의 질답과 상호 토론 후, 7인의 조직 강화 위원의 심사 및 당원으로 구성된 50명의 현장 투표로 당선자가 정해졌다. 조직 강화 위원들의 심사가 60%, 당원의 투표가 40% 반영되었다. 해당 오디션을 통해 정치 신인이라고 할 수 있는 인물들이 기존 정치권에서 잔뼈가 굵은 인물들을 제치고 당협위원장으로 선발되는 성과도 있었다. 가령 비교적 나이가 어린 30대 당협위원장들이 탄생하기도 했다.

시청자는 평균 1천 명 정도였다는 점에서는 흥행에는 다소 실패했다는 아쉬움은 있었다. 그리고 종전과 비교하면 괄목할 만한 진일보라 평가할 수는 있지만, 투명성과 공정성이 그렇게 올라갔다고 말하기는 어려운 부분이 역시 존재한다. 일단 절대적인 비중을 차지하는 조직 강화 위원의 심사 기준 및 채점표가 공개되지 않았고, 당원 투표도 단시간에 이루어져야 하는 탓에 후보자들을 면밀히 살펴보기보다는 오히려 '젊음'이나 '새로움'에 너무 많은 점수를 주는 편향이 발생하기도 했다. 무엇보다 공개 오디션 지역이 발표된 거의 직후에 오디션이 진행되었다는 점에서 사실상 원천적으로 관련 정보에 밝은 사람들만 제한적으로 참가할 수 있었다. 그럼에도 불구하고 공개되었기에 해당 비판과 반성도 가능하다는 점에서 긍정적인 변화였다고 봐도 무리가 없다.

대변인을 선발하는 오디션도 존재한다. 2019년 자유한국당은 청년 부대변인을 뽑는 공개 면접도 진행했었다. 서류 심사 후, 심사위원들 앞에서 직접 작성한 논평을 읽는 방식으로 진행되었던 것으로 확인된다. 다만, 생방송의 형식은 아니었다. 더불어민주당도 청년 부대변인직을 신설하고 역시 공개 면접을 진행했다. 해당 과정을 자당의 공식 유튜브 채널인 '씀'을 통해 생중계하기도 했다. 열다섯의 후보 중 남녀 각각 1명을 선발하였고, 이때 청년 대변인으로 발탁된 사람이 나중에 1급 비서관 임명으로 청년들의 박탈감 논란에 휩싸인 박성민 씨다.

이러한 공개 오디션은 점점 진화하여 최근에 이르러서는 제대로 된 형식을 갖추게 되었다. 국민의힘의 '나는 국대다'가 대표적이다. 현재 2기까지 진행이 되었다. 많은 관심을 받았던 1기에는 564명, 2기에도 203명이 참가했다. 1차 논평 영상 심사, 2차 압박 면접 후에 살아남은 16명이 토너먼트 서바이벌 형식으로 토론 배틀을 하는 것이 '나는 국대다'의 프로세스다. 해당 과정 끝에 4강에 진출한 4인이 대변인단으로 활동하게 된다. 당연히 생중계되었고, 당원이 아닌 일반 국민들까지도 문자 투표에 참여할 수 있었다.

더불어민주당도 지난 5월, 청년 대변인을 공개 모집하는 공고를 게시하고, 현수막 등으로 홍보하였다. 1차 서류 및 동영상 심사, 2차 현장 논평 및 면접 심사, 3차 유튜브 생중계 토론을 거쳐 대변인을 선발하는 것이 그것의 프로세스다. '나는 국대다'와 유사하지만, 1, 2등에 각각 대변인, 상근부대변인 자리를 주는 오디션이었다. 그러나 비슷한 시기에 터진 김남국 의원의 코인 보유 논란으로 인해서인지 예상보다 참여율이 저조하여 6월 추가 모집을 하기도 하였다.

우리 필자들은 이런 형태의 인재 선발 제도가 종전의 어떤 방식보다 일반인에게는 가장 열린 형식의 창구라고 생각한다. 선발이 투표 점수 100%로 이루어지는 것은 아니지만 공개적으로 진행이 되기 때문에 감시자들이 있기 때문이다. 그리고 오디션 형식의 인재 선발 제도가 유의미한 가장 큰 이유는 제반 여건은 부족하지만 실력 있는 인재가 '실력 하나만으로' 곧장 역할을 맡을 수 있다는 점에 있다. 앞서의 상설위원회 활동, 캠프 활동, 지역 기반 활동 등은 정계 진출로의 과정에 상당한 시간과 비용이 소요된다. 이러한 관점에서 직결적으로 손해를 보는 계층이 존재하는데, 바로 '청년층'이다. 즉, 오디션 형식의 선발 제도는 청년층의 정계 진출에 있어 가장 탄력성이 높은 제도다.

한국 사회가 저성장 국면으로 진입하며, 앞서 SESSION Ⅱ에서 다론 바처럼, 90년대생 안팎의 세대부터는 윗세대가 나이가 들어가면서 자연스레 얻게 되었던 것들을 얻기가 어려워졌다. 대표적으로 적금을 열심히 한다고 집 한 채 구하기가 어려운 실정이다. 게다가 비록 상투적인 이야기지만 세상이 급속하게 변화한다는 것도 고려해야 한다. 가령 '현재의 50대가 20년 전이던 시절 강조되던 가치'와 '현재의 30대에게 지금 강조되고 있는 가치'는 현격한 차이를 갖는다. 즉, 지금 30대에게 중요한 내용은 지금의 30대가 가장 잘 판단할 수 있다. 50대 정치인의 막연한 선의에만 기대기에는 무리가 있다는 것이다. 30대가 주류가 되어야 한다는 것과 그들이 적어도 인구의 비율의 반이라도 비례하게 국회에 진입될 필요성에 대해서는 고민해 볼 필요가 있는 것이다.

현실의 상황을 보자면, 30대 정치인의 비율은커녕 두드러지는 정보인 '최연소 의원'에 대해서도 잘 알려져 있지 않을 정도로 청년 세대의 정계 진출에 대한 관심도는 낮다. 청년에 대해서는 언제나 그들을 유권자로 상정한 논의만 이루어질 뿐이다. 21대 국회에서 류호정 정의당 의원이 전체 최연소 의원인 것은 널리 알려져있지만, 국민의힘의 최연소 의원이 누구인지에 대해서는 거의 알려져 있지 않다. 선거일 기준으로, 01년생이 대학에 입학했던 2020년에 83년생인 배현진 의원이 최연소 의원이었다. 유능한 인재가 보다 유연하게 정치권에 접근할 수 없다는 점은 분명 재고될 필요가 있다. 출산 휴가나 육아 휴가처럼, '참정 휴가'가 도입될 수는 있지 않을까? 당선 가능성만 있다면, 기업 입장에서도 마다할 이유도 없을 것이다.

　그런 한편으로, 오디션 형식의 선발 제도에는 속된 말로 '말빨'에만 치중하여 평가가 이루어진다는 단점은 물론 존재한다. 대변인이나 당협위원장을 포함한 정치인에게는 공개적인 자리에서의 말솜씨도 분명 중요하지만, 해당 능력이 전부는 아니기 때문이다. 무엇보다 이 역시도 현업에 종사하는 사람이 참여하기는 어렵다는 결정적인 맹점도 존재한다. 생업을 포기하고 정치에 뛰어드는 사람들의 용기를 무시할 수는 없지만, 포기할 만한 생업이라 혹은 생업을 포기해도 생활에 문제가 없어서 뛰어들기가 용이한 면이 존재한다는 사실도 역시 무시할 수는 없다. 그럼에도 모든 정치 참여 제도 중에서 정치 소외 계층에게는 가장 접근이 용이하고 탄력적인 제도인 것만은 분명하다.

CASE STUDY ⑦ 당내 인재 양성 프로그램

최근에는 유명무실해진 감이 있지만, 우리 정당에는 하나씩은 정치학교와 같은 공식적인 당내 인재 양성 프로그램이 존재한다. 정확히는 존재했다. 보수당에는 한나라당 시절에도 청년 정치 프로그램이 있었고, 자유한국당 시절에는 '청년정치캠퍼스Q'라는 프로그램이 3기까지 있었다. '바른정당"에서 시작한 '청년정치학교'는 '새로운보수당'을 거쳐 현재 7기까지 이어가고 있다. '더불어민주당'에도 '더민주정치대학'이란 교육프로그램이 존재한 것으로 알고 있는데, 현재는 운영을 하지 않는 것으로 보인다. 그렇지만, 각 시도당 단위로도 이런 정치인 양성 프로그램 혹은 정치 교육 프로그램은 자주 열리기 때문에, 관심이 있다면 한 번 들어보는 것도 나쁘지 않다고 생각한다.

자유한국당의 '청년정치캠퍼스Q'의 예를 들자면, 모집 공고 같은 건 각 당의 홈페이지나 SNS 등을 통해 올라오며, 서류 제출과 학장과의 면접 등의 과정을 거치기 때문에 어느 정도 선발된 인원으로 진행된다. 보통 주말에 이루어지며, 주말 하루밖에 할애를 못 하는 만큼, 4시간 정도의 장시간으로 수업이 진행된다. 강의 커리큘럼은 꽤 탄탄히 갖춰져 있어서, 여러 강사들의 강의 말고도, 실제로 현재 쟁점인 사안 등으로 토론을 하기도 하며, 법안을 발의해 보기도 한다. 이런 프로그램들은 비교적 커리큘럼이 탄탄하게 잡혀있기 때문에, 정치 전반적인 이슈나 제도, 정치인들의 일에 대해서 듣고 이해할 수 있는 좋은 기회이다.

　이상의 프로그램들은 스포츠팀의 유소년 시스템과 같은 취지를 갖고 있다. 즉, 백화점 문화센터식의 대중교육이 아니다. 따라서, 각 정당들은 프로그램을 통해 나름대로 짧지 않은 시간을 투자해서 교육받은 인원을 그냥 수료시키는 것으로 인연을 종결하고 싶어 하지는 않는다. 즉, 그들에게 어떤 기회를 줄 것인지, 어떻게 애프터 케어를 할 것인지를 중요하게 생각한다. 새로운 보수당의 '청년정치학교'는 청년정치학교 출신들이 정치 일선에서 실제로 활동을 할 수 있도록 당 차원에서 많은 지원을 해줬다. 그래서 졸업생들의 적지 않은 수가 광역의원 등으로 활동하며, 정치에 참여하고 있다. 자유한국당의 '청년정치캠퍼스Q' 졸업생들 중에서도 총선에 도전하거나, 실제로 기초·광역의원 등으로 활동하고 있는 인원이 상당수 존재한다.

CASE STUDY ⑧ 신당 창당

　지금까지의 내용은 기존 정당을 통해 정계에 입문하는 방법이었다. 하지만 반드시 그러한 방법을 통할 필요가 있을까? 자신의 신념을 바탕으로 한 신당을 창당하여, 출마를 준비하는 것도 하나의 방법이 될 수 있다. 다만, 창당이란 과정은 보통의 자본과 노력으로 되는 것이 아니라서, 정치적 자산이 없는 사람들에게는 정말 어려운 영역이기는 하지만 말이다. 하지만 안철수 의원처럼 대규모 정당을 조직하지 않고, 스타트업과 같은 소규모 정당을 창당하여 내실 있게 운영하면 거대정당에 흡수·합병되는 과정에서 공천을 받을 수도 있다.

　창당은 어떻게 하는 것일까? 가장 먼저 (1) 중앙당의 창당준비위원회(이하 창준위) 결성을 신고해야 한다. 발기인 대회를 개최하여 창당의 취지 및 규약을 공유하고, 대표자 및 회계 책임자를 선임하는 것이 해당 과정의 골자가 된다. 창준위는 '중앙당'의 경우 '20인 이상의 발기인', 후술할 그 이하의 '시·도당'의 경우 10인 이상의 발기인으로 구성되어야 한다. 한편, 중앙당 창준위가 결성되고 그 후 6개월 안에 모든 창당의 준비를 마쳐야 한다. 다음으로, (2) 시·도당 등록을 신청해야 한다. 각 시·도당의 창준위는 10인 이상의 발기인이 참여한 발기인 대회를 개최한 후, 최소 5개 이상의 시·도당에서 그 지역 관할지의 주민들 중에서 '1천 명 이상의 당원'을 모집해야 한다.

이 부분이 가장 어렵다. 끝으로, (3) 중앙당 창당의 절차를 거쳐, 당헌 및 당규를 채택하고 대표자를 선임하는 과정 등을 마치고 중앙선거관리위원회에 등록하면 모든 창당 과정이 완결된다.

이렇게 복잡하고 긴 절차를 거쳐야 하며, 움직여야 하는 사람들의 수도 적지 않기 때문에, 보통은 정치적 자산이 있는 기존 정치인이나 사회적 명망가가 창당하는 경우는 있지만, 정치 경력도 사회적 명망도 없는 인물이 정계 진출을 위해 신당을 창당하는 경우는 매우 드물다. 그렇다고 해서 아예 존재하지 않는 것은 아니다. 21대 총선(2020) 기준으로, 조성은 씨의 '브랜드뉴파티(창당준비위원회)', 천하람 변호사의 '젊은 보수(준 정당)', 김재섭 씨의 '같이 오름(창당준비위원회)'이 대표적이다. 셋 모두 총선을 앞두고 미래통합당에 합류하였다. 통합 이후에 조성은 씨는 선대위 활동을 하였고, 천하람 씨와 김재섭 씨는 각각 순천시와 서울 도봉갑 지역에 공천을 받기는 했지만, 낙선하였다. 세 케이스 모두 뜻이 맞는 사람들이 모여서 정당의 결성을 도모했다는 즉, 일반적인 취지의 정당 결성을 시도한 것으로 이해하는 국민은 거의 없을 것이다. 조성은 씨의 경우에는 '고발 사주' 의혹과 참전용사 명단을 도용하여 '가라 명부'를 작성했다는 의혹을 받기도 했다. 하지만 정계에 입문하는 유효한 방법이었다는 것만은 분명하다.

사실 이러한 방향성을 추천하고 싶지는 않다. 만약 진심으로 창당에 뜻을 함께 한 사람이 있다면, 이러한 행동은 배신이다. 무엇보다 정당 역시도 '계속 기업의 가정'과 같은 원칙이 성립해야 국민의 진정한 신망을 얻을 수 있다. 그냥 창당을 준비하는 시늉만 하는 것으로 비춰질 소지가 있다면, 윤리적으로 하자가 없다고 볼 수 없다. 실상은 업소용 냉장고 하나 들여놓고, 백종원 행세를 하는 것일 수 있기 때문이다. 최소한 이러한 방법론을 채택하려면, 조정훈 의원의 '시대전환'과 같이 현실적 관점에서 공천은 받더라도 정당은 유지하여 노선을 일관되게 추구하든지, 현재 정의당처럼 소수 정당으로나마 활동을 하다가 합당을 하는 진정성을 갖출 필요는 있을 것이다.

CASE STUDY ⑨ 유명세와 사회적 업적

　유명세는 정계 입문에 있어 가히 가장 결정적인 팩터다. 유력자와의 친분 정도를 제외하면, 정계 입문에 있어 유명세보다 유효한 팩터는 없다. 게다가 유명세는 이후 정치 활동에 있어서도 주목을 받을 수 있다는 점에서도 큰 도움이 된다. 애초에 정치라는 일이 자신의 신념이나 철학을 유권자에게 전파·설득하는 일이기 때문이다. 사람들은 본능적으로 '익숙한' 혹은 '이미 아는' 인물의 말 위주로 귀를 기울이지, 생소한 사람이 하는 말에는 귀를 웬만하면 기울여주지 않는다. 정확하게는 원천적으로 기울일까 말까 생각조차 할 일이 없다. 익숙함이 주는 친근함은 생각보다 더 큰 작용을 한다. 오죽하면, 정치인들의 소원이 나쁜 일로라도 실시간 검색어 순위에 올라보는 것이었겠는가? 그래서일까. 종종 선거철이 되면, 잘 알려진 연예인이나 스포츠 선수가 대중적으로 이미지가 좋다고 판단되면, '정계 진출에 대한 제안을 받았다' 혹은 '정계 진출을 꿈꾸고 있다' 등의 뉴스가 보도되기도 한다. 그가 정치와 관련성이 그닥 없는데도 말이다.

　'정치를 하며 코미디를 많이 배우고 간다'는 말을 남긴 코미디언 故 이주일 씨가 대표적이다. 탤런트 이순재 씨, 김을동 씨, 강부자 씨, 최불암 씨를 예로 들 수 있다. 최근까지 방송에 자주 출연하는 이덕화 씨도 비록 낙선했지만 출마한 적이 있다. 아나운서 출신들도 아주 많다. 현역으로는 현재 국민의힘의 배현진 의원, 김은혜 의원, 더불어민주당의 고민정 의원, 한준호 의원이 있고, 정동영, 한선교, 이계진, 유정현 씨 등이 있다. 아나운서라는 직업이 주는 깔끔하고 정돈된 지적인 이미지와 매일 TV에서 보던 얼굴이라는 친근감은 정치를 하는 데 큰 도움을 준다. 스포츠 선수 출신들도 뒤처지지 않는다. 현역으로는 핸드볼 국가대표 임오경 의원이 더불어민주당 소속으로 활동하고 있으며, 루지 선수 출신인 이용 의원은 국민의힘 소속으로 활동하고 있다. 가장 잘 알려진 사람이라고 한다면, 태권도 국가대표 금메달리스트 문대성 씨로 새누리당에서 국회의원을 역임했으며, 씨름 선수 이만기 씨는 4번의 출마를 했지만 모두 낙선하였다. 최근에 국민의힘에서 당구선수 차유람 씨를 영입한 것도 또 다른 화제가 되었다.

전형적인 유명인 직군이 아니지만 유명인이 되어 정계에 진출한 사람들도 존재한다. 이 외에도 프로파일러 표창원 전 국회의원이나 이수정 교수는 원래의 직업이 언론에 노출되는 직업은 아니지만, 여러 매체를 통하여 지속적으로 노출되어 와 대중적 인지도를 쌓고 정계에 진출한 케이스이다. 최근 대중의 정치적 관심도가 높아지며 '폴리테이너'라는 표현을 자주 접하게 되는데, 이들도 장차 실제로 정계에 입문할 주요 후보군이다. 외국에서도 TV라는 매체를 통하여 잘 알려진 사람들의 정계 진출은 빈번한 편이다. 필리핀의 복싱영웅 매니 파퀴아오는 의원을 두 번 역임하고 현재는 대권 도전까지 선언한 상태이다.

이들이 잘 알려진 인지도를 통하여 정계 입문을 비교적 쉽게 하는 것과 달리, 정계 진출 후의 활동이 순탄치는 않은 편이다. 그리고 각종 지표로 나타낸 정치인이 되고 나서의 행보에 대한 평가는 그리 좋지 않은 편이다. 대부분이 재선에 실패하며, 법안 발의율, 국정감사 성과는 평균을 밑도는 수준이다.

한편, 이러한 유명세를 모든 사람이 누릴 수는 없다. 그렇다면, 정계 입문을 희망하는 사람들은 이러한 방식을 포기해야 할까? 꼭 그렇지는 않다. 2010년 후반 정도부터 '유명세'의 판도가 달라졌다. 이제는 YouTube 등의 뉴 미디어를 통하여, 스스로 인지도를 쌓을 수 있게 되었다. 오히려 정치 고관심층 혹은 고관여층에게는 유튜버들이 KBS 9시 뉴스 앵커보다 유명할 것이다. 2020년대 들어 'KBS 9시 뉴스 앵커'가 누구인지 아는 사람이 얼마나 될까? 과거에 그들은 청와대 대변인보다 유명했을 것이다. 하지만 최근에는 그렇지 않다. 올드 미디어에서 터부시되는 주제와 표현을 적극 공략하는 유튜버가 더욱 유명해질 수 있는 환경이 마련됐다. 유명세가 형성되는 방식이 시대의 흐름에 따라 바뀐 것이다.

21대 총선 때는 당시 미래통합당의 위성정당인 미래한국당에 비례대표 공천 신청을 한 유튜버들이 있었는데, 그중에서도 '호밀밭의 우원재'라는 채널을 운영하는 우원재 씨는 1차 공천 명단이 발표되었을 때 8번으로 실제로 당선권에 있었다. 황교안 당시 미래통합당 대표의 입김으로 인해서 공천 명단이 바뀌기 전까지는 말이다. 아직 뉴 미디어 인물들을 레거시 미디어의 인물들보다 천시하는 분위기가 있지만, 이러한 분위기는 점점 바뀌게 될 것이다. 매체의 영향력이 아닌 실력으로 승부하는 환경이 마련될 것이기 때문이다. 가령 10년 전만 해도 종편의 뉴스를 보는 사람은 거의 없었다. 하지만 JTBC의 손석희 전 앵커나 TV조선의 신동욱 앵커와 같은 실력자들이 등장하며 방송 3사의 아성이 무너지게 된 것이다. 다만, 뉴 미디어의 특성상 자체 검열이 되지 않아 실수를 할 수 있을 것이다. 하지만 해당 리스크만 잘 관리할 수 있고 실력만 갖출 수 있다면, 방송계와 관련 없는 사람들 역시도 유명세를 얻을 계제가 충분한 시대가 되었다. 물론 유명세만을 추구해서는 안 되겠지만, 유명세가 부족하다고 낙담할 필요도 없다.

CASE STUDY ⑩ 출신 성분

 '일본 정치'라고 하면 무엇이 먼저 떠오르는가? 정치를 잘 모르는 사람이라고 해도, 아마 '세습 정치'라는 표현은 들어보셨을 것이다. 지난 4월 15일에 있었던 현 총리인 기시다 총리 테러 사건을 일으킨 기무라 류지는 그가 세습 정치인이라며 비판하는 트윗을 게시한 일이 있었다. 그의 트윗은 거짓된 내용이 아니다. 일본의 경우, 현직 총리인 "기시다 후미오'마저 세습 정치인이다. 그의 조부와 부친 모두가 중의원을 지낸 파워 정치인 가문이다. 그는 부친이 세상을 떠난 후, 그의 지역구를 물려받아, 93년부터 내리 9선을 지내고 결국 총리가 되었다. 또한 자신이 그랬던 것처럼, 자신의 장남을 정무 비서관으로 고용하여 세습의 연장을 준비하고 있다. 우리에게 가장 익숙한 일본의 총리인 '아베 신조'와 '고이즈미 준이치로' 모두가 세습 정치인이다. 아베는 자식이 없음에도 조카가 그의 레거시를 바탕으로 세습에 성공했다.

 일본 세습 정치에서 최근 가장 상징적인 인물은 고이즈미 준이치로 전 총리의 차남인 고이즈미 신지로 중의원이다. 그는 81년생에 불과하지만, 이미 5선 의원이고 현직 환경상(장관)이기도 하다. 악의는 없어 보이는 사람이기 때문에 비판하기가 미안한 감이 있지만, 그는 전형적인 세습 정치인의 코스를 밟았다. 단일 재단 내에서 소학교부터 대학교까지 졸업하는 엘리베이터 형식의 교육을 받은 후, 미국의 명문인 컬럼비아 대학원을 졸업했다. 이후 총리를 지낸 아버지의 비서진으로 들어가서 지역구를 물려받는 형태를 그대로 밟았다.

고이즈미 신지로는 '펀쿨섹좌'라는 별명을 갖고 있다. 해당 별명은 환경성 장관으로 재임하는 그에게 한 기자가 '기후 위기 해결책'을 물었는데, '펀하고 쿨하고 섹시하게 해결하면 된다.'라며 아무 의미 없는 유체이탈 화법에서 비롯된 것이다. 그는 해당 사건 외에도 동어반복이나 순환논법을 사용하는 적이 많았다. 혹자는 그가 차기 총리자리를 노리고 있어, 기회가 오기 전까지 무탈하기 위해 마치 젊은시절 흥선대원군처럼 어리숙한 척을 한다고 평가하기도 한다. 하지만 그가 막중한 자리에 있음에도 아무런 지식과 생각이 없어 보였다는 것을 부정하기는 어렵다. 그의 정치적 커리어는 그가 빌드업하는것이니, 우리가 훈수를 둘 필요는 없지만 말이다.

일본 국회의원들의 세습 정치인 비율은 30%에 달하며, 자민당으로 한정할 경우 40%까지 치솟는다. 일본 국민들의 무서울 정도의 정치에 대한 무관심과 실질적인 자민당 일당 체제 등은 정치인들이 당론이나 당선 공약에 대한 싸움이 아니라, 당파 파벌 싸움에 집중하게 만드는 가장 큰 원인으로 지적받고 있기는 하다. 필자가 겪은 일본의 선거운동은 얼마나 더 사람들에게 '친숙한' 존재가 되냐의 싸움이다. 스피커를 단 작은 봉고 같은 차에서 끊임없이 후보자의 이름만 외치는 게 가장 중요한 선거운동이다. 이것이 사람들이 그 후보를 찍게 되는 데 큰 영향을 미친다는 건 이미 일본에서 연구가 끝난 주제다. 국민들이 정치에 무관심해지고, 때로는 무지하게 되는 경우에는 정치가 관성이 가장 강력한 결정 요인이 되는 것이다. 그리고 그러한 관성은 현대판 귀족층의 튼튼한 기반이 된다.

한국은 국회의장의 장남조차 세습에 실패했다는 점에서 세습 정치를 차단하는 것에 있어 선진화되어 있는 것은 사실이다. 하지만 우리나라에도 세습 정치인이 없는 것은 아니다. 대표적으로 김대중 전 대통령의 장남, 차남, 삼남은 모두 국회의원을 지냈다. 우리에게 '야인시대'로 친숙한 김두한 전 국회의원의 딸 김을동 씨도 16대, 17대 국회의원을 지냈다. 국민의힘 정진석 의원도 고 정석모 전 장관이자 6선 국회의원의 아들이다. 그는 아버지의 지역구를 물려받아, 국회의원에 당선되었다. 유승민 전 의원도 재선 의원인 유수호 전 의원의 지역구 바로 옆 동네에서 배지를 달게 되었다. 31세의 나이에 20대 국회에 비례 대표로 입성한 김수민 의원은 김현배 전 의원의 딸이다. 아마 기초의원, 광역의원 레벨로 내려가게 되면, 노동조합 간부들과 선관위 직원들이 최근 비로소 지적을 받은 것처럼 세습이 이루어지고 있을 수도 있다. 더 눈에 띄지 않기 때문이다.

부모님이 정치인이 아니지만, 어떤 형식으로든 출신의 후광으로 정치계에 진출하는 경우도 있다. 물론 본 케이스는 세습으로 보기는 어렵지만, '출신성분' 자체가 유의미한 케이스인 것은 분명하다. 예를 들어, 윤봉길 의사의 손녀로 전 독립기념관장을 역임했던 윤주경 의원과 같은 경우는 상징성이 큰 비례대표 1번으로 국회에 입성했다.

한편, 일본에서는 국회의원이 되기 위해서는 흔히 '세 개의 반'이 필요하다고 한다. 바로 '지반'(地盤), '간판'(看板), '가방(カバン)'이다. '지반'은 지역구 기반의 세력 및 조직, '간판'은 가문과 높은 인지도, '가방'은 선거를 치를 수 있을 재정력, 자금력을 뜻한다. 세습 정치인의 경우, 이 3가지를 확보하는데 일반인들보다 훨씬 유리하고, 이를 반박할 수 있는 사람은 거의 없을 것이다.

한국의 경우, 일본처럼 출신성분과 가문이 출마의 준 필수요건이 되지는 않았지만, 일본에서 중요한 '3반'이 정치인이 되기 위해 우리나라에서도 똑같이 중요한 건 부정할 수 없다. 세습정치인들의 개인적인 능력치가 다른 정치인들에 비해 절대적으로 떨어진다고는 말할 수는 없지만, 앞서 언급한 것처럼 아버지의 지역구를 물려받은 사람이 여럿 존재한다. 하지만 그들이 우월한 지위를 이용하여, 다른 능력 있는 자의 진출을 막는다면 그건 문제가 될 것이다. 이 책의 독자들의 경우, 이 출신성분으로 정치인을 꿈꾸거나 하는 사람들은 아닐테니 이 섹터는 이 정도로 끝내기로 한다.

CASE STUDY ⑪ 단체 소속

민간의 단체에 소속됨으로써 정계 입문을 도모해 볼 수도 있다. 첫째로 관련한 아이덴티티가 분명해지기 때문이고, 정체성 정치가 강조되는 최근의 흐름에서 정치권이 해당 정체성과 친화적인 스탠스를 보이기 위해 관련한 인물을 영입하는 경우가 더러 존재하기 때문이다. 물론 소속만 민간일 뿐 사실상 정치권과 주욱 호흡하며 지내온 결과로 즉, 사실상 정치적 활동을 해왔지만 공식적인 정계 입문만 적당한 시기에 사후적으로 하는 경우도 물론 존재한다.

시민단체

정말 아이러니하게도 우리나라의 여러 시민단체는 정치적 성향이 뚜렷하다. 정치적 중립이 제일의 가치라고 할 수 있는 시민단체가 마치 관변단체마냥 어떤 정치적 스탠스를 갖는지 뚜렷하게 드러난다. 굳이 열거하지는 않겠다. 그래서일까. 각종 시민단체 활동은 언제부턴가 정치인이 되기 위한 정석적인 루트로 활용이 되고 있다. 정부의 활동을 감시해야 할 시민단체들이 정치색을 심하게 띠면서 정권에 따라 동조 혹은 비판으로 스탠스를 바꾸는 것은 사회적 재앙이다. 시민단체가 권력에 휘둘리는 것보다 더욱 꼴사나운 자멸적 행동이기 때문이다. 자발적으로 좌향좌 우향우를 하고 있으니 말이다. 이러한 경향은 비판하지 않을 수가 없다. 이러한 경향성은 좌우를 가리지 않지만, 최근에 관련 인물들이 유독 문제가 된 진영은 진보 진영이다.

가장 대표적인 시민단체 출신 제21대 국회의원으로는 정의기억연대 출신의 윤미향 의원이 있다. 윤미향 씨는 21대 국회의원 중에 가장 많은 논란에 휩싸인 사람 중 한 명일 것이다. 그녀는 2011년부터 2020년까지 한국정신대문제대책협의회 및 정의기억연대 이사장을 맡으며, 위안부 피해자를 위한 후원금 등 1억여 원을 217회에 걸쳐 개인적인 용도로 횡령한 혐의로 기소되어 그 중, 1,700만 원에 대한 혐의가 인정되어 벌금형을 선고받았다. 정의기억연대에서의 활동을 인정받아 공천을 받고 국회에 진출한 사람이 그 기관에서의 일 처리 중 불법적인 행위를 저질렀음에도 불구하고 직을 유지할 수 있다는 사실에 놀라지 않을 사람은 아마 거의 없을 것이다.

더불어민주당 남인순 국회의원도 정계 진출 전 거의 모든 경력이 여성운동을 한 경력이다. 한국여성재단, 한국여성단체연합 등에서 대표를 역임했다. 故 박원순 시장에 대한 METOO가 이루어졌을 때, 여성 운동 경력을 호소하여 금배지를 단 그녀는 박원순 전 시장에게 피소 사실을 알리고, 피해자의 인권을 최우선적으로 보호해야 함에도 '피해 호소인'이란 표현을 사용했다. 피해자라는 확정적 표현을 사용하기 꺼린 것이고, 정치적 이익을 피해자 보호와 위로보다 우선시한 것이다.

더불어민주당 이용선 의원도 대학 졸업 후 30여 년간 노동운동을 해 온 사람으로 알려져 있다. 김기식 전 의원도 18년간 참여연대에서 사무처장, 정책위원장 등을 역임해 왔다. 국민의힘에도 시민단체 출신 국회의원은 존재한다. 신보라 20대 국회의원은 2011년 '청년이 여는 미래'라는 단체를 설립한 후 반값 등록금, 청년일자리 실태를 알리는 등의 운동을 한 것으로 알려져 있다.

대학교 총학생회

한국에서 대학교는 학술적 차원이 아니라 실천적 차원에서 정치권 특히, 진보 정치권과 깊은 연관성을 가져왔다. 최근에는 극좌 진영을 제외하면 해당 연결고리가 많이 옅어진 것으로 보이지만, 대학생 시절 단체 활동을 바탕으로 정계에 입문한 사람들이 여전히 정치인으로 활동중이다. 그들은 40년이 지난 지금도 당시의 라떼 이야기를 한다. 게다가 총학생회 경력을 바탕으로 새로이 정계에 입문하고 있는 경우도 여전히 존재한다.

386세대(現 586, 686)가 대표적이다. NL(민족해방), PD(민중민주)를 비롯한 노선을 따랐던 그들은 아무래도 80년대 학번들의 경우에는 시대적 환경상 군부정권에 맞서 민주화 운동을 한 경우가 많다. 그래서 민주당 쪽에 총학생회장 출신 정치인들이 더욱 많이 포진되어 있다. 학생회장 출신의 정치인으로는 대표적으로 임종석 전 청와대 비서실장(한양대), 송영길 전 더불어민주당 당대표(연세대), 이인영 전 더불어민주당 원내대표(고려대)가 있고, 더불어민주당의 서영교 의원

(3선)도 이화여대 총학생회 출신이다. 국민의힘에서는 서울대 총학생회장 출신인 심재철 전 의원(5선)이 대표적이다. 젊은 정치인 중에서는 장경태 더불어민주당 국회의원이 서울시립대 총학생회 출신이다.

현재에도 총학생회와 정치는 떼놓을 수 없는 관계다. 총학은 정치인들 입장에서 최근 강조되는 '젊고 신선한', '청년 정치에 대한 관심' 등의 이미지 메이킹을 함에 있어 최적의 파트너이기 때문이다. 학교라는 환경은 집중적으로 청년층을 만날 수 있는 공간이기도 하고, 총학생회를 거치는 것이 젊은 유권자를 동원하기 용이한 면도 있다. 하지만 학교라는 공간은 정치권과 깊이 결탁하는 것이 좋은 방향성은 아니다. 어디까지나 학교와 그 구성원은 지성의 시각으로 중립을 지킬 필요가 크기 때문이다.

노동조합

21대 국회에서 노동조합 출신 국회의원은 13명이다. 한국노총 출신이 9명, 민주노총 출신이 4명으로 한국노총 위원장 출신이 더불어민주당에 김주영 의원이며, 김주영 의원 전 위원장이 20대 국회에서 비례대표로 당선된 이용득 전 의원이다. 국민의힘에서는 임이자 의원이 한국노총 출신으로 대림수산 근무 시절부터 노동운동에 깊게 몸을 담아왔던 것으로 알려져 있다.

[부록]

정치인에게 DM을 보내보자

현재의 정치 환경은 여러 소통채널의 발전으로 인하여 기성 정치인들과 소통할 창구와 기회는 과거에 비해 훨씬 많아졌다. 정치인들 중에서는 자신의 지역구 주민들과의 교감을 위해 지역구 사무실 등에서 매주 혹은 매월 정기적으로 소통하는 자리를 가지는 의원들이 많다. 또한, 대중들을 상대로 소통하기 위한 수단으로 널리 이용되고 있는 것이 소셜미디어인데, 소셜미디어 등을 통해서 사람들과의 모임을 주최하거나 자원봉사자를 모집하거나 하는 정치인들도 많다.

만약 정치에 적극적으로 관심이 있지만, 앞서 언급한 모든 상황에 들어맞는 조건이 없는 탓에 어떻게 해야 할지 도저히 모르겠는 독자도 분명히 있을 것이다. 그런 경우에는 평소에 좋아하는 정치인을 팔로우하고 그에게 DM을 보내보자. 2023년 기준으로, 긴 글과 사진을 함께 올릴 수 있다는 점에서 페이스북이 정치인들의 주요 소통창구로 이용되고 있다. 해보신 분들은 모두 알겠지만, 정치인들은 의외로 답장을 잘해주고 강연이나 행사에 초대하는 경우도 더러 존재한다. 특히, 청년층에게는 최근 정치권에서 청년의 의견과 등용을 중시하는, 어쩌면 거의 강제적인 분위기가 형성되어 많은 기회들이 부여되고 있다.

물론 온라인이라는 특성상, 검증되지 않은 사람들이 말을 걸어올

때도 많고, 화가 난 유권자들이 항의의 메시지를 보내는 일도 많아서, 눈에 띄기란 쉽지 않을 것이지만, 자신이 지향하고자 하는 바와 생각을 평소에 잘 쌓아놓고, SNS의 호기능을 중점으로 이용한다면, 내가 원하는 바를 이룰 수 있는 매체가 되기도 할 것이다. 요즘에는 페이스북의 유저가 중/장년층으로 확대되어 가면서, 식견과 견문을 갖춘 사람들이 자신의 생각과 의견을 표현하는 창구로 잘 이용되고 있다. 그들 중에는 보좌진으로 발탁되는 사람도 있었다.

SNS를 활용하라는 말이 너무 식상해진 탓에 굳이 언급할 필요가 있겠나 생각을 했지만, 의외로 정치 영역에서 SNS를 활용하는 일반 국민들이 드물다는 생각이 들었다. 정확히는 수신용으로만 사용하지, 발신용으로는 사용하지 않는다. 정치인에게 연락을 하는 것은 유권자로서 너무나 당연한 권리다. 정말로 정치에 관심이 있고 관련한 도전을 해보고 싶다면, 최소한 DM이라도 보내보자. 정치인들은 매일 비난과 부탁의 문자를 받기 때문에, 긍정적으로 다가오는 당신을 정말 반가워할 것이다. 당신이 청년이라면 더욱이 그럴 것이다.

2. 걸림돌: 정치 참여가 어려운 이유

방법론을 이해하고 그것을 실행할 역량이 되더라도 정치 참여는 여전히 어려울 수 있다. 그것을 실행하기 위한 돈과 시간, 멘탈, 관계가 존재해야 하기 때문이다. 정치계에 입문을 희망하는 사람들이 추가적으로 신경을 써야 하는 것에는 무엇이 남아있을까?

(1) 경제적 제약 : 공천헌금, 기탁금, 후원금

선거비용에 관해서는 SESSION II 에서 이미 다루었다. 관련 내용은 해당 세션을 통해 확인하실 수 있다. 본 꼭지에서는, 친목 도모, 행사 진행, 홍보 등의 일반적인 비용 차원을 넘어, 출마의 차원에서 그 희망자들에게 직접적인 문제가 되는 동시에 현재의 현실에서는 맞닥뜨리게 되는 제약 요소들을 추가적으로 짚어보도록 하자.

공천헌금

'공천헌금'이란 공천을 받는 조건으로 공천 결정권자에게 금품을 건네는 행위를 뜻한다. 과거에는 공천을 매개로 당 지도부 – 국회의원 – 지방의원이 상하관계의 먹이사슬로 금품과 공천을 주고받았다. 국회의원 출마자는 중앙당 핵심인사에게 금품 로비를 하고, 지방선거에선 국회의원이 로비 표적이 되는 식이다. 공천 잡음이 불거지면 낙천한 후보자에게 받은 금품을 돌려주기도 했다.[1] 요즘도 그런 일이 있나 싶겠지만, 여전히 공천헌금의 문제가 좌우를 넘나들며 발생하고 있다. 20C의 넘쳐나는 사례까지 살펴보게 되면, 머리만 아플 것이다. 21C에 발생한 사례들만 몇 가지 살펴보자.

18대 총선(2008) 당시 '친박연대'[2]의 공천헌금이다. 당시 양정례라는 어떤 사회 경력도 없는 30세 여성이 느닷없이 비례대표 1번에 배정되었다. 본 책을 여태껏 읽으신 분들은 아시는 내용이지만, 비례대표 선거에서 해당 순번은 — 물론 정당이 일정한 득표율을 얻어야 하기는 하지만 — 당선 확률이 100%다. 말이 선거지, 사실상 매관매직인 것이다. 그런 이유로 모두가 그녀의 비례대표 1번 발탁을 의심스럽게 여기던 도중, 그녀의 어머니이자 건풍건설이라는 건설사를 운영하는 재력가인 김순애 씨가 친박연대에 금품을 건넨 정황이 포착되었다. 후일 밝혀진 바로는 해당 규모는 17억이었다. 해당 사건에 연루된 양정례 씨 본인은 물론, 서청원 대표는 모두 국회의원 직을 박탈당했으며 유죄 선고를 받았다. 여담이지만, 당시 서청원 대표의 변호인단에 문재인 전 대통령이 포함되어 있었다.

19대 총선(2012)에서도 '공천헌금' 사태는 여지없이 발생했다. 현영희 의원이 비례대표 공천을 위한 공천헌금으로 3억원을 새누리당 관계자에게 건넨 혐의로 기소되었고, 새누리당에서 제명되었다. 자진 탈당이 아니므로 의원직은 유지했으나, 결국 2014년 1월 16일 조기문 새누리당 부산광역시당 전 홍보위원장에게 5천만원을 건넨 혐의가 결국 인정되어 국회의원직을 상실했다. 진보 진영에서도 비슷한 일이 발생했다. 민주당 인사인 당시 라디오21 편성본부장이었던 양경숙 씨는 민주통합당 시절, 박지원 당시 의원을 사칭하여, 후보자들에게 비례대표 순번을 확정 짓는 문자를 발송하였고, 비례대표 공천의 대가로 후보자들로부터 3명에게 총 40억원을 받아 챙긴 혐의로 구속기소 되었으며, 실형을 살았다.

20대 총선(2016)에서는 '국민의당'의 박준영 국회의원이 대표적이다. 그는 전남도지사에 무려 세 번이나 당선된 정치인이었다. 이렇듯 지역의 거물 정치인이었던 그가 공천헌금을 낸 것은 아니고, 당 사무총장으로부터 3.52억 원을 수뢰했다. 당연히 대법에서 실형이 확정되었다. 21대 총선(2020)에서도 공천헌금 문제로 수사와 재판이 진행되고 있는데, 이들의 경우에는 판결이 확정된 것이 아니므로 서술하지 않을 것이다. 초록 검색창에 '21대 총선 공천헌금'이라고만 검색해도 곧장 관련 내용을 확인해볼 수 있다.

국회의원 선거에서도 이런 일이 공공연히 일어나는데, 공천의 투명성 혹은 이해관계자가 적은 기초·광역 의원 선거에서는 더욱 버젓이 발생할 수 있다. 91년도의 중앙일보에는 이런 내용이 보도되어 있다. '그 해 예정된 기초·광역의원 선거의 공천권 행사과정에서 각 당이 14대 총선과 대통령선거에 대비한 선거 자금을 확보할 목적으로 공천헌금의 액수 테이블을 공공연히 정해놓고, 거래를 한다'는 것이다.

당시 '평민당'의 당선 안정 지역인 호남과 서울은 각각 5천만 원~1억 원, 8천만 원~1억 원 정도로 거래된다는 비교적 구체적인 액수도 나타나 있다. 공천권을 쥐고 있는 것이 지금의 당협(지역)위원장과 같은 위치인 지구당위원장들이고, 지구당위원장들의 대부분이 총선에 출마할 것이기 때문에 선거자금을 모으는 것이 불가피하다는 것이다.

이러한 30년 전의 구태는 21C의 한 쿼터가 지나가고 있는 지금에도 여전히 발생하고 있다. 당시 장성할 만큼 장성해 30대였던 사람들이 지금도 실권자임을 생각하면, 어찌 보면 당연하다. 2018년 김소연 당시 대전시의원은 박범계 전 법무부장관의 측근들이 1억 원의 특별당비 명목의 공천헌금을 요구했다는 걸 폭로했다. 관련자들은 실형을 선고받았다. 해당 지역의 유력자인 박범계 전 법무부장관은 아직도 구체적인 내용을 몰랐다고 부인하며 김 의원을 상대로 낸 명예훼손에 따른 손해배상소송을 냈는데, 패소했다. 더불어민주당은 해당 사건이 '공천헌금'이 아닌 '특별당비'[3]의 납부를 요구한 것이라 두둔했다.

2023년 4월에는 더불어민주당 전당대회(2021) 과정에서 송영길 당대표 후보 캠프에서 돈을 살포한 당사자인 이정근 전 민주당 사무부총장은 '공천헌금' 의혹의 주인공으로 떠올랐다. 2018년 지방선거 당시 더불어민주당 서울 서초갑 지역위원장이던 이정근 씨는 공천 대가로 다수의 지역구 후보들에게 약 4억 원을 수수했다는 의혹도 일고 있으며, 본인의 서초구청장 공천 이후, 지역구의 한 사업가로부터 선거 자금을 사업적 도움을 대가로 금품을 수수한 혐의를 받고 있다.

국민의힘에서도 박순자 안산시단원구을 당협위원장이 시의원 공천을 빌미로 한 사업가에게 5천만 원을 수수한 혐의로 구속된 상태다.

이상의 '공천헌금'이 문제가 되는 이유는 첫째로 그 자체로 불법이기 때문이고, 정치 참여의 관점에서 정계 입문을 희망하는 사람들에게 불필요하게 높은 '경제적 허들'을 세우기 때문이다.

기탁금 그리고 득표율 15%

기탁금이란 후보자의 난립을 방지하여 선거관리의 효율성을 꾀하기 위한 제도이다. 비유하자면, 조건부로 반환되는 선거 참가비다. 이는 공천헌금과 같은 불법적인 허들은 아니다. 기탁금은 선거의 종류에 따라 그 금액이 다르다. 선거 종류에 따라, 대통령 3억 원, 지역구 국회의원 1,500만 원, 비례대표 국회의원 500만 원, 광역자치단체장 5,000만 원, 기초자치단체장 1,000만 원, 광역의원 300만 원, 기초의원은 200만 원이다. 적지 않은 금액이다. 해당 금액은 당선 혹은 15% 이상 득표 시 100% 반환되며, 10~15% 득표 시 50% 반환, 10% 미만 득표 시 전액 국고로 귀속된다.

추가적으로 기탁금 제도가 정당에 따라 차별적으로 효과를 발휘한다는 것도 문제시된다. 한국은 거대 양당이 표를 과점하고 군소정당의 존재감이 미미한데, 이러한 상황에서는 군소정당 후보나 무소속으로 출마하여 기탁금을 돌려받을 정도의 득표율을 확보한다는 것은 불가능에 가깝기 때문이다. 파생적인 효과이긴 하지만, 상황이 이렇다면 당선을 위해서뿐만 아니라 기탁금을 반환받기 위해서라도 양당의 공천을 받아야만 하는 상황이 펼쳐진다. 아주 큰 돈이 아니라고 볼 수도 있지만, 청년 정치인이나 소수자 정치인에게는 무시할 수 없는 부분이다.

기탁금 제도는 당내 경선이나 당대표, 원내대표, 최고위원 등의 지도부를 뽑는 선거에서도 적용된다. 이러한 정당 경선 기탁금은 선거 운영비로 활용되는 측면이 있어 반환되지 않는다. 사실상 기탁금이 아니라 참가비인 것이다. 양당 대표는 8천만 원, 최고위원은 더불어민주당 3천만 원, 국민의힘 5천만 원 수준으로 형성되어있다.

후원금

이상의 경제적 허들에 대한 해결법은, 직접 부자가 되는 경우를 제외하면, 지지자로부터 합법적으로 후원을 받는 것이다. 현행 후원금 제도는 직접 후보에게 정치자금을 전달하는 것을 금지하고 있다. 특정한 정치인을 후원하고자 한다면, 선거관리위원회에 등록된 후원회에 기부해야 한다. 한 명의 개인이 납부할 수 있는 후원금은 연간 2천만 원을 초과할 수 없는데, 해당 한계 내에서 개별 후원회에 기부할 수 있는 한계금액 역시 존재한다. 즉, 개인의 한계 후원금인 2천만 원을 어떤 정치인의 후원회에 모조리 지원할 수는 없다는 것이다.

대통령선거 후보자 혹은 경선후보자 후원회에는 1,000만 원, 중앙당(창당준비위원회 포함), 국회의원, 국회의원선거(예비)후보자, 지방자치단체장선거(예비)후보자, 당대표 등 경선후보자의 후원회에는 각 500만 원씩 지원할 수 있다. 한편, 10만 원 이하는 전액세액공제가 가능하며, 10만 원 초과인 경우 15~25% 세액공제가 된다.

후원금 제도의 가장 큰 문제점은 선거기간이 아닌 이상 '현직' 의원만 후원회를 둘 수 있다는 점이다. 기존에는 현직 '국회의원'만 후원회를 지정할 수 있었는데, 2022년 말 헌재가 '지방의회' 의원에게도 후원회 지정을 허용하도록 헌법불합치 판결을 내려 지정권자가 확대되기는 하였다. 하지만 여전히 국회·지방의회 의원 불문 '현직'에게만 후원회 지정을 허용하고 있다. 필자들의 사견이고 역시 따져봐야 할 요소가 많겠지만, 회계 장부와 증빙자료를 정확하게 관리하면 될 일을 이렇듯 현직 의원을 제외하고는 원천적으로 후원금을 받지 못하도록 하는 것은 과잉 규제로 판단된다.

물론 현직 의원이 아니더라도 선거를 앞둔 한시적인 기간에는 후원회를 지정할 수는 있다. 하지만 이것이 그닥 도움이 되지는 않는다. 선거를 앞두고 후원금 계좌를 연다고 하더라도, 이미 인지도가 있는 인물이 아니면, 짧은 기간 내에 후원계좌와 나라는 사람을 동시에 어필해야 하는 일은 쉽지 않기 때문이다. 게다가 양당이 아닌 이상 당선이 사실상 불가능하기 때문에, 군소정당의 후보나 무소속 후보의 경우 원천적으로 후원금이 모이지도 않는다. 정당의 영향력은 대통령과 국회의원 의석수가 결정한다는 점에서, 이는 양당이 반영구적으로 정치를 독점할 수 있도록 하는 성벽으로 기능한다.

(2) 시간적 제약

시간적 제약은 물리적인 한계다. 직장인을 비롯한 경제활동인구에게는 정치 참여에 있어서 물리적 한계가 존재한다. 국회의원 중에서 법조인 비율이 높은 이유 등에서 언급했던 내용이기도 하지만, 정치를 하기 위해서는 시간적 여유가 있어야 한다. 생업 차원에서 출퇴근의 문제나 생계 차원에서 경제적 문제 모두 이 시간적 여유와 연관된다. 가령 정치는 혼자서 할 수 있는 일이 아니란 점에서 여러 행사에 참여할 필요가 있는데, 입문 도모 초기에 접근할 수 있는 행사들은 주로 공식적인 평일의 행사가 대부분이다. 즉, 정계 입문은 퇴근 후에 자격증을 준비하는 것과 같은 방식으로 도모하는 것은 사실상 불가능하다.

지방의원 중에는 다니던 회사를 선거기간에 임시로 휴직을 하고, 당선했을 때는 사직을, 낙선했을 때는 복직을 하는 경우가 있다. 하지만 국회의원 선거에서는 그러한 경우가 확인되지 않는다. 무려 국회의원 선거에 출마하면서 생업을 던질 각오도 없냐고 하기에는 과연 피선거권이 평등하고 충분하게 보장되었는가 하는 점에서는 고민할 여지가 있을 것이다. 기준을 국회의원 선거에 아무나 '당선되어서는 안 된다'가 아니라, '출마해서는 안 된다'는 전혀 다른 이야기일 것이다.

출마를 위해서 생업이 무너질 위기가 큰데, 앞서 언급한 바처럼 '현직'이 아닌 이상 후원금도 모금할 수 없다면 정치적 자유가 어떤 직업을 선택했느냐 혹은 얼마나 경제적 여유가 있느냐에 따라 차별적으로 보장되게 될 것이다. 이는 노력의 문제가 아니다. 구조의 문제 혹은 운의 문제가 된다는 점에서 개선되어야 할 여지가 분명히 존재한다.

(3) 인식적 제약

솔직하게 생각해보자. 주변 사람들에게 선거에 출마할 것이라 말할 수 있는가? 그에 앞서, 주변 사람들과 정치 이야기는 할 수 있는가? 정치는 '난사람'만 하는 일이란 인식이 있기 때문이기도 하지만, 한국 사람들에게는 기본적으로 정치와 가까운 사람을 멀리하는 그리고 정치 이야기 자체를 터부시하는 경향이 있다. 이유는 정치와 엮여봐야 좋은 일이 없다고 생각하기 때문이고, 무엇보다 우리 사회에는 정치에 대한 정당한 혐오가 존재하기 때문이다.

이상의 내용이 비단 필자들의 추측에 불과한 것은 아니다. 한국리서치 정기조사 '여론 속의 여론'이 2021년 실시한 조사에 따르면, '선생님께서는 일반인이 정당에 가입하여, 정당에서 활동하는 것에 대해 어떻게 생각하십니까?'라는 질문에 긍정적이다가 47%, 부정적이다 혹은 잘 모르겠다가 53%를 차지했다. 정당가입과 활동의 자유가 있는 국가에서 긍정적이라는 의견이 47%에 불과한 결과는 가히 충격적이다.

구독자 30만 명의 교양 채널 '지식스쿨'에서 아주 흥미로운 투표를 한 적이 있다. 유튜버의 커뮤니티에서 진행된 4.6만명이 참여한 투표이며, 투표의 제목은 '21세기 이후 대한민국 발전의 가장 큰 장애물은 무엇인가요?'이며, 결과는 1위 정치권(84%), 2위 국민 일반(8%), 3위 외세(6%), 4위 경제계(1%)였다. 물론 특정 유튜버의 구독자 집단이기 때문에 해당 집단의 특성이 반영된 편향이 있을 수는 있지만, 이러한 결과가 한국의 보통 국민의 인식과 크게 다르지는 않을 것이다. 故 이건희 회장의 '한국은 정치는 4류, 기업은 2류다.' 발언과 일맥상통하는 결과이기도 하다. 이런 저변에 깔린 정치인에 대한 이미지를 등에 업고, 일반인 중에서도 특히, 어느 조직에 속해 있는 사람이 적극적으로 정치에 참여하기는 쉽지 않을 것이다.

인식적 제약은 정계에 입문한 후에도 큰 장애물이 된다. 자업자득인 면이 있지만, 우리 정치인들 역시 정말 고생하고 있다. 우리나라의 정치 뉴스는 개인의 비리, 혐오 표현 등의 부정적인 기사에 치우쳐져 있다. 이는 곧 어떤 상황에서도 부정적인 인식과 코멘트를 받는 것에 크게 개의치 않을 만큼 멘탈이 강해야 함을 의미하고, 입문 이전의 관점에서 보자면, 정신적인 준비가 되어있어야 함을 의미한다. 정치인의 자질을 타고나서 처음부터 대중의 관심을 즐기고, 부정적 인식에는 크게 개의치 않는 인물이 있을 수도 있지만, 모두가 그런 자질을 타고나는 것은 아니므로, 평범한 사람으로서 좋은 일을 하려고 시작했을 때, 곳곳에서 받을 수 있는 여러 부정적 의견과 비판들을 잘 수용할 수 있어야 할 것이다.

앞서의 세션에서도 다루었지만 본 꼭지만 읽으시는 독자분들을 위해서 간략하게 다시 언급하자면, 우리나라의 실질적인 양당 정치와 정치적 양극화도 이상의 제약에 큰 영향을 끼친다. 한국일보에서 23년을 맞아, 만 18세 이상 전국 남녀 1,000명을 대상으로 흥미로운 조사를 했다. 더불어민주당 지지층을 대상으로 양당에 대한 지지 및 반대 정도를 측정하였고, 국민의힘 지지층을 대상으로 똑같은 조사를 행하였다. 흥미로운 건, 두 지지층 모두에서 자신의 진영을 지지하는 정도보다 반대 정당을 반대하는 정도가 더욱 크게 나왔다는 것이다. 중립을 0으로 놓고 +5를 매우 지지, −5를 매우 반대로 봤을 때, 더불어민주당 지지층의 경우 더불어민주당을 매우 지지(+5)하는 정도는 29%, 국민의힘을 매우 반대(−5)하는 정도는 65%에 이른다. 국민의힘의 지지층의 경우에도 결과는 크게 다르지 않다. 국민의힘을 매우 지지하는 비율은 27%, 더불어민주당을 매우 반대하는 비율은 62%였다. 이와 같은 조사 결과가 의미하는 바는 우리나라의 정치적인 의견 형성의 원동력은 우리 당의 건설적인 아젠다와 행동에 대한 공감과 지지보다는 상대당의 내 의견에 반하는 행동에 대한 분노와 혐오라는 것이다.

우리 필자들은 이러한 우리나라의 정치 형태와 진영에 대한 인식이 한국 사회 전반적으로 사적인 자리에서의 정치 이야기를 터부시하게 만드는 원인이라고 생각한다. 양극단의 사람들이 모여 있는 사회이기 때문에, 어르신들 친구들 모임에서만 봐도 정치 이야기가 나오면 언성이 높아지고 싸움으로 이어지는 경우가 비일비재하다.

현실적으로 당선을 목표로 공직에 출마하는 것이라면, 양당 중에 한 곳의 공천을 받을 수밖에 없다. 이런 상황에서 어느 조직에 속해서 사회생활을 하는 경우에, 그 조직의 반은 나와는 다른 생각을 가진 사람이라고 한다면, 나의 정치적 성향을 밝히는 것은, 나의 생각과 다른 사람들을 적으로 양성하게 되는 것이다. 이렇게 사람들과 껄끄러운 관계를 형성할 수도 있고, 그런 반대 성향을 가진 사람이 직장에서의 출세에 중요한 직속 상사나 대표라고 한다면 상황은 더 더욱 어려워진다. 이는 비단, 직장에 속해서 일하는 사람에 한정되지는 않는데, 개원의와 같은 전문직이라고 하더라도, 정치적 성향이 밝혀지면, 병원 자체에 낙인이 찍혀버리는 셈이 될 수 있다.

(4) 문화적 제약 : 텃세, 이권 다툼

보통 말하는 '텃세'의 정의는 '먼저 자리를 잡은 사람이 뒤에 들어오는 사람에 대하여 가지는 특권 의식, 또는 뒷사람을 업신여기는 행동'이라고 하고 있다. 텃세는 세상의 거의 모든 조직에서 자연스럽게 기능하고 있는 것임을 생각하면, 정치권에도 그것이 존재함은 당연지사일 것이다. 하지만 정치권에는 여느 조직보다 관계된 이권이 많다. 사실상 의지만 있다면, 만사의 이권에 개입할 수 있다. 첫 세션에서 밝혔듯 정치는 모든 것의 배분에 관한 업이기 때문이다. 그러한 반작용으로 여타 조직보다 더욱 폐쇄적인 것이 정치권이기 때문에 텃세의 정도도 더욱 심할 수 있을 것이다.

정치권의 전형적 텃세는 지역구에서 쉽게 확인할 수 있다. 지방 선거가 다가오는 시기의 지역 조직에서 주로 확인된다. 기초의원은 국회·광역의원에 비해 한 사람의 개인기보다는 지역사회 혹은 그 주민이나 이해관계자와의 관계성이 더욱 중시되는 경향이 더욱 강하다. 좋게 말하면 관계성이지만, 이는 외부인에게는 '텃세'로 기능할 수 있다. 이는 어찌 보면 불가피한 아이러니라고 할 수 있고, 나아가 텃세가 절대적으로 나쁜 것으로 볼 수만은 없음을 의미한다.

익명을 요구한 어떤 사람은 제7회 지방선거(2018)에서의 한 구의원 선거를 예로 들었다. 당시 당원협의회에서 구의원 '가' 후보로 능력이 어느 정도 증명된 A라는 사람을 밀고 있었는데, 지역의 유력자가 자신과 친한 B라는 사람을 '가' 후보로 앉히고 싶어 했다. B라는 사람은 출마 의지가 있었던 것은 아니나, 일정한 직업 없이 하는 일이 지역 주민들과 친목을 도모하는 일이 그의 주요한 업무이자 일과였다. 결국 유력자를 등에 업은 B는 '가'번 후보가 되어 구의원에 당선되었는데, 이렇듯 지역 사회 안에서도 유력자를 위시한 커뮤니티에서 텃세를 부려 당선자를 바꿔버리는 경우는 어렵지 않게 찾아볼 수 있다.

텃세가 항상 강고하게 작용하는 것이 아니다. 중앙집권적인 한국의 정당 구조상 중앙당의 정책에 따라 텃세의 정도는 심화·완화될 수 있다. 가령 지방선거 제7회(2018)의 자유한국당과 제8회(2022)의 국민의힘의 지방선거 후보자 추천 기조는 꽤 달랐다. 공천의 차원에서 전자는 지역 활동을 열심히 한 사람들을 중시하는 기조였다면, 후자는 지역활동 경험이나 정치활동 경험이 거의 없는 사람들이 많이 진입했다고 한다. 텃세는 경선 룰에 따라서도 위력이 강화·약화될 수 있다. 경선을 당원 100%로 진행할 시에는 지역 활동을 많이 한 사람이 유리해질 수 있는 반면에, 일반 국민의 투표 반영비율을 올리는 경우에는 지역 활동 경험이 풍부하지 않아도 개인 역량만 있다면 경선에서 승리할 수 있는 여지가 생긴다.

중앙당에도 당연히 텃세가 존재한다. 중앙당에서 오래 활동했던 인물들은 오래 활동했다는 사실에 대해 자부심과 보상 심리를 얼마든지 가질 수 있고, 난데없이 등장한 사람에 대한 충분히 반감을 가질 수 있다. 이러한 경향은 기존에 활동하던 사람들의 데모그래픽과 다른 류의 사람이 나타나게 되면 더욱 심해진다. 이런 경우, 공격으로 아예 내치거나 텃세를 부려 정계의 오래된 악습 및 규율에 적응하도록 할 수 있다. 정계에서, 그것도 중앙당에서 일신의 평안을 입신과 양명보다 중요시하는 인물은 거의 없을 것이다. 경쟁자가 나타났을 때, 그를 경계하게 되는 것은 인지상정이다.

3. 블랙홀 : 나쁜 것은 사람인가 권력인가

악한 사람이 권력을 쥐는가, 권력이 사람을 악하게 만드는가. UCL의 정치학 교수이자 정치 컨설턴트인 브라이언 클라스는 『권력의 심리학』를 통해 둘 모두를 긍정했다. 해당 책에 따르면, 부패할 가능성이 큰 사람들은 권력에 더욱 이끌리며 대개 권력을 얻는 데 능할 뿐만 아니라, '권력자가 된다는 것'은 더 이기적이고, 동정심 없고, 위선적이고, 힘을 남용하기 쉬워진다는 것을 의미한다.

본 세션의 마지막 꼭지는 '정치인'을 넘어 '좋은 정치인'이 되기 위해 조심해야 할 내용들에 대해 알아보도록 하자. 제도적인 솔루션은 고대 그리스부터 연구되어 왔고 지금도 당연히 그리고 여전히 활황이지만, 실제를 밝히는 본 책의 초점을 벗어나기 때문에 포함하지 않았다. 이하의 내용에는 제언 이상의 솔루션은 담겨있지 않음을 먼저 밝혀둔다. 그리고 앞서 설명하기도 했을 뿐만 아니라 굳이 부연할 필요가 없이 독자 여러분이 잘 알고 있을 대통령과 국회의원이란 자리가 좋은 이유에 관한 정보들은 제외하였다. 정치 지망생들에게 직접적으로 도움이 되는 지방자치와 관련된 내용들 위주로 살펴보자.

정치인의 이권을 경제적 이익, 연봉이나 수당만으로 합리화할 수는 당연히 없을 것이다. 초등학생도 웃을 일이다. 지금부터 연봉부터 차근차근 시작해서 어떻게 부패에 이르게 되는지 살펴보도록 하자. 논외의 코멘트이긴 하지만, 가장 낮은 이권을 가진 기초의원에만 당선되더라도 의외로 충분한 안정성이 보장된다. 이상 언급한 약간의 불확실성만 극복하면, 웬만한 직업보다 높은 연봉을 받을 수 있다. 정치권이 더욱 맑아질 수 있으려면, 나쁜 사람이 아닌 착한 사람인 당신도 이와 관련된 내용을 알 필요가 있다.

지방의회의원은 크게 광역시의회, 특별시의회, 특별자치시의회, 도의회, 특별자치도의회를 구성하는 의원들인 '광역의원'. 그리고 시의회, 군의회, 구의회를 구성하는 '기초의원'으로 나누어진다. 2022년 치러진 제8회 전국동시지방선거 기준으로, 광역의원의 수는 872명, 기초의원은 수는 2,988명이고, 광역단체장은 17명, 기초단체장은 226명이다.

먼저, 지방의회의원을 살펴보자. 지방의원 총 3,860명의 단순 연봉은 얼마일까? 광역의원의 연봉은 7,000만 원, 기초의원의 연봉은 5,000만 원 안팎으로 형성되어 있다. 연봉은 월정수당과 의정활동비로 나누어진다. 의정활동비는 수당 개념으로 연구비, 기타활동비 등으로 이루어져 있다. 의전에 드는 간접비용이나 공무로 여행할 때 지급되는 여비 등을 제외한 것이다. 이들의 연봉은 광역·기초에 따라 나누어지며, 지역별로도 다소의 차이가 있다.

다음으로, 지방자치단체장이다. 지자체장은 광역단체장이 17명, 기초단체장이 226명이다. 각 광역 지자체의 교육감도 이에 준하는 직책이다. 이들은 기본적으로 행정 관료이기 때문에, 고정급의 방식으로 연봉을 수령한다. 보수 규정의 연봉 외에 가족수당, 자녀학비 보조수당, 관저 등을 비롯한 여러 수당과 혜택을 누리게 된다. 특별·광역시장, 도지사, 교육감의 연봉은 1억 4천만 원 안팎이며, 구청장, 시장, 군수 등의 연봉은 1억 1천만 원 안팎이다. 지방자치단체장은 연봉의 약 2배에 달하는 업무추진비가 주어진다.

지자체장과 지방의회에는 대통령과 국회처럼 각각 인사권과 그를 청문할 권리가 있다. 즉, 정치인 자신뿐만 아니라, 관계된 타인의 이권에도 개입할 수 있다. 서울시를 예로 들자면, 서울시장은 본청의 정무직 20여 명, 서울시 산하 기관의 기관장 자리 26곳의 인사를 할 수 있다. 지방공무원 보수 규정에 따르면, 이들에는 서울시장이 임명 가능한 연봉 1억 3천5백만 원의 정무직공무원인 정무부시장, 1억이 넘는 연봉을 수령하는 지방자치단체의 감사위원장 등의 자리가 포함되어 있다. 게다가 서울시의 산하 기관으로는 서울의료원, 서울교통공사, 서울에너지공사, 세종문화회관, 서울시립교향악단, 120다산콜재단, TBS 미디어재단 등이 있다. 비록 연봉만으로 소위 말하는 '보은 인사'를 이해할 수는 없지만, 각각의 자리에 관련된 전문성이 없는 사람이 임명되는 경우에는 최소한 해당 연봉의 혈세 낭비가 발생했다는 것 정도는 충분히 이해할 수 있다. 전국의 범위로 그리고 4년의 시간으로 확대하여 살펴보자면, 연봉과 수당, 업무추진비를 합치면 족히 천억 단위의 낭비가 충분히 발생할 수 있다.

사실 이상의 내용만 보더라도, 정치인에게는 일반인들과 비교해서 보자면 충분한 이권이 주어진다. 지자체장은 당연지사로, 지방의원들도 여러 수당과 업무추진비까지 합친다면, '정치인 개인의 생활'과 '정치라는 그들의 사업'에 있어 최소한 1억의 경제적 여유가 생긴다. 즉, 그 이상을 탐하는 것은 욕심으로 보기에 무리가 없다. 정치인에 대한 비판은 하루도 빠짐없이 이루어지는 일이다. 그래서 무감해진 면이 있지만, 과연 얼마나 잘못되었냐를 따져보는 것은 또 다른 이야기일 것이다. 과연 이들은 자족하고 공익에 집중하고 있을까? 혹은 공익에 집중할 자격이 있는 사람들일까?

가장 극단적으로 선명한 대목은 '범죄자 정치인'이다. 제8회 지방선거(2022)에 출마한 후보자 7,531명 중에 전과자 비율은 36%에 이른다. 정부에서 특별 단속하고 있는 음주, 무면허 운전 관련 전과가 41%, 폭력 전과자가 10%, 성범죄 관련도 2%에 가장 많은 전과를 가지고 있는 사람은 전과 14범이었다. 경남의 지자체장에 출마한 예비후보 중에는 '살인미수' 전과자도 있었으며, 전남도의원 재임 시절 뇌물수수로 의원직을 상실한 의원이 예비후보 등록을 하기도 했다.

대표적인 사례는 2014년 있었던 현직 시의원의 청부살인사건이다. 당시 새정치민주연합(現 민주당) 소속 서울시의회 재선의원이었던 모 의원은 2011년 초선이었을 당시, 서울시의회 도시계획관리위원회 위원이었다. 그는 당시 강서 지역에서 재력가로 유명했던 피해자 송 씨가 소유한 강서구 발산역 주변의 땅을 3종 일반주거지역에서 상업지역으로 용도변경 하는 것을 도와주기로 하고 2010년부터 2011년에 걸쳐 5억 2,000여만 원을 수수하였다. 그러나 용도변경에 실패하자

피해자 송 씨는 그가 뇌물을 수수했음을 폭로하겠다고 하였으며, 이에 두려움을 느낀 모 의원은 자신의 친구를 시켜 그를 살해하였다. 조사 과정에서 친구의 단독범행이라고 주장한 점, 그에게 묵비권 행사와 자살을 종용한 행태는 국민들을 경악하게 만들었다. 비슷한 예로 김포시의회 의장(더불어민주당)이었던 모 시의원은 2019년 5월 그의 배우자인 아내를 골프채로 폭행하여 숨지게 만들었다. 또한 문재인 대통령 당시 후보의 청년 특보 출신인 더불어민주당 성남 시의원은 내연관계의 여성에 대한 무분별한 폭행 및 감금 등의 혐의로 피소되자 의원직을 사퇴하기도 하였다.

중앙의 정치인들은 강한 감시를 받고 있지만, 지방의 경우 그렇지 못하다. 막상의 정치 신인들이 주로 진입하는 등용문에서 이러한 사람들이 당선 혹은 공천되었다는 이야기는 능력 있고 도덕적인 어떤 정치 지망생이 좌절했다는 이야기가 된다. 상기한 내용을 읽어보면, 이렇게 추악한 사람들을 필터링하는 게 그렇게 어려운 일인가 싶은 생각이 드는 것은 너무나 자연스러운 일이다. 탁월한 인재들이 모여들고 싶은 마음이 들지 않는 진흙탕 환경인 것이 일차적인 문제지만, 적어도 마음을 먹은 정치지망생들을 살펴볼 시스템이 구축되어 있지 않다는 것이 가장 큰 문제다. 유권자도 이를 살펴볼 수가 없고, 양대 정당도 공천 차원에서 의지를 갖고 있지 않다.

막강한 인사권을 가진 지방자치단체장은 매관매직으로 실형을 선고받는 경우도 많다. 뇌물을 받고 공무원들의 근무평정 순위를 조작하거나 승진 후보자가 아닌 사람을 승진시켰던 전남의 군수와 경북의 시장, 해외 출장에 아내를 동행시켜 비즈니스 왕복 항공권을 혈세로 결제한 경남의 광역시장, 지역 내에 센터 설립과 운영지원금 보조를 명목으로 수천만 원의 금품을 받은 수도권의 부시장도 존재한다. 송파구의회 의원들은 2011년 뉴질랜드 크라이스트 처치시로 해외'연수'를 떠난 후에, 본회의에서 채택되어야 하는 결과보고서는 해외연수 후 3회에 달하는 임시회가 열린 후에도 채택되지 않기도 했다.

문서가 존재하기에 검증이 용이한 '학력·경력 위조'조차 걸러내지 못한 경우가 허다하다. 한 달 인턴이 회사 출신으로 둔갑하고, 썸머스쿨이 학위가 되기도 한다. 어쩌면 확인이 되었지만, 국민들의 관심이 덜해서 묻고 지나가는 경우도 많을 수도 있다. 신성한 선거가 아닌 일반 사기업의 채용에서도 이런 일은 쉽게 걸러내고, 설사 채용 후에 적발된다면 채용이 취소되거나 징계를 포함한 불이익이 주어지는 등의 일이 당연하게 이루어진다.

수도권의 모 시의원(더불어민주당, 구의원 3선)은 기초의원으로 처음 당선되었을 당시 정식 학력으로 인정되지 않는 비정규 과정을 수료했음에도 불구하고 프로필에 해당 지역의 유명 대학원에 재학 중인 것으로 기재했고 당선도 되었다. 허위 학력을 기재하고도 6개월이란 공소시효가 끝남에 따라 처벌되지 않았고, 다음 선거부터는 아예 학력을 기재하지 않고 당선이 되었다. 이후 그는 의장에 선출되기도 하였다. 2014년, 제주도의 모 도의원(새누리당)은 허위 학력을 선거공보

물에 기재한 혐의로 기소되었으나 재판부는 허위 학력 기재에 해당한다고 판단하면서도 고의성이 약하다고 판단하여 선고를 유예했다.

학력 위조와 더불어 가장 흔한 선거 범죄는 논문 표절이다. 한국에서는 석·박사 학위의 가치를 오히려 학사 학위보다 낮게 보는 경향이 있는데, 소위 말하는 학벌 세탁으로 이용되었기 때문일 수도 있다. 이러한 일이 가능했던 이유는 학위가 남발되었기 때문 즉, 학위 논문이 쉽게 통과되었기 때문이다. 반면, 학사 학위는 수능이나 학력고사라는 검증 시스템이 존재했기 때문에 존중을 받았던 것이다. 즉, 지난 세기 한국 대학원의 연구 윤리는 빈약했고, 표절/카피 등에 대한 죄의식이 거의 없었던 것이다. 과거 당시에는 문제가 되지 않았던 이러한 일들이 현재에 와서 문제가 되고 있는데, 정치권 역시 예외가 아니다.

지난 2021년, KBS는 석/박사 학위를 가지고 있는 제21대 국회의원 5명 중 1명의 논문이 표절 의심된다고 보도하였다. KBS는 국내 대학원 학위를 가지고 있는 의원 150명을 대상으로 논문에 대한 전수조사를 실시하였고, 학계에서 널리 쓰이는 논문표절 검사 프로그램인 '카피킬러'로 표절율을 측정해 본 것인데 표절률이 20% 이상으로 측정 된 논문이 34건에 달했다. 그중 40% 이상으로 측정된 논문도 9건에 달했다. 그중 검경수사권 조정 국면에서 이슈몰이를 단단히 했던 경찰 출신의 더불어민주당 의원은 자신의 검경수사권 관련 석사 논문에서 무려 27쪽에 달하는 분량에서 표절 의심 정황이 포착되었다.

논문표절로 가장 유명한 정치인은 올림픽 금메달리스트 출신의 새누리당 의원이다. 그는 당선 직후 박사 논문 표절에 대한 의혹에 휩싸였는데, 당연히 논문 표절을 부인하였으나 원작의 오타까지 거의 복사기 수준으로 표절을 한 것이 드러나 탈당을 하게 되었다.

학력만으로 정치인을 평가하는 것은 물론 무리가 있지만, 학력은 유권자가 후보자를 평가함에 있어 가장 범용적인 잣대인 동시에 진위의 검증이 정말 간단한 정보임에도 이러한 일이 매번 발생한다는 것은 지방의 선거 및 공천 시스템의 허술함을 보여주기에는 무리가 없다. 게다가 이는 앞서 언급한 바처럼 지역 실력자의 의중이 진실되고 투명한 정보보다 당선에 더욱 결정적임을 보여주는 사례가 될 수도 있다.

경찰청은 2022년 9월부터 올해인 2023년 3월 31일까지 200일 동안 공직자 등 4대 부패범죄 특별단속을 벌였는데 이때 금품수수, 재정비리, 권한 남용, 부정 알선 및 청탁 등의 혐의로 검거된 지방자치단체장은 4명, 지방의원은 15명에 달한다. 보통 지방 선거 이후, 1년 내에 선거 활동 중의 불법 행위 및 과거의 비리 혐의 등이 발각되어, 직을 내려놓는 경우도 비일비재하다. 이렇게 되는 경우, 다시 보궐선거를 치러야 하는데, 한 지역구의 보궐 선거에는 억대의 혈세가 지출된다. 얼마 전에 실시되었던 서울의 강서구청장 보궐 선거에서도 '40억'의 선거 비용이 문제가 되었었다. 선출직 공무원의 경우, 구속 수감되어도 대법원 형 확정으로 직위를 잃을 때까지는 급여 및 수당을 지

정치인들은 알려주지 않는 정치이야기

급받는 현행법도 고쳐져야 한다. 그리고 형이 확정되더라도 그동안 받은 급여를 토해내지도 않는다. 청부살인범과 살인자, 부패공무원들이 구속기소 당하더라도 형 확정 전까지는 국민들의 세금이 그들의 급여로 쓰인다는 것이다.

국민들의 관심과 더욱 훌륭한 인재들의 정치권 진입, 그를 위한 환경을 마련하는 일도 필수불가결한 임무다. 둘째 세션에서 한 컷의 부록으로 '무투표 당선'을 다룬 바가 있는데, 이들 당선자 중에도 범죄자가 포함되어 있다. 한국일보[5]에 따르면, 충청도의 기초의원 중 무투표 당선자의 60%가 전과가 있었던 것으로 확인됐다. 무투표로 당선된 20명 중, 12명이 전과를 가지고 있는 것이다. 물론 피선거권이 제한되는 범죄를 저지른 것이 아니라면 전과가 있다고 해서 선출직 출마의 자유가 없어지는 것은 아니고, 법과 판결이 그렇게 형성된 이유가 존재할 것이다. 그럼에도 불구하고 다른 직업보다도 더 높은 권한이 주어진다는 점에서 더욱 높은 도덕성이 요구되는 정치인이라는 직업 특성을 고려했을 때, 전 국민의 전과자 비율보다 현저히 높은 공직 출마자들의 전과자 비율을 그것만으로 합리화하기에는 무리가 있다.

가장 큰 문제는 이들이 무소속이 아니라, 대부분의 경우 '정당 소속'으로 당선된다는 점이다. 이들의 피선거권을 제한할 수는 없더라도, 공천을 주지 않을 수는 있었을 것이다. 하지만 이상 살펴보았듯 그렇지 못했다. 설상가상 음주운전 전과자가 당선 이후 또 음주운전을 하는 등 전과와 동일한 범죄를 또 저지르는 일도 발생하고 있으니 말이다. 이런 문제가 끊이지 않는 이유를 단순히 파멸적인 나태로 귀인하는 것은 새로운 나태일 것이다. 여기서 우리가 주목할 필요가 있는 것은 '공천 결정권자'다. 해당 지역구의 국회의원 혹은 당협(지역)위원장과 같은 유력자 말이다.

당신이 지역구 국회의원이라면, 당신의 지역구에 어떤 지방 정치인이 등장하길 원하겠는가? 해당 지역구에서 장차 국회의원으로 성장할 지방 정치인을 원하겠는가? 웬만해서는 지방의원 이상을 꿈꾸지 않으며 자신의 명령을 성실하게 수행할 인력을 원하겠는가? 당신과 같은 훌륭한 사람이 아닌 통상 나쁘디 나쁘다고 여겨지는 현역 국회의원이라면 어떤 국회의원은 어떤 생각을 하겠는가? 물론 텃밭인 지역과 아닌 지역에 따라 정도의 차이는 있을 것이다.

우리 유권자들은 지방선거를 '특별·광역시장 선거' 또는 '도지사 선거' 정도로만 이해하는 경우가 많은데, 이는 지방 정치인이 사실상 중앙 정치인에 종속되어 있기 때문에 발생하는 일이다. 그러한 점에서 지방선거는 제 기능보다는 중앙에 메시지를 던지는 간접적인 선거 정도로 여겨진다. 하지만 국민들도 지방선거를 단순히 정당에 힘을 실어주는 선거로만 볼 것이 아니라, 알아야 할 의무가 있다. 내가 뽑는 이 후보가 과연 뽑을 만한 자격이 있는 후보인지, 이 후보의 경력과 공약 등을 보았을 때, 지방자치단체를 이끌어갈 그리고 지방의회에서 활약할 수 있을 만한 능력이 있다고 판단이 되는지, 단순히 내가 정당만 보고 '깜깜이' 투표를 하지는 않았는지, 지방의회의 공천과정에서 제대로 된 기준이 적용되고 있는지, 선출된 이들이 제대로 일을 하고는 있는지, 다음 선거에서 의정활동에 대한 심판은 이루어지고 있는지 등의 내용에 대해서 고민해 볼 필요가 있는 것이다.

많은 유권자들이 모르고 있지만, 각 지방의회의 홈페이지 등에는 업무추진비 사용 내역이나 회의 기록 등 지방의회 의정을 평가할 만한 자료들이 버젓이 존재한다. 즉, 정치인만의 문제가 아닌 것이다. 상기의 문제들에는 있는 자료도 살피지 않는 유권자의 잘못도 있는 것이다. 심지어 지방 정치에는 '국민소환제'가 없는 중앙 정치와 달리 '주민소환제'도 존재한다. 선출된 지방자치단체장 및 지방의회의원을 소환할 권리도 가지고 있지만, 애초에 이런 제도가 존재한다는 걸 모르는 유권자들도 많으며, 이루어지는 경우도 거의 없다. 주민소환제로 인한 직의 상실이 실제로 일어난 사례는 '화장장 건립 추진 관련 갈등'으로 소환된 하남시의원의 사례가 유일하다. 다른 케이스들은 유권자의 3분의 1이 투표해야 한다는 투표율 제한에 걸려 부결되었다. 주민소환제가 비단 지역의 현안에 대한 공직자와 주민들 간의 이견 등에 의해서만 시행되는 것이 아니라, 공직자의 자격 및 의정활동에 대한 평가 요소로도 적극 활용되어야 할 것이다.

실제 조사에서도 유권자가 이러한 제도를 알고 있는 경우는 드물다는 것이 확인되었다. 한국리서치 정기조사 여론 속의 여론이 2022년 지방 선거를 앞두고 실시한 조사에 따르면, 주민자치위원회나 지방자치법에서 보장하는 주민직접참여제도 등에 대해 잘 알고 있는 사람의 비율은 적었다. 응답자 수의 74%가 주민자치위원회는 모른다고 대답했으며, 주민투표제도, 주민감사청구제도, 주민소송제도, 주민소환제도 등 주민직접참여제도에 대해 알고 참여해 본 경험을 묻는 질문에 21%만이 그렇다고 대답했다.

  '좋은 정치인'이 되는 것은 '정치인'이 되는 것보다 더욱 어렵다. 이러한 어려움은 단순한 마음 먹기가 아닌 더욱 거대한 구조적 문제에서 기인하는 것이다. 정치인이 되기를 꿈꾸는 당신은 선한 사람인가? 악한 사람인가? 그렇게 생각하는 사람은 없을 것이다. 그렇다면, 그 대척점에 있는 유권자는 실망해야 할까? 그것 또한 그렇지 않다. 정의감만으로 똘똘 뭉친 사람이 존재할 수 있다는 기대는 환상이기 때문이다. '악한 사람이 권력으로 모여드는 것은 어쩔 수 없는 일이다.'라는 문장이 마음에 들지 않는 사람들이 정말 많을 것이다. 하지만 그렇게 '마음'만을 탓해서는 아무것도 해결되지 않는다. 브라이언 클라스가 지적한 바처럼 문제 해결의 본질은 악한 마음을 넘어 악한 행동으로 이어지지 못하게 하는 것에 있을 것이고, 최상의 솔루션은 그 악한 마음의 동력을 긍정적으로 승화시키는 것에 있을 것이다.

[부록1]

정치인과 공공기관

국민의힘 이주환 의원실의 2021년 조사에 따르면, 산업통상자원부, 중소벤처기업부 산하 44개 공공기관 임원으로 재직한 친여권 인사가 164명으로 청와대 비서관/행정관 출신이 16명, 민주당 국회의원 및 후보 출마 경력이 있는 인사가 42명, 보좌관 출신이 12명 등으로 드러났다. 이들에게 지급된 수당은 225억 원에 달한다. 금융공기업들도 예외는 아니다. 국민의힘 강민국 의원실이 8개 금융공공기관으로 받은 '임원 및 이사 현황' 자료에 따르면 전 의원, 캠프 출신 등의 인사가 63명에 달했다.

JTBC는 2018년 문재인 정부의 낙하산 인사에 대한 대대적인 보도를 하였다. JTBC는 공공기관 임원 1,722명을 전수조사 한 결과, 전문가라고 보기 어려운 사람이 129명, 해당 분야와 무관한 사람이 42명으로 집계되었다고 보도했다. 그중 유독 눈에 띄는 인물로 코레일유통의 비상임이사인 박 씨는 문재인 대통령의 팬클럽 '문팬'의 창립자이자 카페지기로 밝혀졌으며, 그녀가 가진 경력은 입시학원 운영경력밖에 없는 것으로 드러났다. 또 다른 코레일유통의 비상임이사도 관련 경력이나 경험이 전혀 없는 더불어민주당의 문화예술정책위원회 상임정책위원 출신으로 드러났다.

코레일유통의 비상임이사들은 한 달에 한 번꼴로 열리는 50여 분가량의 회의에 참여하고 연 1,700만 원을 수령한다. 시급으로 따지면 시간당 240여 만 원에 달한다. 그리고 한국수력원자력 비상임이사에는 더불어민주당의 한 지역위원장이 임명되었는데, 그는 민주당 전당대회 돈봉투 의혹의 당사자 중 한 명이다. 윤리성을 차치하더라도, 그는 한수원과 관련된 경험이 전무했다. 코레일 사장에는 철도 관련 경력이 전무한 민주당 계통의 3선 국회의원이 당시 철도대학 전임교수까지 맡은 전 한국철도기술연구원장인 후보를 제치고 임명되었다. 그는 임기 중, 잇따른 열차 사고로 사퇴했다. 한국국제협력단 코이카 이사장에는 전 더불어민주당 의원이 임명되고, 원자력안전재단 이사장에는 사학과 출신의 탈핵운동가가 임명되었다. 최첨단 전투기 개발과 항공기 수출 등 막대한 책임과 전문성이 요구되는 한국항공우주산업 KAI의 사장으로는 감사원 출신 인물이 임명되기도 하였다.

이런 낙하산 인사는 사실 좌우를 가리지 않는다. 박근혜 전 대통령은 대선 직후, '인사 원칙의 첫 번째 기준은 전문성'이라고 밝혔지만, 공공기관 인사를 그동안의 노력에 대한 보상으로 활용하는 악습은 버리지 못했다. 2014년 월간조선의 295개 공공기관장 전수조사에 따르면, 박근혜 정부 때 임명된 공공기관장은 121명, 그중 기관 내부인사가 18명, 유관기관 출신은 9명인데 비해, 대선캠프에서 활약한 사람, 새누리당 공천을 받고 낙선한 사람 등 정당관계자는 총 44명에 달했다. 경향신문의 2016년 조사에 따르면, 박근혜 정부 출범 후 임명된 공공기관 상임감사 138명 중 87명이 낙하산 인사로 분류되었다.

단순히 이들이 받는 보수의 문제만이 아니다. 이런 자리는 보통 각종 이권 개입의 여지가 많은 자리다. 무엇보다 전문성이 앞서야 할 공공기관의 기관장 및 이사 등 임원 자리가 전문성이 전혀 없는 단순 보은 인사로 임명이 되는 사태는 막대한 책임이 따르는 자리가 단순히 정치인들이 '쉬어 가는', '다음 공천을 준비하기 위한' 자리로 전락했다고 봐도 무방하다. 전문성 없는 사람이 전문성 있는 자리를 언론의 관심을 받지 않아 큰 문제 없이 완주하면, 그것이 전문성으로 간주되어 추후 선거의 스펙이 되는 그야말로 허구가 허구를 낳아 새로운 허구를 재생산하는 기괴한 구조가 작동하고 있는 것이다. 정부 직속 공공기관뿐만이 아니라, 지방자치단체 소속 공공기관의 장 혹은 이사, 감사 등의 자리는 지방자치단체장 선거캠프에서 활약했던 사람들이 임명되는 경우가 많다. 전문성과 사명감이 없는 인물이 임명되는 경우, 해당 자리는 국민 혹은 주민의 이익 증진보다는 당연히 정치인 혹은 관계인의 낙선·은퇴 후의 이지 머니 소스에 불과하게 될 수 있다.

지방의원은 원래 '무급 명예직'이었다. 그러한 사유로, 본업을 유
지하거나 생계 활동을 위한 겸직이 가능하게 되어 있었다. 하지만
2006년 이후로는 지방의회에도 유급제도가 도입되었고, 현재에 이르
러서는 이상 다룬 바처럼 시·도 의원(광역)도 1억에 달하는 소득과
업무추진비를 수령하고 있고, 나아가 시·군·구 의원(기초)도 상당한
경제적 여유를 얻게 되었다. 그럼에도 불구하고, 지방의원 출마에 대
한 인식은 현재에도 여전히 긍정적이지는 않기 때문에, 능력 있는 인
재들이 정치에 도전하지 않을 수 있다는 점에서 겸직 자체를 전면적
으로 불허하는 것은 과도한 조치일 수도 있다.

하지만 결정적인 문제가 남는다. 바로, '이해 충돌'이다. 가령 본업
으로 토건 사업을 하는 사람이 지방의원으로 배타적 이익 혹은 초월
적 특혜를 누릴 수 있다. 이로 인해, 현행 지방자치법은 겸직은 허용
하되, '보수'를 포함한 관련 내용을 신고하도록 하고 지방의회 홈페이
지 등을 통해 공개하도록 하였다. 하지만 지방의회 혹은 그 의원의 태
반이 적실한 공개를 하지 않고 있다. 한국일보에 따르면, 민선 7기에
서는 기초의원의 10명 중 7명이 겸직을 하고 있었고, 의장의 '사임권고'
대상인 겸직을 신고한 의원은 164명 그리고 겸직 중에도 겸직 신고를
하지 않은 의원이 기초의원 전체의 26%에 달하는 것으로 알려졌다.

경실련에 따르면, 제8회 전국동시지방선거에서 선출된, 서울시의회, 서울의 구의회 의원들을 조사했을 때, 서울시의회 의원 112명 중 108명이 겸직 신고를 했으며, 이 중 보수를 받는 의원은 29명이다. 구의회 의원은 총 427명 중 227명이 겸직 신고를 했으며, 이 중 보수를 받는 의원은 113명으로 나타났다. 특히 임대업에 종사하는 의원들이 많았다. 신고한 보수액은 평균 4,611만 원이었다. 대구광역시의 경우, 대구시의원 32명 중 17명, 기초의원 121명 중 81명이 겸직을 신고하며, 겸직률 53%, 67%를 보였다. 이들 중에도 임대업에 종사하는 의원이 상당수 존재하는데, 그들 중에는 건설교통상임위에 소속된 의원도 존재했다.

이들과 같이 겸직을 신고한 의원은 겸직을 유지하고 있는 것일 뿐, 가령 가족 회사인 경우, 대표 명의를 친인척으로 바꾸고, 바지사장을 내세워 관급 계약을 따내는 일도 존재한다. '재건축 조합장'인 서울의 지방의원이 '정비사업 초기자금 융자지원사업 예산 확대'를 언급한 경우도 존재한다. 식당을 겸직으로 하고 있는 의원들의 식당에서 업무추진비를 쓰는 경우는 정말 허다하다. 한국일보가 조사한 바에 따르면, 2018년~2021년 업무추진비 집행 내역 중, 의원이 겸직하고 있는 식당에서 결제된 업무추진비는 총 7,054만 원에 달한다. 2023년에 이러한 일이 부지기수로 발생하는 것은 정말 놀라운 일이다. 지방의회는 각 지역에 따라 다르지만, 서울의 웬만한 구의회는 1조가 넘는 예산을 심의하고 의결한다. 그리고 행정을 감시하며, 조례를 제정한다.

현재는 겸직을 하지 않고 의원들의 보수만으로 생계를 유지할 수 있게 된 만큼, 지방의회의 사회적 가치에 대한 인식만 개선될 수 있다면 장기적으로는 겸직은 사라져야 할 것이다. 공무원 봉급처럼 물가에 따른 임금 상승만 이루어지면 된다. 무보수 명예직으로 복원하는 것은 무리가 있다. 지방 정치의 의제는 국민의 삶과 직결되는 경우가 많은데, 이처럼 관심이 덜한 상황에서 무보수 명예직이 되는 경우 약자들의 접근은 물론이고 어지간한 부자나 유력자가 아닌 경우에는 접근이 어려워지기 때문이다. 피선거권의 자유가 충분히 보장되지 않을 수 있다. 인식 개선이 이루어지기까지는 유권자의 알 권리를 위해 현재의 제도가 충실히 이행되어 겸직 여부와 보수를 전수조사하여 공개할 필요는 있을 것이다. 겸직이 허가되어야 하는 것과 숨겨도 되는 것은 전혀 다른 이야기이기 때문이다.

무엇보다 '겸직'의 허용은 '의원이 의정 활동을 열심히 혹은 잘하고 있느냐'로 평가되어야 할 것이다. 의정 활동을 얼마나 잘하고 있냐에 대한 지표는 보통 조례입법 발의 현황이나 서면 질문, 자유 발언 실적 등으로 평가된다. 물론 양적으로 그 사람의 의정활동에 대한 모든 것을 판단할 수는 없지만, 적어도 성실함 등을 판단할 수 있는 한 가지 기준은 되는 셈이다. 경실련은 2022년 제8회 전국동시지방선거를 앞두고 지방선거 후보자 검증 차원에서 전직 의원들의 조례입법 발의 현황을 조사하여 발표했다.

해당 보고서에 따르면, 4년 임기 중 조례 발의가 연평균 1건 미만인 광역의원은 전체의 8.5%, 기초의원은 24.3%에 달했으면, 이들 중 22.2%가 다시 정당으로부터 재공천을 받은 것으로 확인됐다. 특히 지역색이 강한 지역구에서 재공천을 받은 의원들의 당선율은 6~70%에 달할 정도로 높다. 심지어 임기 중, 단 한 건의 조례도 발의하지 않은 의원도 21명 당선되었는데 국민의힘 소속이 14명, 더불어민주당이 6명, 무소속이 1명으로 드러났다. 사실상 정당만 보고 투표하는 우리 지방선거의 한계를 고려하면, 정당에서 불성실한 의정 활동을 했던 의원들을 재공천 한 실태는 대단히 염려스럽다. 아무런 의정 활동에 대한 검증 없이, 정당의 이익에 정치적·선거적·재정적으로 부합한다면 공천을 주는 실태는 더 널리 알려지고 개선되어야 할 것이다.

4. 정치에 도전하는 사람들에 대한 인터뷰

 기초의원 – 국민의힘 화성시의원 김종복

1. 자기소개

안녕하세요. 화성시의원 김종복입니다. 화성시의회의 의회 운영에 관련된 모든 사항을 담당하는 의회운영위원회의 부위원장과 기획조정실을 비롯한 화성시 핵심 부서를 소관하며 시정의 중추적 분야를 다루는 기획행정위원회 위원으로 의정활동을 하고 있습니다. 정치 외 경력으로는 당선 전까지는 삼성전자에서 직장생활을 하였습니다. 2010년 10월 삼성전자에 입사하여 메모리사업부로 발령받아 데이터 분석 업무를 했습니다. 그리고 2019년부터 2년간 메모리사업부 노사협의회 사원 측 위원으로 참여하여 임직원을 대신하여 임금, 복지 향상을 위한 활동을 하였습니다.

정치 경력은 2018년 지방선거를 앞두고, 지인이 입당을 권유하여 자유한국당에 입당하게 되었고, 그 후 '청년정치캠퍼스Q'라는 당내 청년 리더 양성 프로그램에 참여하면서 정치에 대한 대한 관심을 키워왔습니다. 그리고 중앙청년위원회 부위원장, 경기도당 청년위원회 부위원장, 화성시을 당원협의회 청년위원장 등의 역할을 하며 임명배 화성시을 당협위원장과 함께 지역에서 보수지지층을 확대하고 지역 청년들이 다양한 정치적 활동을 할 수 있는 기회를 만들기 위해 노력했습니다. 그리고 2022년 6월 제8회 전국동시지방선거에서 화성시 라선거구(동탄 4, 5, 6동)에 출마하고 당선되어 현재는 화성시의원으로 활동하고 있습니다.

2. 직업 정치인이 아닌 상태로 정치에서 활동할 때의 어려운 점은 어떤 것이 있었나요?

생업과 정당활동을 병행할 때 힘들었던 부분은 참여할 수 있는 시간이 부족했던 것입니다. 관심 있는 정치이슈나 정책에 대한 세미나가 대개는 평일 낮 시간에 여의도에서 진행되기 때문에 직접 참여하기 힘들었습니다. 또 주어진 역할과 임무를 진행하는 데 있어서도 시간적인 문제가 있다 보니 다른 분들의 도움을 받거나 만족스럽지 못한 상태로 일을 처리해야 하는 경우도 있었습니다. 그리고 대통령 선거운동을 하던 때는 휴가를 쪼개어 사용하고, 잠을 줄이고 주말에 쉬는 것을 포기하며 선거운동을 해야 했는데, 체력적으로 정말 많이 힘든 시간을 보내야 했습니다. 지방선거에서도 선거운동 기간에 대해서는 회사로부터 공민권을 보장받아 출근이 인정되었지만, 선거관리위원회에 서류를 제출하거나 선거운동 준비를 하는 동안은 회사 업무와 병행하느라 정신없는 시간을 보내야 했습니다.

3. 공천을 신청하기로 결심한 계기

공천을 신청하기로 결심하게 된 특별한 계기가 있는 것은 아닙니다. 정치적으로 원대한 꿈이 있거나 사명이 있는 것은 아니고 제가 꼭 해야 할 당위가 있는 것도 아닙니다. 다만 정당 활동을 하며 다양한 사회 문제에 관해 관심을 가지게 되었고 그런 문제들을 정치적인 방법을 통해 해결할 수 있을 것이라는 기대로 공천 심사에 지원하게 되었습니다.

4. 공천 신청을 결심한 이후, '공천을 받기 위해 들인 노력' 및 '공천 신청 전에 알아두면 좋을 내용'

공천 신청을 결심하기 전부터 임명배 화성시을 당협위원장 님과 지속적으로 의견을 나누었습니다. 당협위원장은 지역에서 활동을 하는 당원들께 항상 선출직으로 정치에 참여하는 것에 관해 물어보셨는데, 제가 정당활동을 하는 궁극적인 목적은 출마를 염두에 두고 활동한다는 것을 말씀드렸습니다. 각 지역의 당협위원장이 공천에 가장 중요한 역할을 하시게 됩니다. 지방선거에 대한 전체적인 선거 전략을 세우고 많은 사람이 당선될 수 있는 방법을 함께 고민해야 합니다. 나의 당선보다 더 중요한 것은 많은 사람이 당선되는 것입니다. 당협위원장과는 정치적 동반자로서 지역의 미래를 함께 고민해야 하는 것이라 생각합니다. 그래서 공천 신청을 하기로 결심했을 때는 이미 당협위원장의 머릿속에 본인의 자리가 정해져 있어야 한다고 생각합니다.

5. 공천과정과 선거에 대한 지식을 어떻게 습득하였는지?

공천과정에 대한 것은 동료들을 통해 배웠습니다. 주위에 지난 선거에 출마했던 경험이 있는 동료들이 많은 이야기를 해주었습니다. 그것을 바탕으로 함께 고민하고 의견을 나누는 시간을 통해 공천을 받기 위한 과정에서 준비해야 하는 것들을 미리 경험할 수 있었습니다. 그리고 함께 활동하는 지역의 당원들을 통해서도 많은 이야기를 들을 수 있었는데, 도움이 되는 부분도 있었지만 시대나 상황에 벗어나는 내용들도 있었습니다. 오래 활동했던 분들의 이야기보다 직전 선거에 출마했던 경험이 있는 분들의 이야기가 상대적으로 더 큰 도움이 되었던 것 같습니다.

6. 본인이 겪은 공천과정의 프로세스는 어떠했는지?

대통령 선거 이후 본격적인 지방선거 일정이 진행되었습니다. 당내 공천과정과 별개로 당협위원장과 상의하여 예비후보 등록을 진행하였습니다. 화성시 을 지역은 경기도당에 서류를 접수하기 전에 당원협의회 차원에서 운영위원들이 공천 후보에 대한 면접을 진행하였습니다. 공천과정에 도움이 되고 말고를 떠나 지역당원들께 저의 소신을 밝히고 정견에 대해 말씀드릴 수 있는 귀한 자리였습니다. 저를 곁에서 봐왔던 분들이시지만 그분들께도 기초의원으로 어떤 활동을 하고 싶다고 말했던 적은 없었기 때문에 굉장히 긴장된 상태에서 면접을 봤던 기억입니다. 이후 경기도당에 공천 서류를 접수하고 면접이 진행되었습니다. 면접은 자기소개, 선거전략, 대통령 선거 때 어떤 기여를 하였는지 3가지 질문이 있었습니다. 저의 경우에는 면접 후에 바로 공천이 되지 않았고, 당내 경선을 진행하였습니다. 경선이 확정되고 경기도당에서 받은 안심번호를 바탕으로 당원들께 전화와 문자 메시지를 통해 지지를 호소하며 경선 선거운동을 하였습니다. 경선은 국민의힘 책임당원 중 지역구에 거주하시는 당원 514명을 대상으로 진행되었습니다. 그중 181명이 투표에 참여하였고 저는 145표, 80.1%를 받았습니다. 이 득표율에 청년 가산점 20%, 국민의힘 공직후보자 기초자격평가(PPAT) 가산점 10%를 더하여 104.14%의 결과를 얻었습니다. 마침내 2-가 번으로 화성시 라선거구 국민의힘 후보로 확정이 되었습니다.

지금 생각해 보면 공천에 확신은 없었던 것 같습니다. 확신이 있었다면 공천이 되고 나서 준비했던 것들을 미리 준비했을 테니까요. 특히 경선까지 진행하며 공천의 시간이 길어지면서 선거사무실이나 선거운동원, 선거운동 물품, 유세차 등 선거운동을 위해 필요한 것들을 짧은 시간 동안 준비해야 하는 상황이 되었습니다. 공천에 대한 확신이 있었다면 미리 준비했을 텐데, 짧은 시간에 많은 것을 진행하느라 무척 힘들었던 기억입니다.

공천에 결정권자가 딱 누구다라고 할 수 없지만, 당협위원장과의 교감은 꾸준히 해왔습니다. 출마지역에서 2년간 주민자치위원회 활동을 할 때도 지역구에 대한 고민을 하였고, 이사를 할 때도 지역구 고민을 하였습니다. 그런 것들을 결정하기 전에 당협위원장과의 가벼운 논의가 있었습니다. 저의 활동에 도움을 주실 것이라는 믿음을 가지고 제가 생각하고 있는 저의 정치적인 방향을 솔직히 말씀드리고 함께 고민했던 것이 큰 도움이 된 것 같습니다. 당협위원장이 청년의 정치참여에 대해 그 필요에 대해 긍정적으로 생각하고 청년의 정치 참여 기회를 만들기 위해 적극적으로 애쓰시는 분이라 교감에 있어서 수월했던 면은 있습니다. 국민의힘 경기도당에서 활동하시는 분들이나 국회의원들을 봤을 때, 청년들에게 기회를 주어야 한다고 생각하고, 말하고 실제로 기회를 만들어 주는 기성정치인들이 많은 것 같습니다.

7. 자신의 경험 이외에 소개해줄 수 있는 다른 사람의 케이스나 다른 지역의 공천 프로세스

주위에서 공천받은 분들을 보면 크게 3가지로 나뉘는 것 같습니다. 첫째는 당원 추천을 많이 하신 분이었습니다. 지역의 여론을 만들고 정당지지율을 올리는 데 있어서 가장 중요한 역할을 하시는 분들은 당원입니다. 당원들께서 지역 내 사회단체 활동을 하시거나 생활하시며 하는 활동이 큰 도움이 됩니다. 그렇기 때문에 당원 한 분한 분이 정말 소중합니다. 하지만 당원을 추천하는 것은 생각보다 쉽지 않습니다. 특히 청년들은 당원 추천에 있어서 엄청나게 약한 것이 사실입니다. 하지만 공천을 받는 방법 중에서는 다른 방법보다가장 확실한 방법이라고 생각합니다. 특히 경선을 해야 하는 상황이 발생할 때는 공천에 결정적인 역할을 하게 된다고 생각합니다. 두 번째는 운영에 대한 금전적인 지원을 많이 하신 분입니다. 원외 당협위원장이 당원협의회를 운영하는데 그 비용이 생각보다 많이 필요합니다. 사무실을 임대하고 행사를 진행하고 하다못해 플래카드 하나 붙이는 것도 비용이 들어가는 것입니다. 그렇게 들어가는 비용이 많다 보니 운영위원들이 특별당비를 내어 운영하게 됩니다. 그런 부분에 있어서 많은 기여를 하신 분들을 공천과정에서 완전히 배제할 수는 없다고 생각합니다. 세 번째는 업무적인 기여를 많이 하신 분입니다. 제 생각에 이번 지방선거에서 청년 후보들이 많이 배출된 이유가 그리고 제가 공천을 받을 수 있었던 이유가 여기에 있다고 생각합니다. 대통령 선거에서 청년들이 기여를 할 수 있는 기회가 있었기 때문입니다. 지역에서 활동하는 청년은 수동적으로 정당 활동을 할 수밖에 없는 것이 현실입니다. 지역의 당협위원장이나 사무국장 등이 필요로 하다고 생각하는 일을 하는 것이 보통입니다. 하지만 대통령 선거가 진행된 덕분에 청년들이 다양한 아이디어를 내고 그것을 통해 기여를 한 것이 크게 작용했다고 생각합니다. 화성시 을 지역에서는 청년들이 직접 유세차에 올라 유세 활동을 할 수 있도록 기회를 많이 만들었습니다. 청년 보좌역이 국민의힘 지지율이 낮은 험지를 돌며 유세 지원을 하였는데, 화성시 을 지역에서는 두 차례나 진행하였습니다. 험지 유세를 기획하는 과정에서 청년 보좌역과 함께 의견을 나누며 화성시 을 지역에서 가장 먼저 시작할 수 있도록 배려를 받았고 임명배 당협위원장도 좋은 생각이라며 적극 추진할 수 있게 도움을 주셨습니다. 그리고 경기도당의 율동팀인 NR 크루가 유세장에서 공연을 통해 선거운동을 할 수 있게 경기도당과 소통한 부분에 대해서도 좋게 평가되었다 생각합니다.

8. 처음 생각했었던 공천을 받기 위한 과정과 실제 과정의 차이는 어땠는지?

일정이나 심사과정이 제대로 계획되지 않은 상태에서 진행된 느낌을 많이 받았습니다. PPAT 시험이 새롭게 도입되었지만, 공천과정에는 실효성이 없게 느껴졌습니다. 더 잘 준비해 다음 선거 때는 잘 활용할 수 있도록 체계적인 준비가 되어야 할 것이라 생각합니다. 일정도 마찬가지입니다. 공천과정에서 언제 경선이 있고 언제 결과를 발표한다고 명시하지 못하니 선거를 준비하는 과정에서 불필요한 스트레스를 너무 많이 받은 것 같습니다.

9. 모든 일을 다 겪고 난 후의 생각은 어땠는지?

청년 정치인으로 많은 활동을 했다고 생각했지만, 부족한 것이 많았습니다. 특히 당원과의 소통은 너무 부족했다고 느꼈습니다. 경선이 없었더라면 당원들께 문자 한 통 할 기회조차 없었을 것입니다. 국민의힘을 대표해서 공천을 받아 지역에 출마하는데, 지역 당원들께 감사의 말을 전할 기회도 없다는 것은 안타까운 일입니다. 공천과정에 당원들이 함께 참여할 수 있는 기회를 만들 필요가 있다는 생각이 듭니다. 또 주위에서 많은 이야기를 들었지만 그대로 할 필요는 없었다는 생각입니다. 먼저 경험한 사람도 인맥이 넓어 많은 정보를 얻는 사람도 결국은 잘 모르는 사람들이기 때문입니다. 때문에 자신의 소신을 지키고 자신에게 맞는 방법을 찾을 필요가 있습니다.

10. 정치인들의 자격에 대한 문제들이 터져 나오는 이유가 무엇이라고 생각하고, 어떠한 공천과정의 문제점이 자격미달의 정치인들을 탄생시키는 것이라고 생각하는지? (부정부패, 각종 범죄, 자격미달, 전과자 문제 등)

정치인의 자격에 대해서는 그 누구도 말하지 않기 때문입니다. 누가 되어야 한다, 그 사람은 되면 안 된다는 이야기만 하지, 어떤 사람이 정치인이 되어야 한다는 이야기는 하지 않습니다. 자격과 기준에 대해서 명확하게 정립이 되면, 그 후에 어떤 사람은 그에 맞나 대어보면 되지만 지금은 그런 기준이 없습니다. 이기는 정치보다 더 중요한 것은 올바름이라 생각합니다. 올바름에 대해 당원이, 국민이 공감할 수 있도록 기준을 만드는 일을 해야 하지만 그 누구도 하지 않고 있다는 생각입니다.

11. 공천을 받기 위한 최소한의 자격 그리고 자격미달의 요건은 무엇이라고 생각하는지?

잘 모르겠습니다. 공천의 자격이 결국은 정치인의 자격을 갖추어야 한다고 생각합니다. 하지만 어떤 사람이 제대로 된 정치인이다, 훌륭한 정치인이다, 그 누구도 말할 수 없습니다. 사람들마다 생각하는 기준이 다르고 필요로 하는 것이 다릅니다. 누군가에게 훌륭한 정치인이 누군가에게는 최악이 될 수도 있습니다. 도덕적으로 부족하지만 능력 있는 사람에 대해서 공천을 하는 것이 맞냐는 질문에도 쉽게 아니라고 할 수 없는 것이, 국민들을 위해서 어떤 것이 더 나은 것인가 판단하는 것은 쉽지 않기 때문입니다.

12. 기초의원의 하는 일은 무엇이라고 생각했고, 실제로 어떤 일을 하고 있는지?

지역에 필요한 것들에 대해 정책을 실행할 수 있는 근거를 조례로 제정하고 예산이 제대로 집행되는지 감시하는 역할로 생각했습니다. 실제로 경험해 보니 앞서 말씀드린 것을 비롯하여 지역의 문제에 대해 공무원분들과 함께 고민해 민원을 해결하기도 하고 지역의 크고 작은 행사에 참여하기도 합니다. 회의 기간 중에는 회의 참석을 우선하여 의회 활동을 하고 회의 기간이 아닐 때는 지역을 중심으로 활동합니다. 지역의 당원들을 뵙고 민원인을 만나고 서류로 봤던 내용들에 대해 현장을 방문하여 눈으로 직접 확인을 합니다. 그리고 다양한 자료를 요청해 검토하며 정책의 방향에 대해서 제안을 합니다.

13. 기초의원에 필요한 사회 경력은 무엇이라고 생각하는지?

특별히 필요한 경력이 있는 것은 없다고 생각합니다. 다양한 경험이 있으면 경험이 있는 대로 없으면 없는 대로 시민들을 위해 역할을 할 수 있다고 생각합니다.

14. 대략적인 하루 일과는 어떻게 되는지?

의원마다 일과가 다르지만 제 기준으로 말씀을 드립니다. 회의 기간과 비 회의기간을 나누어서 설명 드리는 게 좋을 것 같습니다. 회의기간 중에는 보통 8시 정도에 의회에 출근합니다. 일반적으로 회의가 10시부터 시작되는데 미리 그날 다룰 안건과 필요한 자료를 검토하기 위해서 일찍 출근하여 준비를 합니다. 공무원들은 9시까지 출근하기 때문에 아침에 안건과 관련된 보고를 받기도 합니다. 그리고 회의를 진행하고 4~6시 정도에 회의가 끝나면 집에 가서 다음날 진행할 자료를 검토하는 방식으로 생활합니다. 회의 자료는 약 1주일 정도 전에 미리 전달받아 전체적으로 한 번 살펴봅니다. 그중에서 문제의 소지가 있는 부분이나 제가 잘 알지 못하는 내용에 관해서 공부하면서 자료를 검토합니다. 하루 전에 다시 보는 내용은 다음날 회의에서 발언할 내용에 대해 정리하고 발언을 다듬기 위해 검토한다고 생각하시면 됩니다.

회의가 없을 때는 8시 정도에 일어나 간단히 아침을 해결하고 책을 봅니다. 주제를 정해 놓지는 않지만 사회 문제와 관련된 책이나 논문을 주로 봅니다. 공무원들의 경우에 장기간 교육을 다녀오는 일이 종종있는데, 그때 논문 형식의 보고서를 제출하기도 합니다. 화성시는 홈페이지에 공지를 하는데 종종 들어가 내용을 읽어봅니다. 평소에는 일정에 급급해 깊이 생각하기 힘든 정책들도 교육을 통해 자료를 조사하고 내용을 정리하며 의미있는 대안을 제안합니다. 그런 것들을 미리 읽어두고 함께 정책에 대해 이야기하면 많은 부분에서 도움이 있을 거라 생각합니다. 그리고 국회를 비롯한 다양한 곳에서 주최하는 세미나나 토론회에 참석합니다. 회사를 다닐 때 하지 못했던 일인데 회의가 없는 기간 중에 평소 관심이 있는 주제에 대해 세미나에 참석해 전문가로부터 깊이 있는 내용을 배울 수 있는 기회를 가집니다. 그리고 당원들을 주로 만납니다. 회의 기간에는 퇴근시간이 일정치 않아 약속을 잡기가 힘든데, 회의 기간이 아닐 때는 약속을 지키기가 수월합니다. 그래서 평소에 자주 소통하지 못하는 분들을 만납니다. 당원들께서 새로운 분들을 소개해 주시는 경우가 많은데 각자의 생활 속에서 필요한 정책에 대해 다양한 이야기를 들을 수 있어서 정말 귀한 시간이 됩니다.

15. 기초의원의 필요성은 무엇이라고 생각하는지?

우선은 지역의 문제를 가까이서 보고 고민하고 해결책을 제시하기 때문이라 생각합니다. 시민들의 가장 가까운 곳에서 소통하는 사람은 주민센터에 계시는 행정 공무원이십니다. 하지만 이분들과의 소통에 문제가 발생하게 되면 문제를 해결할 수 있는 사람이 그나마 기초의원입니다. 행정에서 절차적인 혹은 법적인 문제가 발생했을 때 시정요구, 5분발언 등을 통해 문제를 이슈화하고 해결을 위한 방법을 찾습니다. 그리고 특정 집단이 권력을 독점하게 되면 문제가 발생하게 된다는 것이 일반적인 정서입니다. 그래서 견제하는 권한을 가진 사람을 두어 감시하게 한 것이 현재 우리나라의 정치 구조입니다.

지방자치단체가 권력을 독점하고 운영할 때 발생할 수 있는 문제에 대해 의회가 감시 견제하며 살필 필요가 있다고 생각합니다.

16. 일반 사회인이었을 때와 공직에 있었을 때의 차이점 (각각의 장/단점)

저는 잘하고 싶은 마음이 커서 힘든 것이 조금 있습니다. 먼저 웃음을 잃은 것입니다. 친구들과 나누었던 가벼운 농담들과 언어들이 누군가에게 차별로 받아들여지지는 않을지 상처가 되지는 않을지 생각하다 보니 사소한 농담까지 의도적으로 회피하고 있습니다. 그리고 의견 표현에 조심스러워졌습니다. 저의 발언이 정책의 방향이 되고 시행이 될 수 있기 때문에 제대로 알지 않으면 섣불리 말하지 않습니다. 제대로 알기 위해 힘든 부분이 있지만 저의 잘못된 생각이 시민에게 피해를 주고 세금을 낭비하게 되는 일이 발생하지 않게 하기 위해 애쓰고 있습니다. 체력관리를 위해 애쓰고 있습니다. 연말에는 지역에 여러 가지 행사가 몰려서 진행되다 보니 정신없는 시간을 보냈습니다. 한 번은 참석을 약속했지만 아침에 제대로 일어나지 못해 참석하지 못한 행사가 있었습니다. 같은 일이 반복되지 않게 비타민을 챙겨 먹으며 나름대로 관리에 매진하고 있습니다.

적합한 방식은 존재하지 않는다 생각합니다. 다만 국민들의 정서에 맞게 공천이 되어야 한다고 생각합니다.

18. 대략적인 월급 및 기초의원으로서 받는 특혜는 무엇인지?

제 기준으로 말씀드리면 12월 월정수당과 의정활동비를 합하여 실수령액 3,757,630원입니다. 이 금액은 기초자치단체별로 다른 것으로 알고 있습니다. 그 외 실비 보험 지원, 의정 연수 등 의정 활동에 대한 지원이 있습니다.

19. 재공천, 재선출을 위해 중요하다고 생각하는 점은 무엇인지?

재선출을 위해서 가장 중요한 것은 재공천이라 생각합니다. 재공천을 받기 위해서 필요한 것은 지역에서 정당 지지율을 얼마만큼 올릴 수 있나 하는 것입니다. 지역의 행사에서 인사를 드리고 주민들께서 불편해하시는 민원을 빠르게 해결하는 것이 그 시작이라 생각합니다. 그것을 넘어 당원이 함께 자주 만나며 소통할 수 있는 기회를 만들어야 합니다. 그런 가운데서 나오는 당원들의 의견이 당원협의회를 운영하고 지역에서 정당 활동을 하는 데 반영이 되어 당원이 함께 만들어가는 당원협의회가 되어야 합니다. 그런 가운데서 저의 역할이 필요할 것입니다. 지역에서 궂은일을 마다하지 않고 세운 영광이 재공천에 영향을 미칠 수 있을 것이라 생각합니다.

20. 앞으로의 계획은 무엇인지? (자신의 계획이 아니더라도, 보통 기초의원 임기 후 가는 진로가 어떻게 되는지?)

다시 출마를 준비하시는 분도 계시고, 민간단체에서 활동을 하시거나, 다른 정치인들을 돕는 일을 하시는 분들도 계신 것 같습니다. 지방자치단체에서 많은 사무를 민간단체에 위탁 운영하고 있습니다. 행정과 정책에 대한 이해를 바탕으로 이런 사무를 위탁받아 운영하시며 경험을 다시 사회에 환원하시는 분들이 많은 것 같습니다. 그리고 다른 정치인이 출마할 때 당선을 돕는 일을 하다 당선 후에 이어서 함께 일을 하는 경우도 보입니다.

광역의원 − 서울시의원 후보 오상훈

1. 본인의 간략한 자기소개를 경력 위주로 서술해주세요.

정치 경력 외 소개 : 블라디엠앤씨(문화콘텐츠 기획 기업) 대표, 콘텐츠 크리에이터(유튜브 구독자 29.3만 채널 '훈타민' 등), 전 서울동작청년회의소 회장(2018년) 등

정치 경력 소개 : 새누리당 중앙청년위원회 청년소통분과위원장(2015), 김영선 전 국회의원 보좌역(2016), 자유한국당 서울동작을 당협위원회 청년위원장(2017), 자유한국당 디지털정당위원회 중앙당 부위원장(2018), 자유한국당 서울동작을 제4선거구 서울시의원 후보(2018), 자유한국당 중앙청년위원회 부위원장(2019) 등

2. 직업정치인이 아닌 상태로 정치에서 활동할 때의 어려운 점은 어떤 것이 있었는지

본업에 매진해야 할 상황이 많습니다. 특히 정치활동을 병행하면서 겸업이 가능한 직종이 있는가 하면, 저처럼 사업을 하면서도 현실적으로 병행이 불가능한 직종이 있기에, 본업의 유지와 전업 정치인으로서의 행로, 두 가지 사이에서 고민을 할 수밖에 없습니다.

3. 공천을 신청하기로 결심한 계기는 무엇인지?

당이 가장 어려운 시기였습니다. 지역에서, 당에서, 그 당시 그 위치에서 가장 잘할 수 있는 적임자가 저라는 확신이 있었습니다.

4. 공천 신청을 하기로 결심했을 때부터 공천을 받기 위해 한 일은 어떠한 것이 있는지, 공천 신청 전에 무엇이 가장 중요하다고 생각했는지?

지역에서의 활동입니다. 매일 지역을 다니며 주민들과 인사를 나누는 수준의 강도를 요구하는 게 아닙니다. 자신이 지역을 위해서, 당을 위해서 무엇을 했는가, 지역에서 인정받을 수 있는 최소한의 활동이 가장 중요하다고 생각했습니다.

5. 공천과정에 대한 지식을 어떻게 습득하였는지?

이전부터 지역 당협 및 중앙당 등에서 활동하며 대선, 총선, 지선을 다양하게 경험했습니다.

6. 공천과정을 본인이 겪은 공천과정의 프로세스는 어떠했는지?

지역 분들의 절대적인 추천이 있었지만 오히려 저 스스로가 판단을 내리지 못했는데, 결정권자와의 대화 후 결론을 내리게 됐습니다. 오히려 주변에서 압도적인 지지를 보내준 케이스였기에, 이 부분에서 저는 노하우라고 공개할 만한 부분이 적을 듯 합니다.

7. 자신의 경험 이외에 소개해줄 수 있는 다른 사람의 케이스나 다른 지역의 공천 프로세스는 어떠했는지?

1) 당협위원장으로부터 인정받은 경우입니다. 광역의 경우 거의 99%라고 볼 수 있습니다. 2) 광역이 아닌 기초의 경우 당협으로부터 인정을 받지 못했더라도 압도적인 세력을 가진 기존 기초의원의 절대적인 지지를 받는다면 여론조사 등의 과정을 거쳐 승리할 가능성이 높습니다. 물론 잡음은 있겠지만요.

8. 처음 생각했었던 (알고 있었던) 공천을 받기 위한 과정과 실제 과정의 차이는 어땠는지?

타 정당의 경우 돈도 좀 쓰고 해야 한다고 알고 있는데, 제 경우는 부정한 돈 한 푼 쓴 적 없이 매우 투명하고 깨끗하게 받아서, 역시 우리 당협이 참 훌륭하다고 느꼈습니다.

9. 모든 일을 다 겪고 난 후의 생각은 어땠는지?

욕심을 부려도 세상에 안 될 일은 안 되는데, 욕심 다 버리고 다 내려놓았더니 생각도 없었던 광역 공천 기회도 오는구나 싶어서 참 '세상일 모른다'란 생각이 들었습니다.

10. 정치인들의 자격에 대한 문제들이 터져 나오는 이유가 무엇이라고 생각하고, 어떠한 공천과정의 문제점이 자격미달의 정치인들을 탄생시키는 것이라고 생각하는지? (부정부패, 각종 범죄, 자격미달, 전과자 문제 등)

아주 질 나쁜 케이스가 아니라면, 사소한 전과(작은 벌금형 수준)를 지나치게 따지는 건 오히려 맞지 않다고 생각합니다. 능력이 중요합니다. 실제 지역을 위해 일할 수 있어야 하는 사람을 뽑아야 합니다. 쓸데없는 기준을 자꾸 늘리다 보니 오히려 이상한 사람들이 배출되는 경우가 생깁니다. 정치인은 이미지 반반하고 말 잘 듣는 사람을 뽑는 게 아닙니다. 능력 위주로 가야 됩니다.

11. 공천을 받기 위한 최소한의 자격 그리고 자격미달의 요건은 무엇이라고 생각하는지?

개인적으로 생각하는 '최소한의 자격'은 많을 수 있습니다. 벌금 100만 원 이하의 전과, 최소 0원 이상의 재산, 4년제 대학교 졸업 이상의 학력 등. 그러나 그 기준으로도 좋은 사람을 놓칠 수 있다면, 단 하나의 조건을 말하고 싶습니다. 취업을 했든 창업을 했든, 최소한 '자기 손으로 돈을 벌어 본 사람'.

12. 광역의원의 하는 일은 무엇이라고 생각했고, 실제로 어떤 일을 하고 있는지?

서울을 기준으로 말씀드린다면, '구'(기초)에서 할 수 있는 일이 있고, '시'(광역)에서 할 수 있는 일이 있습니다. '시'에서 할 수 있는 일의 예산을 챙기는 게 광역의원의 몫입니다. 또한 국회의원(국비)과 기초의원(구 예산) 사이에서 업무 추진을 조정하는 역할도 있습니다. 서울의 경우에서는 광역의원의 역할이 매우 크다고 여깁니다.

13. 광역의원에 필요한 사회 경력은 무엇이라고 생각하는지?

위 12.의 이유로, 어느 정도 이상의 학력, 그리고 개인 능력이 꼭 필요하다고 생각합니다. 적어도 서울의 광역의원(서울시의원)이라면 풍부한 지식과 지적 수준은 물론, 경영 능력까지 갖춰야 한다고 봅니다.

14. 자신이 만약에 선출직 공무원들의 당내의 공천과정을 개혁할 수 있다면, 어떤 방식이 가장 적합하다고 생각하는지?

2018년 말에 있었던 자유한국당의 공개 경쟁형 오디션이 인상적이었습니다. 위원장이 아닌 공천 위원들의 권한을 조금 더 강화하는 방식도 있겠고요. PPAT도 과정과 내용을 조금 더 개선하여 정착시키는 게 맞는다고 봅니다.

15. 재공천, 재선출을 위해 중요하다고 생각하는 점은 무엇인지?

이건 제 바람인데, 당협위원장 말 잘 듣는 역할이 중요하면 안 됩니다. 이건 기초도 마찬가지예요. 당이 잘해서 이뤄진 거, 국회의원이나 기초의원이 성사시킨 거 갖다가 베끼는 거 말고, 자기 스스로 의원으로서 지역을 위해 뭘 했는지 나열할 수 있어야 합니다. 이 답변으로 질문에 대한 답을 갈음하겠습니다.

16. 앞으로의 계획은 무엇인지? (자신의 계획이 아니더라도, 보통 지방의원 임기 후 가는 진로가 어떻게 되는지?)

자신의 전문성이나 본업이 안정적이지 못하면 지방의원 임기 후 인생은 파리 목숨입니다. 눈앞의 일만 보지 마시고, 더 멀리 보시기를 바랍니다. 저는 눈앞의 선거에서 제가 어떻게 처신할지를 떠나, 제 본업과 인생에서 어떻게 나아갈지를 더 멀리 보고 임하겠습니다.

국회의원 – 수원 정 국회의원 후보, 현 수원 정
당협위원장 홍종기

1. 정치인이 되기로 결심한 이유는 무엇인지?

2019년 조국 사태를 보면서 큰 분노를 느꼈습니다. 특히 기존 정치인 또는 권력자들이 일반 국민들의 가치관과 얼마나 유리되어 있는지 알게 되었습니다. 그 원인을 추론하는 과정에서 공정거래법이나 경제학의 기본 원리가 정치영역에도 그대로 적용된다는 것을 인지하였습니다. 그것은 정치권으로의 진입장벽이 지나치게 높아서 신규사업자(새로운 인재)의 시장(정치권) 진입이 어렵기 때문에 장벽 안에 있는 사람들의 경쟁력은 계속 낮아지고 소비자(국민) 후생도 지속적으로 악화되는 것이었습니다.

이런 상황을 파악하니 제힘으로 정치권의 성벽을 깨고 안으로 들어가고 싶어졌습니다. 그것이 가능하다는 것이 증명되면 우리 사회의 유능한 인재들이 유사한 방법으로 정치권에 많이 유입될 수 있을 것으로 생각했습니다.

요약하자면 정치권의 고인물들을 신선한 생수로 교체하고 순환 주기를 짧게 만들고 싶었습니다. 국회의원들의 선수가 높은 것이 더 이상 자랑이 아닌 시대를 보고 싶습니다.

2. 자신이 겪은 공천과정이 어땠는지, 공천 신청을 결심한 이유로부터 공천을 받기 까지의 과정이 어떠했는지? 이런 과정을 겪으면서 느낀 점, 깨달은 점은 무엇인지?

제21대 총선 약 2개월 전에 우연히 당 홈페이지에서 공천신청공고를 보았습니다. 그 후 우여곡절 끝에 앞서 말씀드린 이유로 공천신청을 결심했습니다. 그 이전까지는 정치권을 전혀 몰랐기 때문에 일정 자격을 갖춘 사람이 지원하면 마치 기업의 채용절차처럼 공정하고 객관적인 심사를 통해 가장 능력 있는 사람이 공천될 것이라고 생각했습니다. 하지만 공천에는 정량적인 평가보다는 정성적인 평가가 더 크게 작용한다는 것을 한참 후에 알게 되었습니다.

제가 총선을 치르고 3년 이상 당협위원장 역할을 하면서 경험한 결과 공천과정에서 정성적인 평가는 일정부분 불가피하다는 것을 알게 되었습니다. 정치와 선거라는 것이 대입이나 회사 입사처럼 개인의 객관적, 정량적 능력만으로 잘 할 수 있는 것이 아니라는 것을 깨닫게 되었기 때문입니다.

3. 정당의 공천 방식이 합리적이라고 생각했는지? 그렇다면 왜이고, 아니라면 왜 인지

정당은 정부나 공공기관처럼 체계적으로 업무가 처리되는 조직이 아닙니다. 사견으로는 어느 정당이든 매일 발생하는 정치적 상황에 대응하는 것만으로도 보유한 리소스가 대부분 소진됩니다.

그렇기 때문에 동시에 수백개의 선거구에서 선거가 실시되는 총선이나 동시지방선거에 대응하기 위해 정당이 각 지역의 상황을 정확히 파악하고 해당 지역의 니즈에 부합하는 맞춤형 인물을 공천하는 것은 현재 우리나라 정당의 상황으로는 거의 불가능하다고 생각합니다.

이를 개선하려면 정당이 4년 내내 각 선거구를 일관적으로 밀착 관리해야 하는데 이를 실현하려면 미국 공화당이나 민주당 수준으로 우리 정당의 물적, 인적 리소스가 보충되어야 합니다.

4. 자신이 가장 합리적이고 이상적으로 공천을 개혁할 수 있다면 어떤 형식이 좋을 것이라고 생각하는지?

정치권의 진입장벽이 높은 이유 중 하나는 새로운 인재가 자신의 사상, 가치관, 정책을 유권자들에게 보여주고 기존 정치인과 경쟁할 수 있는 기회가 없다는 것입니다. 어떤 정치지망생이 자신의 존재와 의견을 알리고 싶어도 대부분의 수단이 선거법에 따라 제한되거나 기존 정치인이 아닌 경우 사실상 기회가 부여되지 않습니다(예: 현수막, 방송 등). 그렇기 때문에 결국 선거 직전에 특정 분야의 전문가, 고위 관료, 이미 유명한 셀럽 등이 권력자들의 입맛에 따라 선택되어 공천을 받는 경우가 많습니다.

이런 문제를 해결하려면 우선 정치적 표현의 자유에 대한 제한을 대폭 완화하여 많은 인재들이 경쟁하게 해야 합니다. 그러다 보면 선거가 다가오면 자연스럽게 각 지원자에 대한 데이터가 축적될 수 있고 이를 시스템 공천의 근거자료로 할 수 있을 것입니다.

하지만 이를 위해서는 법률개정뿐 아니라 일반국민들의 정치에 대한 인식 변화(정치 현수막을 공해라고 인식, 정치인에 대한 혐오, 정치는 내 인생과 관계없다는 인식 등)가 선행되어야 하므로 단기간에 이루어지긴 어렵다고 생각합니다.

5. 최근 들어서 많이 일고 있는 '정치낭인', '여의도 2시청년' 논쟁에 대해서 어떻게 생각하는지? (어쩔 수 없는 구조이다, 혹은 필요악이다 등)

생물학적 나이가 어리다는 것만으로 청년 정치인이라는 타이틀을 가지고 정치에 입문하거나 유리한 위치를 선점하길 바라는 것은 문제가 있다고 생각합니다. 정치는 첨예하게 대립하는 사회 각 분야의 이해관계를 조정하는 것이므로 일단 각자 영역에서 일정 수준 이상의 경험을 해 보는 것이 좋은 정치인이 되기 위한 전제조건이라고 생각합니다.

6. 좋은 정치인이 되기 위해서는 어떤 능력을 갖춰야 한다고 생각하는지? 공천을 받기 위한 최소한의 요건은 어떤 것이 되어야 한다고 생각하는지? .

좋은 정치인이 되기 위해서는 자신만의 전문분야에서 일과 경험을 충분히 했어야 합니다. 지역을 잘 알고 지역 주민들과 밀착할 수 있는 사회성이 있어야 합니다. 타인의 마음을 이해할 수 있는 공감능력이 필요합니다.

현재 상황에서 공천을 받기 위한 최소한의 객관적 요건은 존재하지 않는다고 생각합니다. 그 이유는 앞서 말씀드린 것처럼 어떤 능력이나 요건에 따라 객관적인 평가를 통해 공천을 받는 것이 아니라 종합적 전체적인 판단으로 공천 여부가 정해지기 때문입니다.

7. 일반 사회인들의 정치 참여가 쉽다고 생각하는지? 어렵다고 생각하는지? 그리고 이유는?

일반 사회인의 정치 참여는 매우 어렵다고 생각합니다. 정치는 내가 지키고 싶은 것들을 다 지키면서 한 발만 담그고 할 수 있는 영역이 아니기 때문입니다. 결국 현재 가지고 있는 전부를 다 포기하고 정치에 뛰어들 수 있는 의지와 능력이 있어야 정상적인 정치참여가 가능합니다. 이것이 일반 사회인들의 정치 참여가 어려운 이유입니다.

8. 보다 많고, 다양한 사람이 정치에 참여하는 게 더 이상적인 정치의 형태라고 생각하는지?

누군가 우리나라에 정치인은 대통령, 국회의원, 광역지자체장뿐이라고 말하는 것을 들었습니다. 일정 부분 맞는 주장이라고 생각합니다. 현대 민주국가에서 대의제가 보편적인 것도 많은 사람들이 직접 정치에 참여할 경우 부작용이 있기 때문이라고 생각합니다.

물론 정치 참여를 원하고 실제 정치발전에 도움이 될 수 있는 분들에게는 최대한 문턱이 낮아져야 한다고 생각합니다. 누구나 정치 참여를 할 수 있게 하는 것과 일정 수준으로 단련된 분들에게 정치 참여를 독려하는 것은 다른 이야기라고 생각합니다.

9. 보다 많고 다양한 사람이 정치에 참여할 수 있는 환경을 어떻게 조성하면 좋을 것 같다고 생각하는지?

정치적 표현의 자유에 대한 제한을 완화하고(예: 선거법상 선거운동 기간의 엄격한 제한, 현수막 등 정치적 표현 제한 등) 경쟁할 수 있는 기회를 부여해야 한다고 생각합니다.

10. 보다 많고, 다양한 사람이 정치에 '관심'을 가지게 하려면, 어떻게 해야 한다고 생각하는지?

대부분의 사람들이 정치는 본인과 관계가 없는 먼 나라 이야기라고 생각합니다. 하지만 정치권에서 일어나는 작은 바람에도 큰 영향을 받는 것이 대다수의 국민입니다. 이 간단한 사실을 일찍 깨닫는 분들이 많아야 합니다.

11. 현직 당협위원장이 생각하는 이상적인 정치 참여의 루트는? 선출직에 관심이 있는 사람이라면?

현재는 위에서 말씀드린 것처럼 높은 장벽과 규제가 있기 때문에 정치 참여 루트가 매우 제한적입니다.

자신의 영역에서 일정 수준 이상 빌드업을 합니다. 또는 긍정적인 이미지로 유명해집니다.

선거구 내에서 인지도를 높인 후 공천을 신청하고 하늘의 뜻을 기다립니다.

12. 아닌 사람이라면 어떻게 참여 가능한지?

자신이 지지하는 정당의 지역 당협 활동부터 시작하는 것이 좋습니다. 이를 통해 중앙당, 정부 등에서 활동하면서 정책입안이나 행정에 자신의 의견을 반영하는 기회를 얻을 수 있습니다.

익명을 요구한 국회 관계자

1. 국회 혹은 정치 전반에서 조금 더 다양한 직업, 배경의 사람이 참여하도록 바뀌어야 한다고 생각하는지? 그렇다면 왜 그렇고 아니면 이유는 무엇인지?

다양한 직업의 사람들이 참여하도록 바뀌어야 하는 건 맞다. 개인적으로 행시출신, 사시 출신, 운동권 출신들이 더 오는 것을 원하지 않는다. 이미 너무 많다. 그런데 그렇다고 너무 다양해야 되는 건 아니다.

결국 국회의원은 법을 만드는 사람이고 generalist이다. 한 분야의 전문가라서 그 분야에 대해서 뭐든지 다 아는 사람들이 좋은 정치인이 되는 것은 아니다. 결국 한 사람이 모든 것을 다 알 수는 없고, 많은 사람들의 말을 듣고, 그 정보를 가공하고 관계자들과 조율하는 역할을 하는 사람이다. 특정 직군에 너무 오래 있어서 한 가지 일에 능력이 쏠린 사람들은 다른 의견과 지식을 받아들이기가 힘들다. 예를 들면, 개인적으로 조훈현 같은 사람은 정치인이 되면 안 되었다고 생각한다. 그래서 다양한 직업군이 있는 것은 기본적으로 찬성하는 입장이나, 그렇게 무조건 구성되어야 할 필요는 없다. 국회의원이 300명밖에 안 되는데, 모든 직업군으로 구성할 수는 없다. 그래서 가

급적 많은 사람들을 만나고 다양한 의견을 듣고 조합할 줄 아는 사람이 정치인이 되어야 한다.

2. 현재 정당의 인재 등용 방식, 주요 자리 인선은 어떻게 이루어지고 있으며, 그게 잘 되고 있다고 생각하는지? 아니라면 왜 그런지? 어떻게 개선시킬 수 있다고 생각하는지?

알음알음 천거하는 방식이 제일 많다. 그렇게 정보를 듣고, 연락을 취해서 영입하는 식이다. 가끔씩 공개적인 모집 방식을 쓰기도 한다. 국민의힘 쪽에서 대선 때 청년보좌관을 뽑을 때는 공채로 진행이 되었다. 그런데 이런 경우, 정당 차원에서 그 사람에 대한 검증은 잘 이루어지지 않았다고 할 수도 있다. 그러나 사적으로 영입하는 경우는 영입하는 사람이 어느 정도 그 사람에 대해서 잘 알고, 어떤 일이 생겼을 때, 추천한 사람이 책임을 질 수 있는 구조다. 그래서 공개 모집이든 사적 모집이든 모두 100% 완벽한 것은 없고 현재 나름대로의 균형상태를 이루고 있다고 생각한다.

달리 더 개선시킬 방법은 잘 모르겠다. 제일 좋은 것은 모두가 정치에 관심을 가지고 모두가 watchdog으로서의 역할을 하는 건데 지금은 현실적으로 가능하지 않다고 생각한다. 국회의원급으로 가면 그나마 보는 눈이 많지만, 지방 정치인으로 가면, 아무런 검증도 이루어지지 않은 사적 모집도 엄청 많은데, 이걸 통제할 수 있는 것은 국민들의 감시밖에 없다.

3. 어떤 능력이 있으면 좋은 정치인이 될 수 있다고 생각하는지?

무조건 다른 사람의 말을 들을 수 있는 사람이다. 지금 국회가 잘 안 돌아갈 수밖에 없는 이유는 300명이 모두 다 자기 말만 하는 사람들이기 때문이다. 그리고 소신이 있는 사람이어야 한다. 지금 양당제 환경에서 당론과 다른 의견을 내기가 힘든데, 이럴 때 당론과 자기의 의견이 다르면 소신을 내비칠 수 있는 사람이 정치인이 되어야 한다. 그런데 지금 보면, 소신보다는 모두 아집이 더 많아 보인다.

4. 일반인들이 정치에 접근하기 어려운 이유는 뭐라고 생각하고, 어떻게 개선되어야 한다고 생각하는지?

신문을 보고, 현안에 대한 내 생각을 말하는 건 지금 누구나 다 할 수 있다. 그렇지만 자신의 생각을 무언가에 '반영'하려면 그 채널이 차단되어 있다. 정치인들은 월화수목금 여의도에 있다고 하더라도, 금요일 이후에는 자신의 지역구에 내려가는데, 거기서 만나는 사람들을 보면, 다 등산이나 체육대회 이런 행사에나 참여한다, 지금 당장 세금 내고, 일하고 하는 사람들을 만날 수가 없다. 따라서 내 생각을 반영하거나 참여할 수 있는 창구가 많이 없다.

자연스러운 정당활동을 할 계기도 없다. 그나마 정의당 같은 경우에는 대학생위원회 같은 곳이 잘 되어 있는데, 국민의힘이나 더불어민주당은 잘되고 있는 것 같지 않다.

또한 접근이 어려운 것도 있지만, 참여할 유인이 없는 것도 사실이다. 보통 보수를 지지하는 사람들은 정치에 참여해서 사회를 개선시킬 생각을 하는 대신, 자기계발을 한다. 정의당 지지자들은 백만 원, 이백만 원을 당장 받더라도 노동운동을 할 수 있는데, 사기업에 다니는 사람들은 이런 행동을 하기 힘들다.

그리고 정치교육이 제대로 되지 않은 것도 있다. 개인적으로는 모든 정당이 초당적으로 모여서 정치를 교육하는 플랫폼이나 시스템을 만들었으면 좋겠다고 생각한다. 정치 참여에 대한 메뉴얼이나 교재가 있었으면 좋겠다. 그리고 주기적으로 사람들이 모여서 정치나 사회문제들을 같이 토론하고 해결할 수 있는 기회들도 더 만들어졌으면 좋겠다. 윤석열이 잘못했다. 이재명이 잘못했다 이렇게만 말하는 것은 정치가 아니다. 갈등을 조율하고 해결하는게 정치다. 이런 교육이 더 이루어져야 하는데 잘 이루어지지 않다 보니 정치에 대한 순수한 관심과 열정을 가진 사람들은 부족하고, 선거 전에 공천을 받으려고 정당에 기웃거리기나 하는 사람들로만 넘쳐난다. 정치인들이 자기 지역구에 내려가서 김장 담그고, 마라톤하고, 운동회하고 하는 것보다 이런 교육프로그램이나 좀 만드는 게 더 낫지 않나라고 생각한다.

또, 그나마 일반인들이 정치에 참여할 수 있는 상설위원회 활동 등은 그냥 당 지도부가 거기에 대해서 관심이 없다. 정치는 누군가가 시켜야 할 수 있는데, 당대표, 원내대표 등의 권력자들이 신경을 안

쓰면 그 조직은 그냥 끝인 것이다. 당대표가 관심이 없는 이유는 그냥 툭 까놓고 자기 공천이랑 관계가 없는 조직이기 때문이다. 당헌당규 상에서는 정당 내 여러 조직들이 정비되어 있지만, 실질적으로 운영을 하기도 현실적으로 어렵다. 당직자들은 국민의힘의 경우 중앙당, 시도당 다 합쳐서 200여 명인데 상설위원회를 풀로 가동시키려면 관리 인력들도 부족하다.

5. 많은 사람들이 정치에 참여하게 되면 뭔가 바뀔 거라고 생각하는지?

더 나빠질 거는 없다. 그러나 태극기부대나 개딸과 같은 극성 지지자들의 관심 말고, 현실에 존재하는 정상적인 사람들이 참여를 하는 게 중요하다. 우리나라 당원 비율은 페이퍼상으로 잡힌 숫자는 높다. 그러나 유령당원, 이중당원인 사람들도 엄청 많을 거고, 당원 비율이 설사 높다고 해도 그 사람들이 정치에 참여하는 것은 아니다. 진짜 참여하는 길을 여는 게 중요하다.

6. 현재 공천 방식은 뭐가 문제라고 생각하는지? 다음 총선에서 공천방식을 변경할 수 있다고 하면 어떻게 바꿀 것인지?

문제는 당대표가 공천에서 자유롭다는 것이다. 그렇기 때문에 당장 자신의 행보, 현재 정당지지율이 떨어지는지 아닌지에만 관심이 있고, 풀뿌리 민주주의 등에는 관심이 없다. 이준석 전 대표도 자기

정치인들은 알려주지 않는 정치이야기

업적이나, 당대변인 오디션 같은 걸로 청년들 들러리 세우면서 뭘 하려고 하는 것도 좋은 의도가 아예 없었다고는 못 하지만, 툭 까놓고 말해 쇼였다.

그리고 공천 방식에 대해서는 상향식이나 하향식이나 일장일단이 극명하다. 상향식은 모든 게 이성적으로 되면 좋겠지만, 사람들이 관심이 별로 없다. 특히 지방의원급으로 내려가면 자신의 지역의 시의원이 누군지 아는 사람은 엄청 적을 것이다. 그래서 상향식으로 하는 것 자체가 그야말로 무주공산이 될 가능성이 높다. 개인적으로는 완벽한 사람이 나타나 하향식으로 하는 게 이상적이라고 생각한다. 항상 다수가 맞는 것은 아니기 때문이다. 히틀러도 민주적 절차로 뽑힌 사람이다. 그러나 완벽한 사람은 없기 때문에 어려운 것이 공천제도이다. 그나마 지금 양당제하에서, 공천 방식도 나름대로의 균형을 이루고 있는 것도 없지 않아 있다고 생각한다. 정당이란 게 더러워 보이지만, 역설적으로 서로 이겨야 하기 때문에 나름 자정작용을 통해서 정상적인 사람이 공천을 받기도 한다.

7. 정치낭인은 왜 탄생한다고 생각하는지? 필요하다고 생각하는지?

정치인은 기본적으로 낭인이 될 수 밖에 없다. 출마든 뭐든 돈과 시간이 있어야 출마할 수 있다. 그래서 낭인이 될 수밖에 없다. 정상적인 근로자들은 정치인이 될 수가 없는 구조다. 그리고 의원들은 그 정치낭인들에게 의지를 해야 하는 것들도 많고, 그들에게 도움을 받는 대신, 그들에게 뭐라도 도와줄 것처럼 말할 수밖에 없는 구조이다. 그래서 그런 달콤한 말을 믿는 사람들은 계속 낭인으로 남으면서 정치권을 떠돌게 된다. 사람들이 높은 사람들이랑 악수하고 사진 찍고 다니면 자기가 뭐라도 된 것 같은 느낌이 들어서 그걸 떨쳐버리기가 힘들다. 로맨스 스캠이 아직도 안 없어지는 메커니즘과 똑같다. 그리고 그중에서 정말 정치인이 되는 경우도 있기 때문에 정치낭인들은 없어지지 않을 것이다.

SESSION III NOTE

1_ 정연욱. (2023년 6월 4일). 총선 공천 앞두고 불거진 작년 地選 '與 공천헌금'
   의혹 [횡설수설/정연욱]. 동아일보. https://www.donga.com/news/
   Opinion/article/all/20230604/119619181/1

2_ 친박연대의 '박'은 박근혜 전 대통령이고, 18대 총선(2008)에서 공천에서
   탈락한 친박 세력이 한나라당에서 탈당한 후 집결한 정당이다. 그녀가
   대통령이 되기 이전인 2008년에 결성되었다. 흥미로운 사실은 친박연대에
   박근혜 전 대통령이 소속된 적은 없다.

3_ '공천헌금'과 '특별당비'는 한 끗 차이다. '특별당비'는 당원이면 누구나 낼 수
   있는, 모금액에 제한이 없는 돈으로 정당의 계좌로 입금이 된다. 특별한 납부
   사유가 있어야 하는 것도 아니다. '공천의 대가성'의 유무에 따라 불법성이
   판단되는데, 강한 심증에도 불구하고 이를 증명하기는 쉽지 않다.

4_ 중앙선거관리위원회에 따르면, 후원회제도의 취지는 '정치자금을 필요로 하는
   자가 직접 정치자금을 받을 경우, 제공자와 제공받는 자 간에 정치자금을
   매개로 각종 비리가 발생할 우려가 있으므로 후원회라는 별도의 단체를
   통하여 정치자금을 조달할 수 있도록 하기 위한 것'이라고 되어있다.

5_ 최두선. (2022년 5월 17일). 충청 기초의원 무투표 당선자 60%는
   전과자. 한국일보. https://www.hankookilbo.com/News/
   Read/A2022051710010002783